Reportagen aus der Tierwelt

Reportagen aus der Tierwelt

Faszinierende Blicke in das verborgene „private“ Leben der Tiere

Herausgegeben von
Peter Bale

Einführung von
David Attenborough

vgs

Aus dem Englischen von Helge Mücke

CIP—Kurztitelaufnahme der Deutschen Bibliothek

Reportagen aus der Tierwelt/mit e. Einf. von David Attenborough. [Aus d. Engl. von Helge Mücke. Hrsg. von Peter Bale]. – 1. Aufl. – Köln: vgs, 1983.
Einheitssacht.: Wildlife through the Camera
ISBN 3-8025-2163-3

NE: Attenborough, David [Mitarb.]; EST

Titel der englischen Originalausgabe:
„Wildlife through the Camera", herausgegeben von Peter Bale (Produzent der BBC-Fernsehreihe „Wildlife on One")

Lizenzausgabe mit freundlicher Genehmigung der BBC
1. Auflage 1983

Satz: palmer satz, 5060 Bergisch Gladbach 2
Druck: Amilcare Pizzi s.p.a., Mailand
ISBN 3-8025-2163-3

ABB. SEITE 1: *Löwen während der Morgendämmerung im Masai-Mara-Reservat.*

ABB. SEITE 2: *Schlüpfende Libelle; vgl. Seite 170/171.*

Die englischen Fernsehfolgen der Reihe „Wildlife on One"
(B = Buch, R = Regie, K = Kamera, P = Produktion, H = Herausgeber, WB = Wissenschaftl. Beratung)

Badgerwatch P: Peter Bale; R: Caroline Weaver; WB: Dr. Chris Cheeseman; Texte: Bruce Parker, Phil Drabble, Ernest Neal.

At Home with Badgers P: Caroline Weaver; K,R: Eric Ashby; H: Charles Aldridge.

20th Century Fox B,P: Mike Beynon; WB: Dr. Stephen Harris; K: Hugh Maynard; H: Nigel Ashcroft.

Amorous Amphibians P: Caroline Weaver; P.-Ass.: Dr. Tim Halliday, Dr. Nick Davies; H: Charles Aldridge.

The Water Walkers B,P: Pelham Aldrich-Blake; H: Hugh Tasman; WB: Edward Eastwood.

Flower from the Flames B,P: Caroline Weaver; K,R: Rodney Borland; H: Betty Block.

Lady of the Spiders B,P: Peter Bale; K: Don Hanran-Smith, Jim Frazier, Densey Clyne; H: Scott McLennan.

Encounter Underground P: Peter Bale, Dione Gilmour; K: Jim Frazier, Densey Clyne; WB: Dr. Bob Taylor, Dr. Barry Filshie, Dr. Roger Bartell; H: Kevin Stott.

The Real Mr Ratty K,P: Maurice Tibbles; Recherchen: Richard Lindsay; H: Andrew Naylor.

Gently Smiling Jaws B,P: Adrian Warren; K,R: Rodney Borland; H: Tom Poore.

St Lucia – Lake Wilderness B,P: Adrian Warren; K,R: Rodney Borland; H: Colin Cradock.

Red River Safari P: Richard Brock; K: Hugh Miles, Maurice Fisher; H: Jim Cryan.

Whale of a Tangle B,P: Richard Brock; K: Martin Saunders, Bora Merdsoy, Geoff Pearce; H: Jim Cryan.

Shipwreck B,P: Michael Salisbury; P.-Ass.: Dr Jeoff Potts; K: Rodger Jackman, Peter Scoones; H: Andrew Naylor.

The Bird that Beat the US Navy (An interview with the cameraman Maurice Tibbles) P: Maurice Tibbles; B: Brian Jackman; H: Ron Martin.

Gannets Galore B,P: Lancelot Tickell; K,R: Hugh Miles; Charles Aldridge.

Return of the Sea Eagle P: Richard Brock; P.-Ass.: Richard Matthews; K: Hugh Miles, Bob Brown; H: Jim Cryan.

A Mouse's Tale B,P: Dilys Breese; K: Owen Newman; H: Peter Heeley.

Night in the UK Countryside P: Dilys Breese; K: Owen Newman.

The Great Hedgehog Mystery B,P: Dilys Breese; K: Owen Newman; H: Nigel Ashcroft; WB: Pat Morris.

The Dragon and the Damsel P: Pelham Aldrich-Blake.

Ambush at Masai Mara B,P: Keenan Smart; K,R: Hugh Miles; H: Noel Chanan.

The Impossible Bird B,P: Richard Brock; K,R: Hugh Miles; H: Jim Cryan; WB: Lew Hurxthal.

Scorpion P: Tony Edwards; K: Hugh Maynard, Martin Saunders, Alistair MacEwen; David Aliband, David Mitchell.

Vampire B,P: Adrian Warren; K: Martin Saunders; H: Andrew Naylor.

Orinoco Hog B,P: Adrian Warren; WB: Dr David Macdonald; K: Neil Rettig, Alan Degen; H: Charles Aldridge.

The Serpent's Secret P: John Downer; K: Owen Newman; WB: Dr Lionel Kelleway.

INHALT

EINFÜHRUNG

Warum sind so viele Menschen an Tieren interessiert? Warum sehen allein in Großbritannien zwölf Millionen Fernsehzuschauer regelmäßig die BBC-Fernsehserie „Wildlife on One“ und bringen sie damit in die Liste der populärsten Programme, neben Quizsendungen, Familienserien und leichter Unterhaltung?

Natürlich, Tiere sind sehr schön – aber nicht alle. Nur die in jeder Hinsicht tierbesessenen Zuschauer würden die blut-leckende Vampirfledermaus als schön bezeichnen; und doch zog ein Programm über sie ein riesengroßes Publikum an. Vielleicht hat die Vorliebe für Tiere damit zu tun, daß so viele Menschen, die im Fernsehen auftreten, sich der Kamera allzu bewußt sind und nur eine Sondervorstellung zu ihrem eigenen Nutzen geben. Dann ist es eine Wohltat, Lebewesen zu beobachten, die sich vollkommen natürlich verhalten. Der amerikanische Dichter Walt Whitman begründete, warum Tiere bei ihm stärker Anklang fanden als menschliche Wesen: „Nicht eines“, schrieb er, „ist von dem Wahn befallen, Dinge besitzen zu müssen; nicht eines buckelt vor einem anderen“. Vermutlich hat Whitman niemals einen Laubenvogel beobachtet, der seine Schätze sammelt und aus der Sammlung eines Rivalen stiehlt; und offensichtlich wußte er nichts von der sozialen Disziplin in einer Paviangruppe.

Wenn ich gefragt werde, wie ich mich für Tiere zu interessieren begann – manchmal in einem Ton, als handle es sich dabei um eine Art Abweichung vom normalen Verhalten –, dann gebe ich die Frage gewöhnlich umgekehrt an den Fragenden zurück: Wie kann jemand sein Interesse an Tieren verloren haben, da wir doch alle als Kinder einmal von ihnen fasziniert waren? Beobachten Sie doch einmal ein kleines Kind dabei, wie es ernsthaft eine Schnecke betrachtet, die über einen Pflasterstein kriecht, und sie anstößt, um zu sehen, wie sie ihre Fühler zurückzieht. Oder erinnern Sie sich an das vor Freude glühende Gesicht eines kleinen Jungen, wenn er von einem Teich zurückkehrt, mit einem Marmeladenglas voll Wasserkäfern und nach Luft schnappenden Stichlingen.

Vielleicht erkennen wir schon in unseren ersten Jahren, daß alles Leben verwandt ist, daß wir und alle Tiere letztlich miteinander zusammenhängen – eine Tatsache, die einige Religionen behauptet, andere abgelehnt haben, und die erst in neuerer Zeit von der Wissenschaft nachgewiesen wurde. So faszinieren uns die Lebewesen, weil selbst die uns am wenigsten verwandten unter ihnen Probleme haben, die wir verstehen können – Probleme der Ernährung und Verteidigung, der Paarfindung und der Lebenssicherung für die Nachkommen. Daß der Saturn von giftigen Wolken von Methan und Ammoniak bedeckt ist, interessiert mich, und ich sehe mir einen Film darüber mit Staunen an – für eine kurze Zeit. Aber Vergnügen und fortdauerndes Interesse löst bei mir eine Schar von Flamingos aus, die in der Dämmerung an einem See Nahrung aufnimmt.

Die Überzeugung, daß die lebende Welt für eine große Zahl an Leuten von bleibendem Interesse ist, brachte die BBC dazu, vor 25 Jahren ihre Abteilung für Naturgeschichte einzurichten. Seitdem hat diese Abteilung eine lange Reihe von Programmen für den Rundfunk wie für das Fernsehen produziert. „Wildlife on One“ gehört zu den neueren. Der Serie wurde ein weitgefaßter Rahmen gegeben. Sie sollte sich nicht auf kuschelige Tiere in weichem Pelz beschränken, selbst wenn diese eine unmittelbare Anziehungskraft ausüben, sondern sich in allen Teilen des Tierreichs umtun. So wurden nicht nur Schermäuse und Haselmäuse gefilmt, sondern auch Ottern und Skorpione. Es sollte nicht nur das Dramatische und Exotische vorgestellt werden, sondern auch Bekanntes und an Menschen gewöhnte Tiere. So gab es sowohl ein Programm über Löwen in Afrika als auch eines aus ländlichen Gegenden Englands über Igel; und überraschenderweise war es die Igel-Sendung, die die ungewöhnlichsten und aufschlußreichsten Szenen hervorbrachte.

Dieses Buch wurde von den Produktionsleitern und Regisseuren der Serie geschrieben. Es war für mich immer wieder eine große Freude, für ihre Programme die Kommentare zu sprechen, und ich betrachte es als Privileg, hier in ihre Berichte einzuführen, die nicht nur von dem handeln, was sie sahen, sondern auch davon, mit welch erstaunlichem Geschick, welchem Einfallsreichtum, welcher Geduld (sie erwähnen es selten, es läßt sich aber zwischen den Zeilen herauslesen) sie es fertigbrachten, ihre erregenden Bilder aus der freien Natur auf den Fernsehschirm zu übertragen.

David Attenborough

1 *Zweihundertjährige Buche.*
2 *Kratzbaum zum Schärfen der Krallen.*
3 *Partnerspiel zweier Dachse am Eingang zum Bau.*
4 *Das Röhrensystem der Dachsbaue erstreckt sich viele Meter weit unter der Erde.*
5 *Die Welpen verbringen die ersten Lebenswochen vorwiegend im Wurfkessel.*
6 *Beim Aushöhlen wird die Erde bis an die Oberfläche gekratzt und in Haufen um den Röhreneingang abgelagert.*

1. EIN AUGE IN DER NACHT

AUF DACHSBEOBACHTUNG

Oft wird behauptet, das Fernsehen sei am besten, wenn es live berichtet, wenn die Kameras sich auf das Augenblicksgeschehen richten und die Ungewißheit und Spannung unvorhersehbarer Ereignisse einfangen. Diese Regel gilt nicht für die Filmkamera. Selbst Eric Ashbys meisterhafte Schilderung des Dachslebens ist ein Zusammenschnitt von Filmaufzeichnungen über einen längeren Zeitraum. Daß Erics scharfe Beobachtungen unserer Einsicht in die Vorgänge in der Natur eine neue Dimension gegeben haben, steht außer Frage. Sein Film ist ein Konzentrat aus der unmittelbaren Erfahrung von vielen Beobachtern des natürlichen Dachslebens, denen es mit geduldiger Beharrlichkeit gelungen ist, Dachse mit eigenen Augen zu beobachten.

Dachse zu beobachten ist etwas für Spezialisten. Es ist ein Hobby, das an Besessenheit grenzt und von einer kleinen Schar von Begeisterten betrieben wird, die bei jedem Wetter sämtliche Stunden der Nacht in der Hoffnung verbringen, einen flüchtigen Augenblick aus dem nächtlichen Leben der Dachse zu erwischen. Nur ein einziges Mal habe ich die Erregung kennengelernt, in der freien Natur mit „Meister Grimbart" konfrontiert zu sein. Es geschah im Spätsommer in einem Gestrüpp am Rande eines Ackers, nur wenige Kilometer von Bristol entfernt – in einem Gebiet Englands, wo Dachse noch zahlreich vorhanden und ihre Baue sehr leicht aufzuspüren sind. Die letzten Strahlen des Sonnenuntergangs waren gerade noch sichtbar, und nur ein schwacher Lichtschimmer durchdrang das Gewirr der Zweige und Äste, in dem wir die Dachse erhofften.

Mein Begleiter ermahnte mich zu absoluter Stille und völliger Deckung. Nicht einmal das leiseste Flüstern war erlaubt. Nach zwei Stunden in verkrampfter Haltung, durchkühlt und behindert vom Dickicht, fand ich diese Dachs-Beobachterei schließlich ziemlich albern. Doch wie so oft in solchen Situationen, in denen ein Stadtmensch, dessen Sinne bereits ziemlich stumpf sind, nichts bemerkt, war mir die

Dachsbeobachtung in einer Fernseh-Direktübertragung.

leise Geschäftigkeit im weichen Grasteppich zu meinen Füßen zunächst völlig entgangen. Durchgefroren bis aufs Mark starrte ich in die Dunkelheit, in der zwei glänzende Flecken einer weißen Schnauze hin und her zuckten, gefolgt von einem dunklen Umriß, der nur wenige Zentimeter von uns entfernt innehielt und dann schließlich in die Dunkelheit weiterwatschelte.

Später sagte mir mein Begleiter, daß das ganze Ereignis sich in einem Zeitraum von sieben Minuten abgespielt habe. Mir erschien es wie sieben Sekunden. So ist es, wenn man plötzlich auf die Natur aufmerksam gemacht wird. In dieser Nacht faßte ich den Entschluß, die Abteilung für Naturgeschichte in der BBC dazu zu bringen, die spannende Realität solcher Augenblicke auf den Bildschirm zu bannen.

Produktionsleiter des Fernsehens werden oft gefragt, wie die Idee zu einem Programm entsteht: „Kommen Sie selbst darauf, oder wird sie von einem Wissenschaftler vorgeschlagen?" Die Antwort lautet sehr oft etwa so, wie ich es eben beschrieben habe. Die Idee wird nicht – wie manche vermuten – von einem hehren Komitee in den Türmen eines Fernsehzentrums geboren; sie wird gewöhnlich vielmehr von einem einzelnen angeregt, der der Natur neugierig gegenübersteht und der hartnäckig genug ist, immer wieder „warum?" zu fragen. Mein absoluter Mangel an Einsicht bei diesem ersten nächtlichen Abenteuer mit den Dachsen hatte meine Vorstellungskraft und Phantasie offenkundig derart angestachelt, daß ich die schöpferische Energie hatte, daraus eine Fernsehidee zu machen.

Vieles, was unsere Tiersendungen auszeichnet, ist Mick Rhodes zu verdanken. Er war damals Leiter der naturgeschichtlichen Abteilung in Bristol. Trotz der technischen Schwierigkeiten, eine live-Serie mit-

ten aus der nächtlichen Natur in Gloucestershire zu inszenieren, war er genauso wie ich von den Möglichkeiten einer gänzlich neuen Technik gefesselt, Natur auf den Bildschirm zu bringen. Es ist Micks Überredungskunst zu verdanken, daß wir den Auftrag erhielten, im folgenden Jahr eine einwöchige Nacht-Serie von 15-Minuten-live-Shows im BBC-Fernsehen unterzubringen. „Sie haben freie Hand“, sagte man mir. „Nun legen Sie los. Aber machen Sie es um Gottes Willen richtig und sehen Sie zu, daß wir einige Dachse zu sehen kriegen.“ Ich muß gestehen, daß ich doch einen Schrecken bei dem Gedanken bekam, nun auch beweisen zu müssen, daß sich die Idee ausführen ließ.

Im Spätsommer 1976 begann ich damit, mir von Experten Rat zu holen und eine Antwort auf zwei Schlüsselfragen zu finden: Wo ist der beste Platz, wilde Dachse fürs Fernsehen aufzunehmen? Und welche Probleme kann es geben, wenn man Kameras etwa sechs Meter von einem Dachsbau entfernt aufstellt, um mit ihnen die Tiere über der Erde ununterbrochen zu beobachten? Dr. Ernest Neal ist ein solcher Fachmann für Dachse. In seinem Forscherleben hat er ein einzigartiges Verständnis vom Verhalten der Dachse entwickelt. Sein Buch „Dachse“ war für mich eine zuverlässige Informationsquelle; und bei unserem ersten Treffen bei ihm zu Hause in Somerset machte er Freudensprünge über die Gelegenheit, uns als fachmännischer Kommentator zu helfen. Diese Aufgabe sollte er schließlich mit einem anderen Dachs-Narren, Phil Drabble, teilen, als es im folgenden Frühjahr zu den Übertragungen kam.

OBEN: *Der Übertragungswagen.* LINKS: *Zwei glänzende Flecken einer weißen Schnauze zuckten hin und her.*

Ernest machte uns schließlich mit einem weiteren Wissenschaftler vom Landwirtschaftsministerium bekannt, mit Dr. Chris Cheeseman, der in Gloucestershire mit dem umstrittenen „Dachs-Vergasungs“-Programm zu tun hatte. Die Rolle der Dachse bei der Verbreitung von Tuberkulose unter Haustierherden und auch Wildtieren war damals wie heute ein brennendes Problem – ein Problem überdies, das sehr umstritten war und auf das man in dem Programm eingehen mußte.

Unser Mann vom Ministerium, Chris Cheeseman, wurde zur Schlüsselfigur für uns. Seine Arbeit im abgelegenen üppigen Cotswold-Tal gab uns die nötige Sicherheit, mit dem Leben der Dachse auch tatsächlich in Berührung zu kommen. Er kannte seine Dachs-Familien und konnte die Baue und ihre Tunnelausgänge genau ausmachen, so daß wir unsere Kameras so postieren konnten, daß wir einen guten Überblick über die zu erwartenden Aktivitäten der Dachse auf der Erdoberfläche haben mußten. Dieser Platz war ziemlich weit von den begangenen Wegen entfernt und nur über einen verwilderten Pfad erreichbar. Es gab aber am Rand genügend Raum, wo wir die Übertragungswagen und unsere Ausrüstung unterbringen konnten, mit der wir die Bilder direkt in das Sendenetz einspeisen wollten. Daß wir viele Tonnen Erdreich und Gestrüpp beiseite räumen mußten, um den Weg für unsere schweren Übertragungsfahrzeuge sicher zu machen, war für uns ein kleiner Preis für die Chance, einen Einblick in das Leben unserer Dachse zu bekommen. „Unsere“ Dachse – ja, dazu wurden sie. Während der Wintermonate, in denen die Dachsjungen geboren werden, wurde jeder Besuch für die Vorbereitung der Fernsehübertragung mit einer Sorgfalt ausgeführt, wie sie sonst nur den teuersten Fernsehstars vorbehalten ist. Es durfte sich immer nur eine einzige Person zur gleichen Zeit auf dem Gelände des Baus aufhalten, wie überhaupt jede Anwesenheit von Menschen auf ein Minimum beschränkt und selbstverständlich jeder Lärm vermieden wurde. Uns war klar, daß es das Ende unseres Projektes bedeuten würde, wenn wir die Dachse störten. Deshalb waren wir heilfroh, daß sich selbst der aufwendige Aufbau der Kamera-Gerüste über dem Dachsbau ohne merkbaren Einspruch seiner ahnungslosen Bewohner zu Ende bringen ließ.

Aber das größte Problem hatten wir noch vor uns: Sollten unsere Dachse ahnungslos bleiben – und das mußten sie, wenn unsere Übertragung dem Anspruch gerecht werden sollte, wirklich „lebensecht“ zu sein –, dann mußten wir unsere Gegenwart noch weiter einschränken, besonders während der Übertragungswoche und der Tage, die der Sendung vorausgingen. Daraus ergab sich zwangsläufig die Frage, wie der Kameramann eigentlich arbeiten sollte.

Die Arbeit eines Kameramanns besteht ja darin, die Kamerabewegungen zu steuern; er muß sie schwenken, kippen, er muß weg- oder heranzoomen und auch noch das Objektiv auf das „Ziel“ in seinem Blickfeld scharf einstellen. Dazu muß er jederzeit mit seinem technischen Kollegen und dem Produktionsleiter im Kontrollfahrzeug (in diesem Falle ca. 400 m entfernt) sprechen können. Eine weitere Schwierigkeit bestand darin, daß wir das Kommen und Gehen der Dachse beobachten mußten, ohne mit einer Flut von Licht ihre Mondscheinausflüge zu stören. Wie jeder Schuljunge weiß, gibt es aber keine Film- und Fernsehbilder ohne Licht, so daß der Gedanke an Aufnahmen in der Dunkelheit den Produktionsleiter bei seinen technischen Kollegen nicht gerade beliebt machte. Frühere Erfahrungen hatten gezeigt, daß ein Dachs, wie andere wildlebende Säugetiere, sich nur natürlich verhält, wenn kein Mensch in der Nähe ist. Beim geringsten Anzeichen der Gegenwart von Menschen verzieht sich der Dachs unter die Erde.

All diese Probleme waren im Grunde eher dazu angetan, daß unsere Dachse im Fernsehen nicht auftreten würden. Und tatsächlich wäre es wohl auch darauf hinausgelaufen, wenn nicht der Einsatz und die Erfahrung des technischen Teams der BBC alle Probleme gelöst hätte. Die Herausforderung bestand ja vor allem darin, genügend „unsichtbares“ Licht für die Kameras zu schaffen, um ein Gebiet von der Größe von zwei Tennisplätzen auszuleuchten. Außerdem mußten wir eine Fernsteuerung konstruieren, mit deren Hilfe wir zwei Kameras vom Kontrollfahrzeug auf der anderen Seite des Tales aus steuern konnten, ohne daß es unsere teuren Dachse bemerkten.

Ohne Zweifel war diese Arbeit mit dem „Auge in der Nacht“ im Fernsehen ein bedeutender technischer Fortschritt in der Fähigkeit, Naturgeschehen unter Bedingungen zu beobachten, die etwa denen bei hellem Mondlicht entsprechen. Im Rückblick auf jene anstrengenden Monate der Vorbereitung muß ich sagen, daß das „Auge“ nicht einmal geblinzelt hätte ohne das elektronische Geschick der Techniker. Von ihnen wurde verlangt, Unmögliches möglich zu machen.

War ihre Aufgabe schon ungewöhnlich, so war die Art, in der die Projektmannschaft sie löste, milde gesagt unkonventionell. Sie bewirkte bei den maßgebenden Leuten hochgezogene Augenbrauen; man fragte sich, was dieser Mann von der BBC in den Trödelläden Londons zu suchen hatte. Nun, weil eine passende Infrarotlichtquelle fehlte, hatten John Noakes von der technischen Forschungsabteilung in London und sein Kollege Paul Townsend aus Bristol sich aufgemacht, die unergründlichen Schatzkästen der Reste-Geschäfte der Regierung zu durchstöbern. Dort fanden sie zu Spottpreisen die überaus wichtigen Kühlventilatoren für die Lampen. Sie kamen zu den Filterlichtquellen in den Kästen, die eher wie Keksdosen als wie Zwei-Kilowatt-Lampen aussahen, um die es sich handelte. Eine überzählige Monochrom-Kamera, die auch schon bessere Tage gesehen hatte, wurde mit einer Siliziumdioden-Vidikon-Röhre kombiniert, die gerade stark genug war, die schwachen Bilder zu verstärken, die die Kamera von ihrem Platz zwischen den Baumästen aus aufnehmen konnte. Da beide Kameras für mehrere Wochen

LINKS UND RECHTS:
Ferngesteuerte Infrarot-Kameras.

jedem Wetter ausgesetzt waren, wurden sie in Plastikbeutel verpackt.

In der Zwischenzeit kamen Caroline Weaver und John Borley mit ihren Forschungen über das Dachsverhalten und mit der Planung der technischen Seite des Unternehmens voran. Vor allem für John war die Dachsbeobachtung mit besonderen Problemen beladen. Neben der technischen Seite hatte er als technischer Manager die Ausrüstung des Mitarbeiterstabes zu planen. Schließlich mußte die Mannschaft draußen verpflegt und nach jeder Übertragung spät in der Nacht nach Hause gebracht und am nächsten Tag wieder rechtzeitig zurückgeholt werden. Viel zu schnell wurde es Mai. Sämtliche Gerätschaften waren an Ort und Stelle aufgebaut und arbeiteten gut. Die Dachsbeobachtung konnte beginnen.

Wann immer das Fernsehen etwas Neues riskiert, wird das zu einem Unternehmen, das vor allem die Leute an der Kamera in erhebliche Aufregung versetzt. Wenn die Zuschauer uns in dieser ersten Nacht hätten sehen können, dann hätten sie sich sehr gewundert und gefragt, was all dieser Wirbel eigentlich soll. Es ist schon sehr komisch, in einem elektronischen „Treibhaus" zu sitzen, umgeben von Monitoren, in einem Kasten auf Rädern mit Klimaanlage, mitten auf einem leeren Feld, eingehüllt in Dunkelheit, nur darauf wartend, ob einige Dachse sich zeigen. Das ganze ist tatsächlich eine Form von Wahnsinn.

„Noch 10 Sekunden, erstes Bild, bitte . . ." Ich blicke zu den Bildschirmen hinauf. Unsere Bilder sind – so meinen wir jedenfalls – sensationell.

„Der Bildschirm zeigt das Sendersymbol – Ansage jetzt . . ." Sobald das Symbol vom Bildschirm verschwunden ist, gehen die ersten Bilder aus der Nacht in Cotswold über den Äther. Wir fragten uns, ob diese Bilder und ihre Atmosphäre stark genug seien würden, um etwas von unserer Erregung auf diejenigen zu übertragen, die zu Hause weit vom Ort des Geschehens entfernt zuschauten.

„Stichwort Bruce Parker, Kamera Eins ein, langsam an der Buche entlang schwenken . . ., da anhalten, Eins! . . ." Während Bruce Parker das Stichwort aufnimmt, um die Zuschauer vom Gloucestershire-Tal aus zu begrüßen, durchzuckt uns der Gedanke, daß wir versagen könnten. Schrecklich!

„Kamera Zwei ein, langsam schwenken, aufpassen . . ." Ich schüttle die Zweifel ab – für Vorwürfe ist es zu spät. Plötzlich hören wir ein Grunzen unterhalb der 200jährigen Buche. Dann ein Rascheln im wilden Knoblauch, und eine unheimliche Gestalt hebt sich vom Untergrund ab.

„Ranzoomen, Eins, und festhalten."

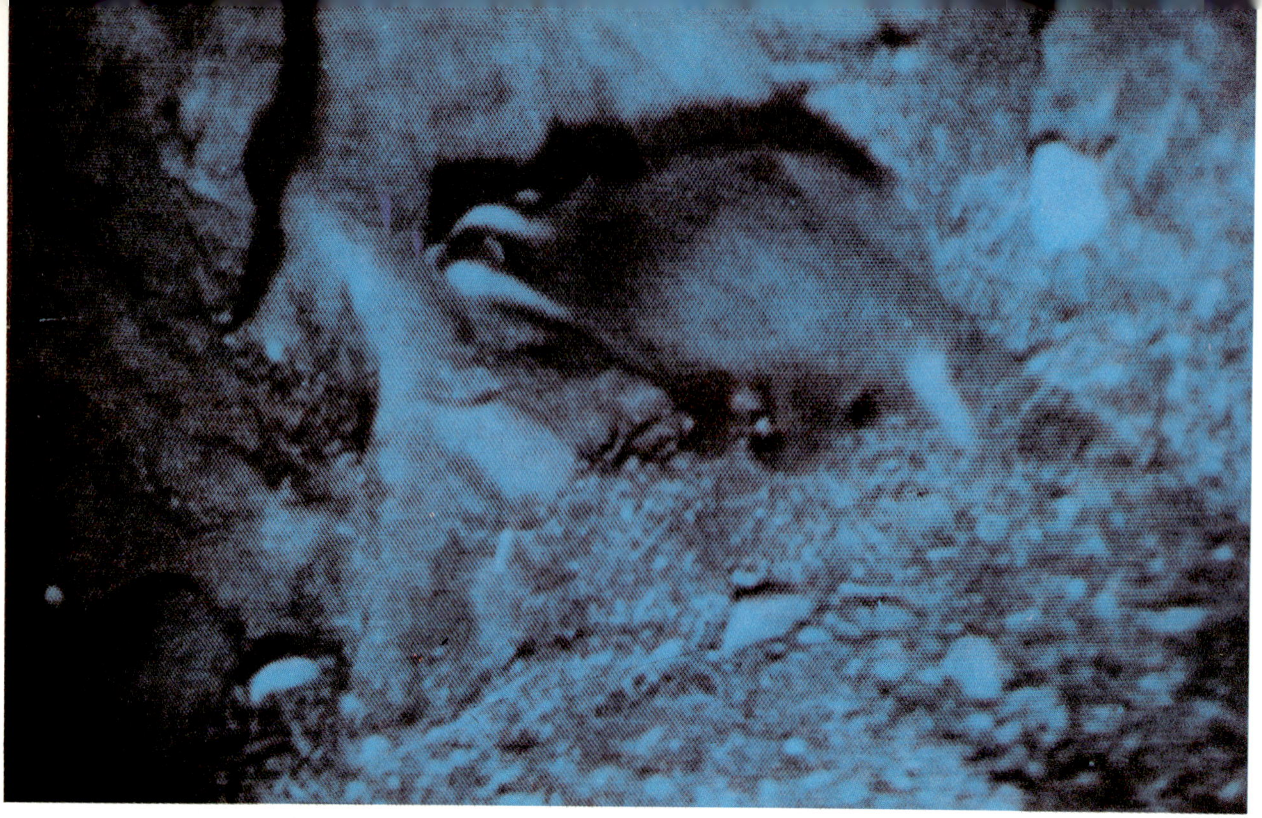

OBEN, UNTEN UND RECHTS: *Nachtbilder der ferngesteuerten Kameras.*

Die Nachtbilder der ferngesteuerten Kameras sind geisterhaft blau und wie unwirklich – und doch vollkommen real.

„Bei dieser Szene bleiben, Eins, . . . mitgehen, wenn möglich." Es ist wirklichkeitstreu genug. Der erste wilde Dachs, der jemals live über den Äther zu sehen war, und das in den allerersten Sekunden unserer ersten Übertragung! Er watschelt die Böschung hinauf, zeitweise in den Blättern des Knoblauchs verborgen. Der Dachs hält inne, als aus dem Tunneleingang andere Grunzlaute zu hören sind, die unser Mikrofon auch aufnimmt.

„Du meine Güte! Guckt euch das einmal an!" Phil Drabble explodiert fast vor Aufregung. Alle Sorgen sind vorbei, vergessen. Während unser aller Augen auf die Bildschirme gerichtet sind, übernehmen die Dachse völlig unbeteiligt, aber für uns äußerst faszinierend, die Regie der Sendung.

Und so geht es Nacht für Nacht. Mit Aufzeichnungen und live-Bildern vermittelten wir ein einfaches Tagebuch vom Familienleben, von den Streitereien der Tiere und von jenen seltenen Momenten, in denen die Fähe auftauchte, gefolgt von ihren spielenden Jungen. Es wird Sie nicht überraschen, daß gerade solche Szenen eine besonders starke Wirkung auf unsere Zuschauer hatten.

Am nächsten Morgen erhielten wir in unserer fernen Klause auf dem leeren Feld viel Anerkennung und sogar Anfragen über das Wohlergehen des einen oder anderen Tieres. Wir wurden nachdenklich über ein Bild, das in einer Boulevardzeitung abgebildet worden war. Es zeigte ein Eulenküken, das man vom Bildschirm wenige Stunden vorher abfotografiert hatte. Zu sehen war, wie das Küken sich abmühte, an der Buche hinaufzuklettern, von der es offenkundig heruntergefallen war. Dieses Eulenküken (und ein anderes) war bei einem zufälligen Schwenk unserer Kamera ins Bild gekommen, mit leuchtenden Augen, die in die Kamera starrten. Vielleicht war das Tier beim Versuch, vom Nest wegzufliegen, heruntergefallen. Tatsache ist, daß unsere Bilder von diesem Küken, das sein Nest im Baumdach zurückzugewinnen versuchte, unseren Dachsen in der ersten Nacht der Fernsehshow gewissermaßen die Show gestohlen hatten.

Aber in den folgenden Nächten hatten unsere Dachse den Bildschirm ganz für sich. Sie bekamen Lob und Beifall durch ihre bloße Gegenwart, auf einem Dachsbau in einem Feld, irgendwo auf dem Lande in Gloucestershire.

Nach vier Nächten der Übertragung schalteten wir in den frühen Morgenstunden eines Sonnabends den Strom ab und begannen, die Kameras abzumontieren im Bewußtsein, daß viele Zuschauer mit uns das Vergnügen an der Beobachtung dieser fesselnden Tiere geteilt hatten.

BEI DACHSENS ZU HAUSE

Niemand weiß besser als Eric Ashby, daß der Dachs beim Fotografieren in natürlicher Umgebung eines der schwierigsten Tiere ist. Das Zuhause der Dachse – der Bau – ist unter der Erde angelegt; und da eine Dachsfamilie selten vor der Dämmerung ihren unterirdischen Schlupfwinkel zur Nahrungssuche verläßt, ist sie so schwer faßbar, daß sich nur ein entschlossener Filmemacher nicht abschrecken läßt. In dieser Schwierigkeit lag die Herausforderung für Eric Ashby. Hier hatte er alles Geschick und allen schöpferischen Einfallsreichtum einzusetzen, mit denen nur der hingebungsvollste Naturfotograf begabt ist.

Bereits im Jahre 1938 hatte Eric sein erstes Foto von wildlebenden Dachsen mit einer stehenden Kamera und primitivem Blitzgerät aufgenommen. Es sollte weitere 40 Jahre dauern, bis mit „Bei Dachsens zu Hause" seine erste Fernsehaufzeichnung über wildlebende Dachse sendefertig wurde. Inzwischen hat er viele andere Filme über das Leben wilder Tiere in der freien Natur gedreht. Drehort ist ein Wald in der Nähe seines Wohnsitzes im New Forest, wo er im Laufe der Jahre über 200 Dachsbaue kennenlernte und wo er sich beträchtliche Kenntnisse darüber erwarb, wie man das allzu kurze Auftreten der Dachse auf der Erdoberfläche filmen kann.

Aus einer Gruppe von etwa einem Dutzend Bauen wählte Eric sich einige aus. Er prüfte so wesentliche Faktoren wie die Windrichtung oder das Risiko, daß ein Baumast so viel Licht vom Eingang des Baues wegnimmt, daß Filmen nicht mehr möglich ist. Außerdem mußte er einen Bau auswählen, aus dem die Dachsgemeinschaft extrem früh am Abend hervorkam, um mit der Nahrungssuche zu beginnen. Nur so erhielt er ein Minimum an Abendlicht, das für die Aufnahmen nötig ist.

Gewöhnlich liegt ein Dachsbau an einer sanft abfallenden Böschung, geschützt durch Buschgruppen und Unterholz. Oft legen die Dachse ein Netzwerk von Tunnels an, indem sie von den Wurzeln eines gutgewachsenen Baumes ausgehend den Boden aushöhlen. Ihre Fähigkeit, mit den starken, kurzen Beinen und langen Krallen zu graben, macht

OBEN: *Ein Dachs an seinem Bau.* UNTEN: *Eric Ashby.*

sie zu Spezialisten im Bau der ausgedehnten Tunnelsysteme. Jede Röhre hat einen Durchmesser von rund 23 cm, und sie ist damit gerade weit genug, die etwa 11 kg schweren erwachsenen Tiere durchzulassen. An den Eingängen erweitern sich die Röhren auf etwa 30 cm.

Im allgemeinen leben Dachse in losen Familiengruppen in mehreren benachbarten Bauen, von denen die äußeren in einem bestimmten Gebiet als Ruheplatz und zeitweilige Wohnung dienen. Im Winter verbringen die Dachse die meiste Zeit sicher und warm unter der Erde in Kesseln, die durch Verbreiterung eines Röhrenabschnitts entstehen. Ausgekleidet mit trockenem Gras und Laub, sind diese kleinen, aber sehr stabilen Kessel die idealen Ruheplätze während der langen kalten Tage. Die beste Zeit, Dachse im Tageslicht oberirdisch zu beobachten, ist die Zeit des beginnenden Frühjahrs.

Beim Filmen in der Natur wandte Eric Ashby immer wieder diese List an: Er ging immer eine ganze Weile vor dem Zeitpunkt zum Bau, zu dem die Dachse ins Freie gingen. Dabei achtete er darauf, daß er nicht über die Baue selbst trat. Außerdem stellte er sein Stativ mit Kamera immer entgegen der Windrichtung auf, damit ihn die Tiere nicht wittern konnten. Die Sehfähigkeit der Dachse ist dürftig. Eric mußte oft stundenlang regungslos warten, bis er einen Dachs zu sehen bekam, der am Tunneleingang nervös die Luft einschnüffelte. Eines Tages bekam er neue Laute zu hören: das hohe Zwitschern der Jungen, das ein sicheres Zeichen dafür ist, daß die Dachswelpen dicht hinter der Mutter sind. Die erwachsenen Tiere gehen sehr sorgsam mit ihren Jungen um und bringen sie erst nach oben, wenn sie sieben oder acht Wochen alt sind. Sie tun das gewöhnlich nur im sicheren Dunkel. In unserem Fall aber war es ein später Nachmittag mit warmer, ruhiger Luft, an dem die vorsichtige Familie ins Freie trat. Innerhalb von wenigen Minuten filmte Eric die Welpen bei ihrem Purzelspiel, in ihrem weichen grauen Fell, das sich plusterte bei den Scheinkämpfen zwischen den Geschwistern, einer Vorübung für die Kämpfe der ausgewachsenen Tiere. Normalerweise gibt es einen Wurf mit zwei oder drei Jungen in jedem Bau. Hier waren es aber mindestens fünf Welpen, was dafür sprach, daß zwei Familien zeitweise zusammenleben, bevor eine der Fähen ihre Familie in einen anderen Bau bringt. Vermutlich spielt dabei die Suche nach mehr Nahrung eine Rolle.

Mit enormer Beharrlichkeit brachte Eric es fertig, Film für Film die Einzelheiten des Dachslebens über der Erde einzufangen: das Pflegeverhalten, wenn die Familienmitglieder in einem dichten Knäuel zusammengedrängt sind und einander Parasiten und Hautschuppen entfernen; dann das Lecken, das Ziehen, das Wälzen und das gegenseitige Einreiben mit der Duftdrüse, wodurch die Einzeltiere einer Gemeinschaft bezeichnet werden und woran sie einander in der Dunkelheit erkennen. Eine Fähe säugt ihre Jungen mindestens 12 Wochen nach der Geburt; und es dauert gewöhnlich 15 Wochen, bis die Jungen unabhängig genug sind, ihre Eltern zu begleiten, wenn sie sich vorwagen auf ihren gewohnten, deutlich bezeichneten Wechseln zu den Jagdgebieten in der Nähe.

Dachse halten sich hartnäckig an ihre Wechsel, und sie markieren ihre Wege durch das Unterholz mit einer besonderen „Moschus“-Drüse, die ihr Vorrücken kenntlich macht. Sie verbringen jede Nacht mehrere Stunden mit der Nahrungssuche. Dachse sind Allesfresser und von ihrem Geruchsinn abhängig auf der Suche nach Wurzeln, Larven, Aas und Insekten, die sie mit Behagen verzehren. Im großen und ganzen passen sie sich an das Nahrungsangebot des jeweiligen Ortes an, wobei ihre Freßgewohnheiten für den Menschen durchaus nützlich sind. Sie fressen z. B. gern einen der schlimmsten Gartenschädlinge, die Schnakenlarven. Aber einmal fand

Eine Dachsfamilie verläßt ihren unterirdischen Bau.

Eric einen Dachs, der gerade seinen Mülleimer plünderte. Vermutlich sind Dachse in größerer Entfernung von ihrem Bau weniger vorsichtig. Offenbar hatte der hungrige Rüde gelernt, mit der Schnauze den Mülleimerdeckel aufzustoßen. Er wühlte sich Leckerbissen wie Speckschwarten, Brot und Gemüsereste heraus. In milden, feuchten Nächten sind Regenwürmer ein besonders köstliches Futter für Dachse. Sie machen einen großen Teil ihres Speiseplans vor allem im Herbst aus, wenn sie sich auf einen harten Winter vorbereiten. Man hat bei einem Dachs festgestellt, daß er in nur 90 Minuten 1083 Würmer fraß. Das ist etwa 1 Drittel seines eigenen Körpergewichts. Er zog die Würmer geschickt aus dem Erdboden, die wie ein elastischer Strang aus frisch gekochtem Spaghetti aussahen. In Gebieten, in denen Würmer seltener sind, bilden Eicheln und Beeren eine Ausweichnahrung. Bevor die Nacht zu Ende geht, besucht der Dachs vielleicht noch eine der „Toiletten“ am Rande seines Gebietes und markiert sie mit seiner strengriechenden Ausscheidung, die für Dachse anderer Gebiete ein Zeichen ist, sich fernzuhalten.

Natürlich reizt es einen Fotografen, einen Bau auch unterirdisch zu filmen. Aber da gilt dieselbe Regel wie für die Dachse des fremden Gebietes: draußenbleiben! Nicht so sehr wegen des Geruchs, sondern wegen der rein physischen Unmöglichkeit, dieses höchst empfindsame Tier im Herzen seines Reiches tief unter der Erde zu filmen.

Der optimistische Eric beschloß, selbst einen Bau anzulegen, der sowohl seinen Filmplänen als auch den Bedürfnissen einer Dachsfamilie entsprach. Er besorgte sich Abflußröhren, die er miteinander verband und zu zwei künstlichen Kesseln in einem Schuppen im Wald führte. Hinter einer Glasscheibe, die ihn und die Kamera von den beiden mit Gras ausgekleideten Wohnplätzen trennte, hoffte er, daß sich die Dachse in den Kesseln auch unter dem Licht der Filmlampen natürlich verhalten würden. Er wollte die Lichtstärke Nacht für Nacht allmählich erhöhen, bis sie hell genug für das Filmen war, aber die Dachse noch nicht störte. Alles wurde abgedeckt, und nur die Eingangsröhren blieben von

GEGENÜBER, LINKS: *Dachse auf dem Weg zu den Nahrungsplätzen.*

GEGENÜBER, RECHTS: *Beim Plündern einer Mülltonne.*

GEGENÜBER, MITTE: *Künstlicher Dachsbau während der Anfertigung.*

RECHTS: *Beim Schlaf im Bau.*

UNTEN: *Im Wohnkessel.*

außen sichtbar. Das geheimnisvoll dunkle Innere sollte die Neugier eines Dachses wecken. Eric saß in seinem dunklen Schuppen und wartete auf das, was da irgendwann kommen sollte.

Es dauerte drei Jahre, bis seine Geduld und seine technische Erfindungsgabe belohnt wurden. Nach endlosen Versuchen wurde Eric der erste Mensch, der das Verhalten der Dachse in einem Bau filmen konnte. Seine Beobachtungen offenbarten die Sauberkeit in den Wohnquartieren und die Sorgfalt, mit der die Streu erneuert wurde. Die Dachse schliefen friedlich und waren völlig ahnungslos, daß ein Mensch sie aufmerksam beobachtete. Eric konnte aufnehmen, wie sich zwei Dachse begrüßten, er hörte das sanfte Schnurren und filmte das wechselseitige Markieren mit Duft. Er filmte zwei Rüden, die sich um die Herrschaft über ein Weibchen stritten. Das wollte mit keinem von beiden zu tun haben, sondern es schaute nur zu, wie die beiden einander einschüchterten, indem sie sich groß hinstellten, um möglichst schrecklich auszusehen. Sie versuchten, jeweils den Schwanz des anderen zu erreichen, schnappten ihn mit den Zähnen und schüttelten, was das Zeug hält. – Schließlich wurde einer in die Flucht geschlagen und der Frieden so wiederhergestellt.

FÜCHSE IM 20. JAHRHUNDERT

Die Fähe kann nur noch stehen im engen Gewölbe ihrer unterirdischen Wohnung. Sie muß stehen, weil ihre vier Welpen mittlerweile so groß sind, daß dies die einzige Möglichkeit ist, ihnen allen zugleich Raum zu bieten. Die Jungen boxen gegen ihren Bauch, während sie sich gierig um ihre Milch balgen. Es muß unbequem, ja schmerzhaft für die Fähe sein: Die Zähne der Jungen sind schon scharf, und sie kneten die Zitzen mit den Vorderpfoten, um den Milchfluß anzuregen. Am Eingang erscheint das Gesicht des Fuchsrüden, und sie bewegt sich, um ihm nach draußen zu folgen. Übersatt fallen die Welpen von ihren Zitzen ab und folgen, quiekend vor Aufregung, den Eltern nach draußen.

All dies spielt sich unterirdisch, völlig im Dunkeln, ab: Die Füchse selbst können einander nicht sehen. Doch bei dieser häuslichen Szene der Füchse waren rund eine Million Zuschauer Zeuge.

Was sie sahen, war Ergebnis einer vierjährigen Zusammenarbeit zwischen dem Stadtfuchs und der naturgeschichtlichen Abteilung der BBC, die auf irgendeine Weise das volkstümliche Bild vom einsamen, bösartigen Killer ausräumen wollte. Bei diesem Vorhaben mußten zwei Hauptprobleme gelöst werden: Wie kann man in der Nacht filmen (denn Füchse sind hauptsächlich nachtlebend), und wie kann man unter der Erde filmen (denn die Fähe bringt ihre Jungen unter der Erde zur Welt)? Wir entschlossen uns, das zweite Problem zuerst anzupacken.

Die Lösung zeigte sich während einer Bestandsaufnahme der Fuchsbaue in Bristol für den Naturschutzrat. Auf Brachland, in Schrebergärten und auf Friedhöfen ließen sich viele Baue nachweisen; doch überraschenderweise fand sich die Hälfte aller Baue in den Hintergärten privater Häuser, unter Schup-

LINKS: *Jungfuchs – wachsam, gesund, das Fell im besten Zustand. Das Gegenteil des dürren, schäbigen Schurken der Volksfabeln.*

GEGENÜBER, OBEN: *Dachs und Fuchs begegnen sich in der Nacht. Bei einem Kampf würde der Fuchs zweifellos den kürzeren ziehen.*

GEGENÜBER, UNTEN: *Ein überwachsener Friedhof – der ideale Lebensbereich für einen Stadtfuchs.*

pen und Garagen. Noch überraschender war, daß sich Dutzende unter oder sogar in den Häusern befanden.

In Bristol gibt es viele alte viktorianische Besitztümer, vielfach mit Kellern, Kohlelöchern, zerfallenen Lüftungsschächten, altmodischen Dunstabzügen. Das sind für den anpassungsfähigen Stadtfuchs alles Zugänge zu den Häusern. In einem Haus war der alte Zement um eine Röhre abgebröckelt und gab ein Loch frei durch die Wand in den Keller. In einem anderen Haus ermöglichte ein fehlender Lüftungsziegel den Weg in den Raum unter dem Bodenbelag eines Zimmers im Erdgeschoß. Hier hatte eine Fähe erfolgreich einen Wurf aufgezogen. Die Entdeckung derartiger Baue brachte uns darauf, unsere Filmausrüstung im Keller eines solchen Hauses unterzubringen. Wir würden die Möglichkeit haben, die Stadtfüchse an einem Ort zu beobachten, der für sie eine vollkommen natürliche Umgebung war.

Die Idee war ein Anfang, aber sie schuf mehr Probleme als sie löste. Es war klar, daß jede Kamera von den Füchsen durch eine Glasscheibe getrennt werden mußte. Aber wie war es mit dem Lärm und vor allem mit dem Licht? Selbst ein Restlichtverstärker, mit dem eine Kamera „im Dunkeln sehen kann", erfordert noch eine gewisse Helligkeit. Und jedes Licht überhaupt würde mit Sicherheit den Fuchs in die Flucht schlagen. Die Lösung war schließlich, eine Technik weiterzuentwickeln, der in England schon früh der Weg bereitet wurde: die elektronische Infrarotaufzeichnung. Bei „Nacht des Fuchses" (1976) und „Dachsbeobachtung" (1977) waren infrarot-empfindliche Außenkameras und Infrarotleuchten mit Erfolg eingesetzt worden (vgl. auch Seite 13 ff.).

Doch dieses Mal sollte die Ausrüstung (statt nur einer Woche) fast ein Jahr lang an Ort und Stelle bleiben. Und statt (wie bei den Dachsen) draußen zu warten, bis sie aus dem Bau kamen, wollten wir *innen* auf die Füchse warten, die hereinkommen. Und falls sie aus irgendeinem Grunde nicht hereinkommen sollten, würde ein teures Projekt damit gleich zu Anfang scheitern. Wir beschlossen, anzufangen, was auch immer geschehen würde. Eine kleine Spezialmannschaft begann damit, die Infrarot-Ausrüstung an unsere Zwecke anzupassen. Zwei Kameras sollten im Keller stehen, ferngesteuert aus einem Kontrollraum in der BBC, so daß kein Kameramann im Keller die Füchse stören würde.

Als nächstes mußten wir ein geeignetes Haus finden; zum Glück war die BBC Eigentümer eines verlassenen viktorianischen Hauses mit einem Gar-

ten und einer hohen Steinmauer, der den Garten von der Straße abschirmte. Und was das Beste war: Es hatte einen Keller.

Infrarot-Licht liegt außerhalb des für Mensch und Fuchs sichtbaren Licht-Spektrums. Als nächste Vorbereitung wurden deshalb Infrarotlampen im Keller angebracht. Für Füchse würde der Ort stockdunkel erscheinen, doch mit Hilfe spezieller elektronischer Kameras würden wir perfekte Fernsehbilder erhalten, wenn auch in schwarz/weiß. Schließlich wurden auch noch Mikrophone versteckt.

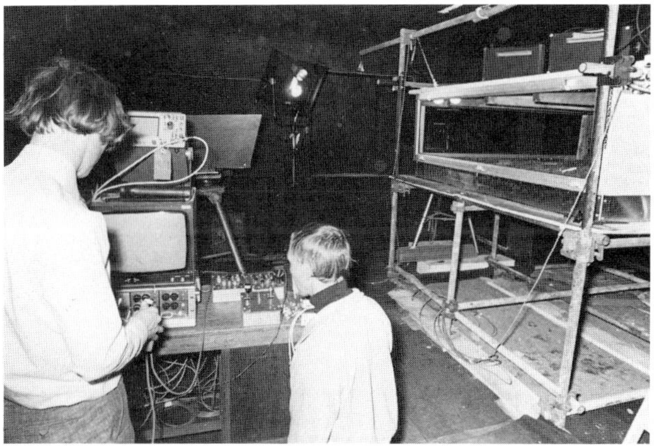

In diesem Stadium war ein kritischer Punkt zu entscheiden. Wir wußten, die Chancen waren vielleicht nicht schlecht, daß ein Fuchs unseren mit „Wanzen" gespickten Bau finden würde. Aber konnten wir es uns leisten, mit all der kostbaren Ausrüstung, darauf zu warten? Um also sicherzugehen, wurde ein Stadtfuchspaar eingefangen und im Garten freigelassen, den wir ausbruchsicher gemacht hatten. Die Tiere waren also nicht vollkommen freilebend. Aber sie würden doch ein hohes Maß an Freizügigkeit genießen, und unsere wissenschaftlichen Berater versicherten, unsere Beobachtungen würden für das Verhalten von Füchsen repräsentativer sein als in jeder anderen bis dahin arrangierten kontrollierten Situation.

Im Oktober 1978 wurden also die Fähe und der Rüde in den Garten gebracht, und wir schalteten die Kameras ein. Es war der kritischste Augenblick des Vorhabens. Würden die Füchse den Eingang zu dem Keller finden und hineinschlüpfen? Und, einmal im Innern, würden sie bleiben? Es kam darauf an, daß sie sich in ihrem Bau sicher fühlten. Wenn irgend etwas – ein seltsamer Geruch oder ein Kamerageräusch – sie störte, könnten sie die Flucht ergreifen. Die Fähe würde nie wieder in den Keller kommen, um dort ihre Jungen aufzuziehen, und das Projekt

OBEN: *Beim Aufbau der Infrarot-Ausrüstung, die fast ein Jahr lang an Ort und Stelle bleiben mußte.*

LINKS: *Eine Fähe, die im zerbrochenen Gitter eines Lüftungsschachtes stekkenblieb, dem Schlupfweg ihrer Jungen in den Keller eines viktorianischen Hauses. Die Fähe konnte unverletzt befreit werden.*

RECHTS: *Die Fähe kommt zum ersten Mal in den künstlichen Bau. Wird sie bleiben?*

wäre gestorben. Doch, wie die Zuschauer inzwischen wissen, fanden die Füchse den Bau und akzeptierten ihn, sonst hätten unsere „Fuchsbeobachtungs"-Programme nie stattgefunden. Es war eine nervenzermürbende Zeit für uns alle, als wir beobachteten, wie die Fähe nervös ihre neue Untergrundwohnung erforschte, sie wieder verließ, dann zurückkehrte und sich schließlich, nach vielem Zögern, in einer Ecke niederließ.

Den ganzen Winter hindurch setzten wir unsere Beobachtungen fort. Die Füchse sind natürlich Nachttiere, und so mußten auch wir viele lange Nächte aufbleiben. Die Spulen mit dem aufgezeichneten Bild- und Ton-Material wuchsen zu einem beachtlichen Stapel an, während wir die Fähe und den Rüden beobachteten, wie sie sich im Garten und im Bau einrichteten, wie sie mit dem Schnee und dem bitter kalten Wetter fertig wurden und das Futter, das wir ihnen gaben, ergänzten, indem sie Würmer, Insekten, Vögel und Mäuse fingen.

OBEN: *Für die Zeit, während der die Welpen noch sehr jung waren, wurde der Rüde in den Garten vertrieben.*

GEGENÜBER: *Die Fähe und die Welpen im unterirdischen Bau.*

Im Januar, wenn die Füchse in Bristol am stimmkräftigsten sind, fielen auch unsere Füchse ein und störten den Schlaf der Anwohner. Im Februar paarten sie sich, und am 10. April gebar die Fähe.

Sie hatte sich tief in eine Ecke des Baus eingegraben, so daß der Augenblick der Geburt leider nicht von der Kamera erfaßt werden konnte. Aber bald hörte unser Horchposten im Kontrollraum die ersten Quieklaute der neugeborenen Füchse und erblickte bald danach den ersten winzigen Welpen, als die Fähe ihn mit dem Maul aufnahm, aufstand, sich drehte und sich wieder niederließ. Aber wir konnten nicht feststellen, wieviele Junge geboren waren. Wir brauchten neun Tage, bis wir es sicher wußten – neun Tage, in denen die Fähe die Welpen auch nicht

für einen Moment verließ! Sie hatte sich in dieser Zeit die rechte Seite blankgescheuert durch die ewiggleiche Haltung. Als sie den Bau dann doch für einige Augenblicke verließ, zählten wir vier kleine Welpen.

Die mütterliche Hingabe der Fähe war nur eines der vielen faszinierenden Merkmale des Fuchsverhaltens, die wir aufzeichneten. Als die Jungen nur wenige Stunden alt waren, zeigte der Rüde, der in der letzten Phase der Trächtigkeit aus dem Bau getrieben worden war, eine bemerkenswerte Fürsorge. Er fütterte die Fähe fortlaufend in diesen neun Tagen; jedesmal, wenn er am Eingang erschien, rief er sie mit einem speziellen tiefen Stakkato-Laut, der ihr anzeigte, daß er hereinkommen wollte. Er kam dann mit Nahrung im Maul, die er genau neben der Fähe fallenließ, so daß sie noch nicht einmal aufstehen mußte. Später sahen wir auch, daß die Fähe fleißig ihre persönliche Speisekammer in dem Keller aufgefüllt hatte. Sie hatte „heimliche" Futterbissen so deponiert, daß sie sich bei Hunger nur wenige Zentimeter bewegen mußte, um einen Leckerbissen heranzuholen.

Es war immer meine Absicht gewesen, diese unterirdischen Szenen als Teil eines größeren Programms über Stadtfüchse allgemein aufzunehmen. Doch die Bilder, die wir von der Fähe und ihren Welpen aufnahmen, waren so faszinierend und von so guter Qualität, daß wir gefragt wurden, warum wir derartiges Material nicht live senden würden, am besten als ganze Serie von live-Programmen. Und so kam es zur „Fuchsbeobachtung". Die Zuschauer von BBC 2 konnten nun spätabends und nachts die intimen Szenen miterleben, wie die Mutter ihre Jungen in den ersten paar Wochen ihres Lebens aufzog.

Wir sahen die Welpen zunächst mit dunklem Haar bedeckt und mit dicht geschlossenen Augen; dann kam der Haarwechsel zu dem helleren Welpenkleid, und mit 14 Tagen öffneten sie die Augen. Wir sahen ihre ersten wackligen Bewegungen weg von Mutters

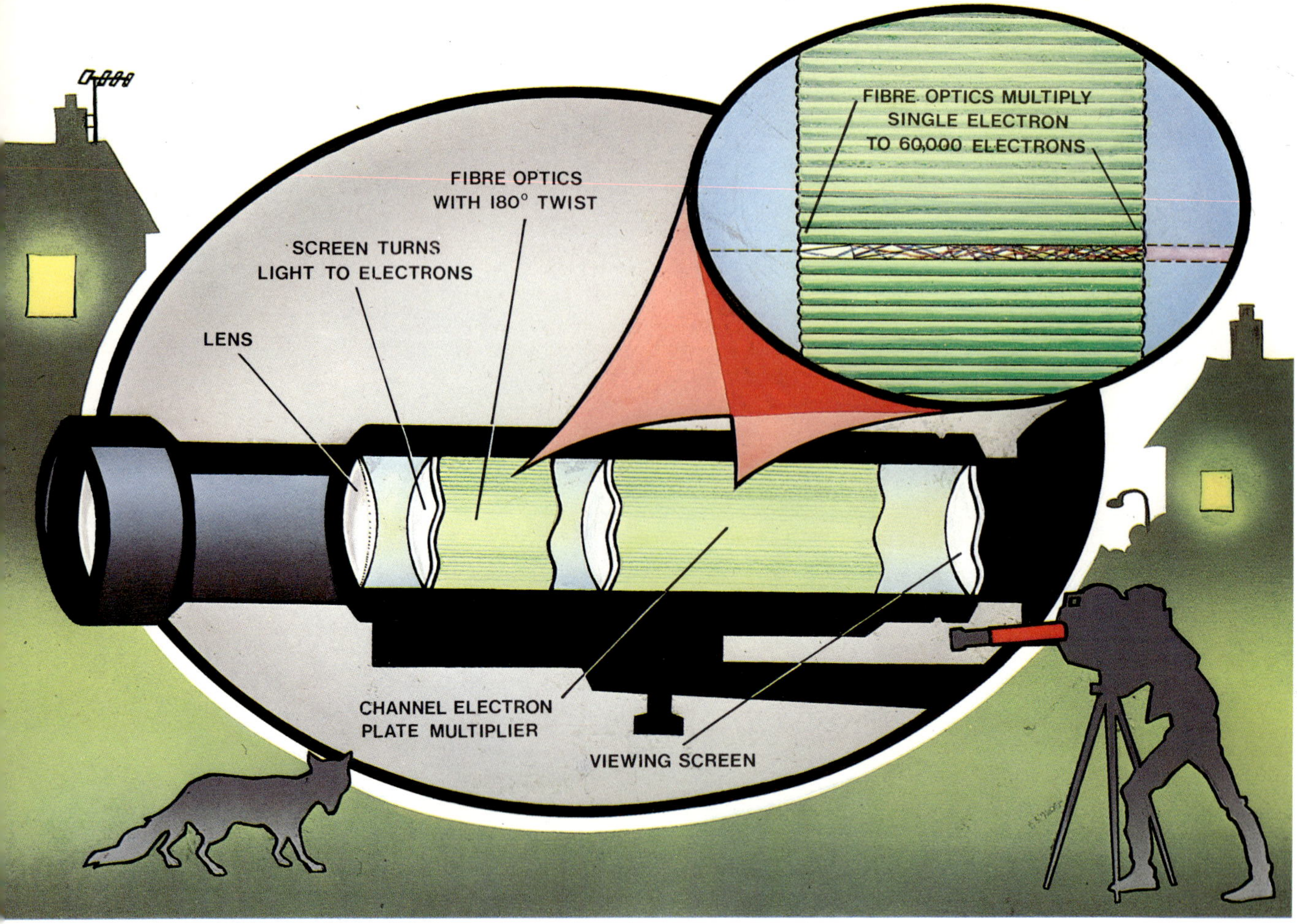

Der Restlichtverstärker mit Linse (lens), Auffangschirm (screen), der das Licht in einen Elektronenstrom umsetzt, sowie Glasfiber-Optik (fibre optics) mit Drehung (twist) um 180° und Elektronenvervielfacher-Kanal (channel electron plate multiplier). Am Sichtschirm (viewing-screen) kann das Bild beobachtet bzw. gefilmt werden.

Seite und ihr erstes Mahl aus fester Nahrung – dem Fleisch einer Hausmaus. Wir beobachteten, wie sie sich zum erstenmal in den Garten hinauswagten, sahen, wie sie immer spielerischer und waghalsiger wurden – und auch unabhängiger.

Das ganze „Fuchsbeobachtungs"-Projekt, wie interessant und erfolgreich es auch war, hatte mich tatsächlich eine Zeitlang von meiner Absicht abgelenkt, ein Programm über die wilden Füchse zu machen, die unsere Städte bewohnen. Es sollte eine gründliche Studie werden über jeden wichtigen Punkt des Fuchsverhaltens und genau die Nahrungsquellen dieser Tiere untersuchen. Verbringen Stadtfüchse wirklich ihre ganze Zeit damit, den Haushaltsabfall aus den Mülltonnen zu durchstöbern? Greifen sie wirklich Hauskatzen an? Sind es wirklich halb-verhungerte, von Krankheiten gepeinigte Kreaturen, wie viele Leute uns erklärten? Jedoch, es ist eine Sache, eine Fuchsfamilie im geschlossenen Areal zu filmen, wie wir es für „Fuchsbeobachtungen" getan hatten; und es ist eine ganz andere Sache, wildlebende Füchse in Aktion zu filmen.

Dabei sollte unser zweites Hauptstück der Ausrüstung zum Filmen bei Nacht zum Zuge kommen: der Restlichtverstärker. Doch, wenn wir nun auch mit Filmkamera und Bildverstärker „bewaffnet" waren, wie konnten wir wissen, wohin wir gehen mußten? Die Antwort bekamen wir durch eine Forschungsarbeit, die über Jahre hinweg durchgeführt wurde – nicht von uns, sondern von Dr. Steven Harris von der Universität Bristol. Seine Ergebnisse zeigten, daß Bristol die stärkste Fuchspopulation im ganzen

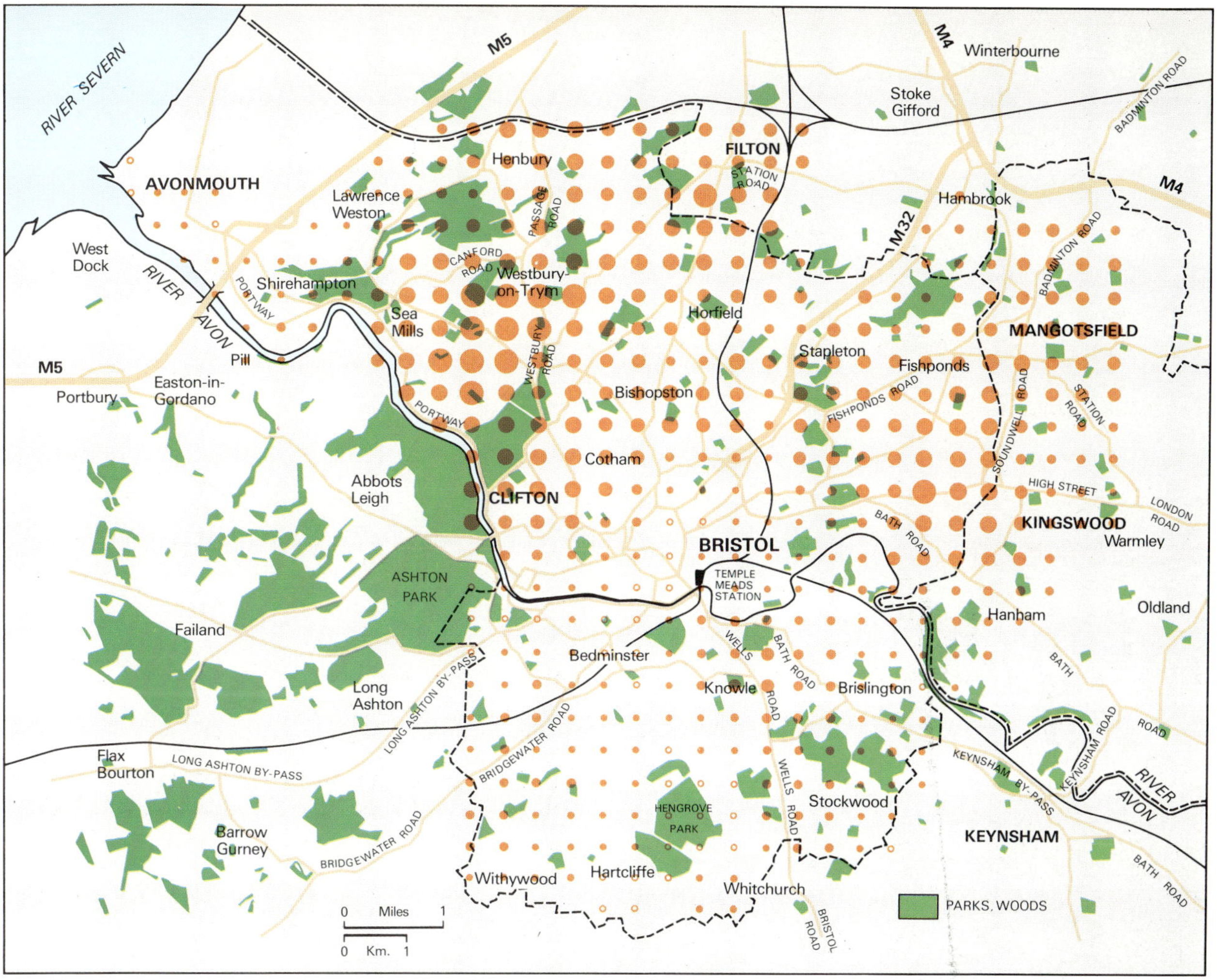

OBEN: *Bristol hat die höchste bekannte Bevölkerungsdichte an Füchsen in ganz Britannien. Bis zu 10 Familien pro Quadratmeile (2,59 km²) können hier vorkommen.*

RECHTS: *Manch einem Stadtfuchs wird der Speisezettel von einem freundlichen Bewohner ergänzt.*

Land besitzt: in einigen Teilen der Stadt bis zu vier Familien je Quadratkilometer.

Jedes Jahr bringen die rund 500 erwachsenen Füchse etwa 1000 Jungen zur Welt. Es ist also nicht verwunderlich, daß die meisten Stadtbewohner ab und zu nachts einen Fuchs zu sehen bekommen. Überraschend ist eher, daß sie nicht öfter Füchse sehen; denn sobald nachts der Verkehr ruht, sind sie bis zum Sonnenaufgang auf den Straßen, auf der Suche nach Nahrung.

Weit davon entfernt, halb-verhungert zu sein, sind die meisten Stadtfüchse in Wirklichkeit gut genährt. Woher bekommen sie ihr Fressen? Aus genau denselben Quellen wie der Landfuchs; aber die Stadt bietet zusätzlich noch vieles mehr. Der Stadtfuchs kann, ebenso wie sein ländlicher Vetter, kleine Säugetiere, gerade flügge gewordene Vögel, aber auch Würmer und Beeren erbeuten, denn er ist ein Allesfresser. In einer bemerkenswerten Szene des Programms waren zwei Füchse zu sehen, wie sie in einer warmen, feuchten Nacht Würmer von einer Rasenfläche mitten im Stadtzentrum auflasen. Die Jagd war ihnen hier leichtgemacht, denn ein Fuchs konnte, wie wir sahen, rund 20 Würmer von einem Quadratmeter Gras aufnehmen; 200 Würmer entsprechen dem Nahrungsbedarf eines ganzen Tages.

Unsere langen, kalten Nächte beim Filmen von einem Versteck (z. B. einem geparkten Lieferwagen) aus gaben uns noch weitere faszinierende Einblicke in die Nahrungssuche der Stadtfüchse. So sahen wir, wie ein Fuchs, der zum Futterhäuschen in einem vorstädtischen Hintergarten kam und von den Resten der Abendmahlzeit schmauste, rücksichtsvoll etwas für die Vögel am frühen Morgen liegen ließ. Diese Szene zeigte auch die große Beweglichkeit des

OBEN: *An heißen Sommertagen gehen die Füchse oft hoch auf ein Gebäude oder ein Dach hinauf.* UNTEN: *Ein Fuchs beim Durchstöbern einer Mülltonne am frühen Morgen.*

Fuchses beim Klettern; er kann sogar auf einem Zaun entlanggehen – eher wie eine Katze als wie ein Mitglied der Hundefamilie. Bei zwei verschiedenen Gelegenheiten filmten wir Füchse, die ein „Geheimversteck“ von Nahrung anlegten: Füchse schaffen einen Nahrungsvorrat für spätere Zeiten, indem sie mit ihren Vorderpfoten ein Loch in den Boden graben, das Futter hineinfallen lassen und das Loch wieder mit der Schnauze bedecken. An einem Abend filmten wir, hinter dem Fenster eines oben gelegenen Schlafzimmers verborgen, wie ein Fuchs Nahrung versteckte, und wie ein zweiter Fuchs sie in derselben Nacht fand und wieder ausgrub.

Wie ein Fuchs eine Mülltonne plündert, wurde mit Infrarot-Licht gefilmt, das für Menschen wie für Füchse unsichtbar ist. Eine Fähe kam immer wieder, um denselben Abfallkorb nach Resten von Brathühnchen zu durchstöbern. Zuerst riß sie den Karton auf, der seitwärts überstand, dann sprang sie oben auf den Karton, um im Innern zu fressen; und schließlich kroch sie ganz in den Abfallkorb hinein, kaum noch zu sehen, um nach noch mehr Nahrung zu suchen, die sie ihren Jungen mitnehmen wollte.

Die Szenen, an die sich die meisten Leute wohl noch erinnern, zeigten schlafende Füchse in der Sommersonne auf den Dächern von Bristol: Ein Fuchs döste auf einem Bungalowdach, andere in der Dachrinne auf einem College-Gebäude, wieder andere auf einem Gartenschuppen oder auf einer Feuerleiter, und ein Fuchs schlief sogar auf einem Baum.

Wie bekamen wir diese Bilder? Durch sorgfältige Nachforschung, durch eine gute Portion Glück und schließlich durch die Mithilfe etlicher Anwohner. Wir hatten einen Rundbrief an viele Häuser in Bristol geschickt, in dem wir nach Informationen über Füchse fragten und baten, uns möglichst anzurufen.

Nach dem Anruf einer Hausfrau in Bristol konnten wir, nach vielen vergeblichen Versuchen, z. B. die Endstadien des Paarungsverhaltens eines Rüden und einer Fähe filmen (siehe Bilder unten). Die Tiere paarten sich immer wieder mitten auf dem kleinen Rasen eines Hintergartens, während in der Nachbarschaft Garten umgegraben oder Wäsche aufgehängt wurde.

Was ist, wenn der Fuchs sich als Oppurtunist gebärdet, der Ihre Erdbeeren frißt und Ihre Mülltonne umstülpt, Sie in der Nacht wachhält und Ihren Garten einstinkt – kurz: ein Störenfried ist? Ja, was dann? Macht ihn das zum Schädling? Sind das ausreichende Gründe, die Behörden anzurufen, um ihn töten zu lassen? Viele Leute würden sagen: ja. Ich hingegen denke, daß er ein großartiges, schönes, intelligentes wildes Tier ist. Ich kann es dem Fuchs nicht zum Vorwurf machen, daß er versucht, mit mir in der Stadt zu leben.

2. WEITER ALS DAS AUGE REICHT

LIEBESTOLLE LURCHE

Als die Gletscher sich gegen Ende der letzten Eiszeit zurückzogen, wurden Landstriche, die lange verödet unter einem dicken Eispanzer gelegen hatten, der Sonne ausgesetzt. Pflanzen und Tiere wanderten allmählich nordwärts und besiedelten das Land. Unter diesen Tieren waren auch Lurche (Amphibien). Einige Arten machten sich auch auf den Weg in das heutige Großbritannien, das damals durch eine trockene Landbrücke mit dem kontinentalen Europa verbunden war. Möglicherweise hätten sich mehr Arten hier niedergelassen; doch als sie das heutige Nordfrankreich erreichten, war es für die meisten bereits zu spät. Der Meeresspiegel stieg an, infolge der Wassermassen, die sich von den schmelzenden Gletschern in die Ozeane ergossen. Die feuchthäutigen Amphibien sterben, wenn sie in Salzwasser geraten. Folglich gibt es nur sechs Arten von Lurchen – einen Frosch, zwei Kröten und drei Molchformen – auf der englischen Insel, gegenüber etwa 16 Arten, die das übrige Nordeuropa bewohnen.

Durch den steigenden Bedarf an trockenem Ackerland sind selbst diese wenigen Amphibien-Arten vom Aussterben bedroht. Obgleich Lurche ihre Nahrung hauptsächlich an Land aufnehmen, müssen sie ins Wasser zurückkehren – gewöhnlich in einen Tümpel –, um ihre Eier abzulegen. Kleine Teiche inmitten von kleingegliederten Feldern waren einst ein allgemeines Merkmal des englischen Bauernlandes. Als aber die Landwirtschaft intensiver betrieben wurde und man kleine Felder zu größeren zusammenlegte, verschwanden die kleinen Stücke unproduktiven Landes mehr und mehr. Tümpel, die die Laichgründe für Frösche, Kröten und Molche bildeten, wurden trockengelegt und mit Erde aufgefüllt. Selbst wo man Teiche überleben ließ, sind sie heute oft mit Pestiziden verseucht, die von den Feldern eingeschwemmt werden. Andere Formen der Verschmutzung treten auf, wenn Straßengräben, die Öl und Gummirückstände von den Straßendecken mitbringen, in Teiche entwässert werden. Sie bilden auf der Wasseroberfläche einen Überzug, der den Teich für Lurche unbewohnbar macht.

Ein wichtiges Rückzugsgebiet für Amphibien entsteht heute durch die Gartenteiche. Und an einem solchen Teich war es auch, wo zwei Biologen – Tim Halliday von der Open University und Nick Davies aus Cambridge – die Laichgewohnheiten der Tiere studierten und grundlegende Informationen über das Verhalten dieser Tiere sammeln konnten. Hier laichten mehrere Arten: So der Grasfrosch *Rana temporaria,* die Erdkröte *Bufo bufo* sowie der Teichmolch *Triturus vulgaris* und der Kammolch *Triturus cristatus.* Bei allen finden Paarung und Ablaichen in wenigen Wochen wilder Aktivität im März und April statt, manchmal auch bis in den frühen Mai. Jede Art hat ihre besondere Strategie, die gewährleistet, daß möglichst viele Nachkommen entstehen. Die Einzelheiten ihrer Paarungsrituale sind eine fesselnde Geschichte, die sich erst seit vielen Jahren sorgfältiger Forschung enträtseln ließ.

‚Ein Frosch, der ging auf Freiersfüßen . . .'

Die Frösche kommen als erste im Tümpel an. Ihr Wandertrieb wird von einem leichten Temperaturanstieg und dem Beginn milden, feuchten Wetters ausgelöst, das die Frösche zum Laichen brauchen. Ihre Laichzeit ist derart stark vom Wetter abhängig, daß sie manchmal nur zwei Tage dauert. Deshalb ist es für die Frösche wichtig, möglichst schnell einen Partner zu finden. Die Männchen, die den Teich schon erreicht haben, beginnen mit dem Quak-Chor, der andere Männchen und vor allem Weibchen anlockt. Innerhalb von 24 Stunden haben sich oft mehrere hundert Frösche am Teich versammelt. Das Quaken dient dazu, eine möglichst große Zahl von Fröschen an einer Stelle zu versammeln; denn Frösche laichen nicht immer an derselben Stelle, sogar nicht immer an einem ständig vorhandenen Gewässer. Ein nur zeitweilig vorhandener Tümpel, ein Graben oder gar eine Pfütze auf einem ausgefahrenen Bauernweg können dieselbe Funktion erfüllen.

Warum ist es nötig, in einer derart großen Zahl zum Laichen zusammenzukommen? Die Biologen sprechen hier von einem „explosiven Fortpflanzungsverhalten“, und sie halten es für eine Hilfe, den Paarungserfolg zu verstärken, weil in der Menge die Partner leichter zueinander finden. Eine andere Erklärung könnte darin liegen, daß die Eier in einer großen Ansammlung schneller ausgebrütet werden; denn die Temperatur ist in der Mitte einer größeren Laichmasse höher als im umgebenden Wasser. Schließlich könnte es für das Überleben einer ausreichenden Zahl von Kaulquappen günstiger sein, wenn sehr viele schlüpfen, weil die Jäger unter den Teichbewohnern dann schon durch einen Bruchteil der Kaulquappen satt werden. Brutverhalten in Gruppen hat aber auch Nachteile. So zieht das Qua-

OBEN: *Das Quaken ist wichtig, um sicherzustellen, daß eine große Zahl von Fröschen an einer Stelle zusammenkommt.*

LINKS: *Frösche „im Amplexus“ (Klammergriff bei der Paarung).*

GEGENÜBER, OBEN: *Das Männchen entwickelt dunkle Hornschwielen an den Vorderfüßen.*

GEGENÜBER, UNTEN: *Das Weibchen beim Ablaichen; gleichzeitig befruchtet das Männchen die Eier.*

ken der Männchen Räuber an wie den Graureiher, für den die Frösche eine leichte Beute sind, weil ihre Aufmerksamkeit ganz auf die Paarung gerichtet ist.

Hat eine große Zahl von Fröschen den Teich erreicht, was normalerweise einen Tag nach Ankunft des ersten Frosches der Fall ist, dann verstummt der Quak-Chor. Die Tiere haben sich jetzt zu einem Laichgrund unter Wasser zurückgezogen. In diesem Stadium paaren sich die Tiere, wobei jedes Weibchen fest von einem Männchen umklammert wird. Seine Vorderbeine umgreifen fest ihren Körper, so daß ihr eiergefüllter Hinterleib sich unter ihm vorbeult. Das Paar ist – wie man sagt – „im Amplexus". Während der Laichsaison entwickelt das Männchen dunkle Hornschwielen auf seinen Daumen; und die Daumen selbst schwellen an. Dadurch kann der Griff auf der schlüpfrigen Haut des Weibchens haften. Manchmal greift ein Männchen so fest zu, daß die Hornschwielen die Haut durchbohren und eine offene Wunde zurücklassen.

Das Zahlenverhältnis der Geschlechter beträgt etwa 1:1, so daß fast jedes Männchen eine Partnerin finden kann. Trotzdem ist das Kämpfen und Krabbeln groß, wenn jeder sein Weibchen sucht. Einmal im Amplexus, bleibt das Männchen fest an sein Weibchen geklammert, bis dieses seine Eier legt. Da die

Eier nicht im Körperinneren befruchtet werden, muß das Männchen sie mit seinem Samen überschütten, sobald sie aus dem weiblichen Körper austreten. Bis zu 3000 Eier werden vom Weibchen gelegt, jedes von einer Gallertschicht bedeckt, die schnell anschwillt, wenn sie mit Wasser in Berührung kommt. Dadurch wird die Laichmasse in wenigen Sekunden etwa doppelt so groß wie die Mutter selbst. Das Ablaichen eines Frosches wirkt auf alle anderen auslösend; und innerhalb kurzer Zeit ist der Tümpel eine einzige Masse von Laich. Sind die Eier erst einmal gelegt, löst das Männchen seinen Griff, und beide verlassen bald danach den Tümpel. Sie verteilen sich im umliegenden Land und überlassen den Laich sich selbst.

Das Ausschlüpfen der Kaulquappen aus dem Laich beginnt etwa zwei Wochen später. Obwohl die gallertige Hülle die Räuber abschreckt, werden doch viele vor dem Schlüpfen gefressen, z. B. von Molchen. Die frischgeschlüpfte Kaulquappe ist weniger

OBEN LINKS: *Vier Tage alte Kaulquappen.* OBEN: *Frosch-Kaulquappen mit ihren federartigen äußeren Kiemen.*

RECHTS OBEN: *Die Hinterbeine erscheinen nach 7 Wochen.*
RECHTS UNTEN: *Die Vorderbeine treten in Erscheinung.*

als 25 mm lang und hat auf ihrer Unterseite ein scheibenförmiges Haftorgan, mit dem sie sich etwa einen Tag lang an die Gallerte heftet. Dabei zehrt sie von den Eidotterreserven, die noch nicht verbraucht sind. In dieser Zeit entwickelt sich bereits das Maul, und wenn sie die Gallerte verläßt, beginnt die Larve Algen zu fressen. In diesem Stadium besitzt sie ein paar federartige äußere Kiemen, die aber schon innerhalb von drei Tagen verschwinden und durch innere Kiemen ersetzt werden. Diese inneren Kiemen wiederum werden von Lungen abgelöst, wenn der Frosch sich in das Alttier verwandelt hat. Während sie heranwächst, wird die Kaulquappe zum Fleischfresser und ernährt sich räuberisch. Hatte ein erwachsener Frosch das Pech, im Tumult der Paarungen zu sterben, kann man sicher sein, daß seine Leiche den heranwachsenden Kaulquappen zur Nahrung dient.

Die Kaulquappe hat viele Feinde, vor allem in dauernd bestehenden Teichen, wo die Froschlarven

Junger männlicher Frosch.

leicht von Fischen, Molchen und Libellenlarven erbeutet werden können. In Gräben und nur zeitweilig existierenden Tümpeln sind die Gefahren geringer; doch gibt es auch hier immer noch Molche und außerdem Vögel wie Krähen und Rallen. Deshalb nimmt die Zahl der Kaulquappen innerhalb weniger Tage oft stark ab. Wo einst mehrere hunderttausend Eier lagen, sind nur noch wenige tausend Kaulquappen übriggeblieben.

Sieben Wochen nach dem Schlüpfen beginnen sich die Hinterbeine zu entwickeln. Dann kommen die Vorderbeine, und der Froschkopf erhält sein erwachsenes Erscheinungsbild mit dem eckigen, abgeflachten Oberteil und dem zugespitzten Maul. Doch bis sich der Schwanz wenige Tage später aufgelöst hat, ist die Frosch-Kaulquappe ein seltsam aussehendes Zwischending.

Während die Froscheier sich zu Kaulquappen entwickeln, hat eine weitere Amphibien-Art – die Erdkröte – den Teich erreicht. Anders als der Grasfrosch laicht sie nur in Dauerteichen mit ziemlich tiefem Wasser. Außerdem nimmt man an, daß sie Jahr für Jahr in denselben Teich zurückkehrt, wozu sie manchmal kilometerweit wandert. Deshalb müssen die Kröten auch keinen Chor anstimmen, um andere Tiere ihrer Gattung anzuziehen. Das Quaken des Männchens ist hier viel leiser und weniger häufig als beim Frosch.

Obwohl sie weniger lärmen als die Frösche, sind die Erdkröten bei weitem auffälliger. Die Männchen kommen zuerst am Teich an, und während sie auf die Weibchen warten, schwimmen oder ruhen sie an der Oberfläche. Sie brauchen sich nicht vor Räubern zu verbergen; denn ihre Haut sondert einen Saft ab, der extrem schlecht schmeckt.

Die Männchen – oft mehrere tausend – bleiben bis zu 10 Tagen im Teich. Die Weibchen hingegen verweilen dort nur 2 oder 3 Tage, Zeit genug, um ihre Eier abzulegen. Es kommen nur trächtige Weibchen zum Teich, und es sind etwa 5mal mehr Männchen anwesend. Der Wettbewerb der Männchen um eine Partnerin ist so heftig, daß man nicht selten am Teichrand einen zappelnden „Ball" von Kröten beobachten kann, bei dem ein Dutzend Männchen um den Besitz eines neu angekommenen Weibchens kämpft. Der Kampf kann so wütend werden, daß das Weibchen von seinen Verfolgern ertränkt wird.

Der Instinkt, ein Weibchen zu umklammern, ist bei den männlichen Kröten so stark, daß sie auf jedes bewegte Objekt mit ungefähr der richtigen Größe reagieren – sei es ein Frosch, ein Menschenfinger, der dicke Stengel eines Wasserkrautes oder gar der Stiel eines Käschers, der im Wasser bewegt wird. Besitzer eines schmucken Gartenteichs sind manchmal überrascht, ihre Goldfische im erbarmungslosen Griff eines liebestollen Krötenmännchens vorzufinden. Häufig greift ein Krötenmännchen auf der Partnersuche auch nach einem anderen Männchen. Das Quaken des Opfers – bekannt als „Befreiungs-Ruf" – sagt ihm aber, daß es einen Fehler gemacht hat. Es läßt dann sofort los; die Weibchen quaken nämlich nicht.

Als Tim Halliday und Nick Davies mit ihren Krötenstudien begannen, nahmen sie an, daß die bei der Paarung erfolgreichen Männchen die größeren und stärkeren seien, weil sie sich im Kampf um die Weibchen am besten durchsetzen könnten. Eine Serie von Experimenten zeigte jedoch, daß der Paarungserfolg nur indirekt mit der Größe zusammenhängt. Die beiden Biologen sammelten zunächst Kröten ein, die am Teich ankamen. Es zeigte sich, daß einige Männchen während der Wanderung auf Weibchen gestoßen waren und sich bereits im „Amplexus" befanden, als sie am Teich ankamen. Die Paare wurden getrennt, das Männchen gemessen und markiert, bevor es wieder mit seinem Weibchen vereinigt wurde. Die Markierung bestand in einem elastischen Leibriemen mit einer Nummer, die sich vom Teichrand her ablesen ließ, wenn die Kröte nahe der Oberfläche schwamm. Das Ergebnis entsprach ziemlich genau den Erwartungen. Kleine Männchen verloren ihr Weibchen bald an andere Bewerber, während große Männchen den Griff um das Weibchen halten konnten. Auch bei Versuchen mit gefangenen Kröten in einem Behälter verloren kleinere Männchen ihr Weibchen immer an größere. Die interessanteste Beobachtung bei dem Experiment war, daß der Befreiungsruf eines kleinen Männchens ganz anders klang als der eines großen. Er lag deutlich höher.

Die Tatsache, daß ein Männchen im Amplexus mit einem Weibchen immer quakte, wenn es herausgefordert wurde, ließ die Biologen die Frage stellen, ob das Quaken selbst eine Rolle bei dem Streit um die Weibchen spielt. Um dies zu testen, zeichneten sie das Quaken der kleinen wie der großen Männchen auf Tonband auf. Dann brachten sie ein Männchen zum Verstummen, indem sie ein elastisches Band so zwischen Kiefern und Vorderbeinen anbrachten, daß es seinen Kehlsack nicht ausdehnen, also nicht quaken konnte. Dieses Männchen wurde dann mit einem Weibchen zusammengebracht, das es rasch umklammerte. Anschließend wurde das Paar in einen Behälter mit größeren Männchen gesetzt. Über einen genau plazierten Lautsprecher wurden nun die aufgezeichneten Quaklaute abgespielt, sobald das am Quaken gehinderte Männchen von anderen Männchen angegriffen wurde. Gab man den Ruf eines kleinen Männchens wieder, gelang es dem Herausforderer, den Gegner zu vertreiben. Spielte man aber den Ruf eines großen Männchens ab, so endete der Kampf ganz

Kröten bei der Paarung.

anders: Der Herausforderer machte nur einen halbherzigen Versuch, die Kröte aus dem Amplexus zu vertreiben; und er gab auch bald auf, wenn das nicht gelang. Damit war bewiesen, daß der Kampf sozusagen indirekt von der tatsächlichen Größe des Herausgeforderten entschieden wird, indem seine scheinbare Größe nach dem Quakruf beurteilt wird.

Tim Halliday und Nick Davies meinen, daß durch dieses „Erkennungsverfahren" der Streit zwischen den männlichen Kröten schneller entschieden wird, und daß sie daher weniger Energie in den Kämpfen verlieren. Bewerben sich allerdings mehrere Kröten um ein Weibchen, scheint das System in einem Gewirr von Quakrufen zusammenzubrechen. Es kommt dann zu einem Knäuel von Kröten, das man manchmal an Teichen beobachten kann.

Sobald ein Krötenmännchen ein Weibchen unangefochten für sich gewinnen kann, ziehen sich beide unter Wasser zurück, wo die Eier abgelegt werden. Der Laich der Kröten besteht nicht aus einer gestaltlosen Masse von Eiern wie bei den Fröschen, sondern aus langen Doppelfäden. Das Paar schwimmt beim Ablaichen ruhig im Wasser umher, und das Männchen hilft mit seinen Beinen, daß die Eifäden sich beim Austreten nicht verwirren, sondern sich wie Girlanden über Wasserpflanzen hängen. Gleichzeitig befruchtet es die Eier mit seinem Samen. Jede Kröte legt etwa 3000 Eier in kleinen Schüben mit jeweils einer halben Stunde Pause.

Hat das Weibchen die Eier gelegt, dann wird es vom Männchen freigelassen, und es verläßt rasch den Teich. Die wilde Erregung, die es noch einen Tag vorher bei ihrem Partner hervorgerufen hat, geht in völlige Gleichgültigkeit über. Ohne Eier ist das Weibchen für das Männchen völlig unattraktiv. Innerhalb weniger Wochen nach dem Laichen schlüpfen die Kaulquappen. Sie sind dunkler als die Frosch-Kaulquappen und viel kleiner, anatomisch aber sehr ähnlich. Ihre Entwicklung folgt auch demselben Muster. Wie ihre Eltern schmecken auch die Krötenkaulquappen schlecht, so daß sie von den Räubern nicht so gern gefressen werden.

Die jungen Kröten und Frösche bleiben bis zum Sommer im Teich, aus dem sie, noch nicht zu endgültiger Größe herangewachsen, herauskrabbeln, um das trockene Land zu erkunden. Auch hier gilt wieder die Regel: Sicherheit in der Menge. Wenn

Kröten-Laich.

das Wetter günstig ist – meist im Monat August – verlassen sie in Massen den Teich.

Während die Frösche und Kröten mit ihrer wilden Massen-Paarung beschäftigt sind, findet im selben Teich ein weitaus weniger aufdringliches, aber auch wesentlich komplizierteres Paarungsritual statt. Tim Halliday brauchte mehrere Forschungsjahre, bis er die Bedeutung vieler einzelner Bewegungen in dem fesselnden Hochzeitstanz des Teichmolchs entschlüsseln konnte. Die Bereitschaft zur Paarung zeigt sich beim Teichmolch in einem veränderten Erscheinungsbild des Männchens: Es bekommt auf seinem Rücken große, dunkle Flecken, während die Haut insgesamt heller und glänzender wird. Außerdem erscheint auf seinem Rücken und Schwanz ein Hautkamm mit welligem Rand, und um die Zehen seiner Hinterbeine entwickelt sich ein Hautsaum. Der Kamm des Männchens dient teilweise als Schmuck, hat aber zugleich auch eine Lebensfunktion, weil er die Hautoberfläche vergrößert und das Männchen dadurch für den anstrengenden Hochzeitstag mehr Sauerstoff aus dem Wasser aufnehmen kann. Die Farben des eintönig gelb-braunen Weibchens verändern sich hingegen nicht. Es wird vom Männchen hauptsächlich am Geruch erkannt.

Hat er ein Weibchen gefunden, beginnt der männliche Molch mit einem ausführlichen Werberitual, um das Interesse des Weibchens zu erregen. Zunächst bringt er sich in eine seitliche Position vor dem Weibchen, so daß es einen guten Überblick über seinen orangefarbenen Unterleib, seine dunklen, glänzenden Flecken und seinen wundervollen gewellten Kamm bekommt. In der nächsten Phase, die Tim Halliday als „statisches Werbeverhalten“ bezeichnet, erzeugt das Männchen Wasserbewegungen und setzt Duftstoffe ein. Es befindet sich jetzt Auge in Auge vor dem Weibchen und schlägt mit seinem Schwanz stark gegen die eigene Körperseite. Durch den dabei erzeugten kräftigen Wasserstrom wird das Weibchen von ihm weggestoßen. Das Männchen schließt nun eine Fächelbewegung an, bei der der Schwanz an die Flanke gebogen ist und kräftig vibriert. Dadurch entsteht ein ständiger Wasserstrom, der genau auf die Nase des Weibchens gerichtet ist. Tim Halliday glaubt, daß dieser Wasserstrom die Duftstoffe des Männchens zum Weibchen trägt und einen kräftigen Sexualreiz ausübt.

Hat das Männchen dieses „statische Werbeverhalten“ eine Zeitlang wiederholt, geht es zum „Rückzugs-Gehabe“ über. Es führt dabei dieselben Schlag- und Fächelbewegungen durch, bewegt sich jedoch rückwärts, wobei ihm das Weibchen in der Regel folgt. Wenn sicher ist, daß sie sich für ihn interessiert, zeigt das Männchen die letzte Phase des Hochzeitsrituals: Es hört mit dem Schwanzfächeln auf, dreht sich um und kriecht etwa 10 bis 20 cm vor ihr her. Dann wartet das Männchen mit dem Schwanz zitternd so lange, bis das Weibchen ihn mit dem Maul anstupst. Auf dieses wichtige Signal hin gibt das Männchen eine Spermatophore („Samenträger“) ab (ein längliches, mit Samen gefülltes Säckchen), dann bewegt es sich noch ein Stück vorwärts und dreht seinen Körper so, daß auch das Weibchen stehenbleiben muß. Das Männchen stoppt das Weibchen genau an der Stelle, bei der ihre Geschlechtsöffnung genau über der am Boden liegenden Spermatophore angelangt ist. Die Ränder der Spermatophore heften sich an die Öffnung, durch die der Samen in das Körperinnere des Weibchens eindringen kann. Bei diesem komplizierten Vorgang hilft ein flüssigkeitsgefüllter Hohlraum in der Spermatophore, der anschwillt, nachdem das Männchen sie abgesetzt hat, wodurch ein Ende der Spermatophore nach oben zum Bauch des Weibchens hingetrieben wird. Die Übertragung der Spermatophore ist jedoch nicht immer erfolgreich; bis zu 50% können das Weibchen verfehlen. Deshalb wiederholt das

GEGENÜBER: *Männlicher Kammolch.*

RECHTS: *Männlicher Teichmolch vor der Paarung.*

UNTEN: *Das Hochzeits-ritual der Teichmolche.*

Männchen den letzten Teil seines Hochzeitstanzes zwei-, dreimal oder öfter, wobei es jedesmal eine neue Spermatophore hervorbringt.

Um genau herauszufinden, welche Reaktionen des Weibchens die einzelnen Schritte beim Hochzeitstanz des Männchens auslösen, hat Tim Halliday die Bewegungen des Weibchens zu steuern versucht, ohne dabei die Reaktionen des Männchens zu stören. Zu diesem Zweck konstruierte er einen Gürtel aus biegsamem Plastik, der genau um die Taille des Weibchens paßt. An dem Gürtel befestigte er einen langen Stab, mit dem er das Weibchen fast wie eine Puppe beeinflussen konnte. Mit Hilfe dieser „Zwangsjacke" fand Tim Halliday heraus, daß das Männchen seinen Hochzeitstanz abbrach oder auf eine vorhergehende Phase zurückkam, wenn die Partnerin nicht die richtige Reaktion zeigte. Der wichtigste Teil im Verhalten des Weibchens ist derjenige, in dem sie das Männchen mit dem Maul anstupst und es damit zum Absetzen der Spermatophore veranlaßt. Niemals hat das Männchen sein Samenpaket freigegeben, wenn dieses Signal fehlte.

Die einzelnen Phasen bis zur Übertragung der Spermatophore vom Männchen auf das Weibchen erscheinen unnötig kompliziert. Gegenüber den

Fröschen und Kröten, die ihre Eier außerhalb des Körpers befruchten, bietet dieses Verfahren den Molchen jedoch einen wichtigen Vorteil. Während Frösche und Kröten die Paarung und Eiablage zeitlich genau aufeinander abstimmen müssen, sind es bei den Molchen zwei getrennte Vorgänge. Hat das Weibchen erst einmal den Samen aufgenommen,

GEGENÜBER, OBEN:
Teichmolch bei der Eiablage.

GEGENÜBER, UNTEN:
Ei eines Teichmolchs während der Entwicklung.

LINKS:
Teichmolch am Ende der Fortpflanzungszeit.

UNTEN:
Kröte beim Überqueren einer Straße.

kann es ihn aufbewahren, bis der richtige Zeitpunkt zur Eiablage gekommen ist.

Der Teichmolch legt ca. 100 Eier, weit weniger als Frosch oder Kröte. Alle werden einzeln innerhalb eines Zeitraums von mehreren Tagen gelegt. Mit Hilfe seiner Hinterbeine schlägt das Weibchen jedes Ei in das Blatt einer Wasserpflanze ein, wobei eine klebrige Ausscheidung aus der Kloake (Afteröffnung) das gefaltete Blatt zusammenhält. Das Schlüpfen der Molch-Kaulquappen fällt zeitlich mit dem der Daphnien (Wasserflöhe) zusammen, von denen sich die Kaulquappen mehrere Wochen lang ernähren. Molch-Kaulquappen unterscheiden sich von denen der Frösche und Kröten in verschiedener Hinsicht. Sie besitzen ein Paar Gleichgewichtsorgane, und ihre federartigen äußeren Kiemen gehen erst verloren, wenn die Kaulquappen erwachsen sind. Anders als bei Frosch- und Kröten-Kaulquappen entwickeln sich hier zuerst die Vorderbeine, und der Schwanz bleibt bis ins Erwachsenenalter erhalten.

Von allen Lurcharten ist der Teichmolch durch das Vordringen der Landwirtschaft am wenigsten gefährdet. Er hat sich als erstaunlich anpassungsfähig erwiesen, und er wechselt bereitwillig zu anderen Laichplätzen, wie z. B. Gartenteichen. Die Überlebenschancen für die beiden anderen Molcharten sind weit weniger günstig; die Bestände des Kammmolches nehmen in alarmierender Weise ab. Aber auch Frösche und Kröten sind vom Aussterben bedroht. Vor allem den Kröten wird ihre Treue zu ihrem Laichplatz oft zum Verhängnis, wenn ihr Wanderweg über eine belebte Straße führt. Die Eigenheit der Kröten, häufig anzuhalten und nach Luft zu schnappen, bedeutet für sie, daß sie bis zu 10 oder 15 Minuten für die Überquerung einer Straße brauchen. In dieser Zeit fallen viele von ihnen den Autos zum Opfer. In England wurden Kröten-Wachen eingerichtet, die an den entsprechenden Stellen während der Paarungszeit die Kröten an der einen Seite der Straße einsammeln und in Plastikbeuteln auf die andere Seite bringen. In anderen Ländern hat man auch kleine Tunnels unter den Straßen hindurchgebaut und Zäune errichtet, die die Tiere in die Tunnel leiten.

Wenn unsere Lurche überleben sollen, muß die Verseuchung der Teiche mit Pestiziden und Ölen unbedingt gestoppt werden. Wir müssen uns entscheiden, ob die landwirtschaftliche Produktion um jeden Preis verstärkt werden oder genügend Raum bleiben soll für Tiere wie für die Menschen.

DIE WANDERER AUF DEM WASSER

Für die meisten Kleintiere ist die Wasseroberfläche eine Falle; sie brechen mit den Füßen ein und werden von der Oberflächenspannung festgehalten. Einige wenige von ihnen haben die zerbrechliche Grenzfläche zwischen Wasser und Luft jedoch zu ihrem Lebensraum gemacht. In dem Programm „Die Wasser-Wanderer" haben wir diese kleine Welt näher betrachtet, die bevölkert ist von Wasserläufern und Wasserjäger-Spinnen, von Springschwänzen und Taumelkäfern; hier hat das Wasser biegsame Balken, und die Gesetze der Physik bekommen scheinbar eine neue Dimension.

Die Stars der Filme waren die Wasserläufer. Diese Insekten, die sich ruckweise über die Oberfläche eines Teichs bewegen, sind ein vertrauter Anblick. Aber sind Sie jemals stehengeblieben und haben sich gefragt, wie diese Insekten es fertigbringen, auf dem Wasser zu wandern?

Dies hat einerseits damit zu tun, daß Wassermoleküle einander anziehen. Innerhalb einer Flüssigkeit wird jedes Molekül von den umliegenden angezogen. Und da sie nach allen Richtungen gleichmäßig verteilt sind, gleichen diese Kräfte sich aus. Anders ist dies jedoch an der Oberfläche. Hier besteht zwar immer noch ein starker Zug an jedem Molekül durch diejenigen daneben und darunter; aber nur eine sehr schwache Anziehungskraft durch die wenigen Moleküle in der Luftschicht darüber. Aufgrund dieser

ungleich verteilten Kräfte neigt die Oberfläche der Flüssigkeit dazu, sich zusammenzuziehen. (Aus diesem Grunde sind Wassertropfen rund und nehmen eine möglichst kleine Oberfläche an). Wegen der Oberflächenspannung bildet sich also auf dem Wasser eine elastische Schicht, die stark genug ist, das Gewicht kleiner Insekten zu tragen.

Aber der Wasserläufer wird nicht allein durch die Oberflächenspannung getragen. Andere, ebenso leichte Insekten sind meist nicht in der Lage, auf der Wasseroberfläche zu gehen. Wenn Sie einen Wasserläufer genau beobachten, werden Sie bemerken, daß nur die Füße das Wasser berühren. An den Füßen befinden sich winzige, wasserabweisende Schuppen, die die Oberfläche nur leicht einbeulen, statt sie zu durchbrechen. Auch der Körper hat eine wasserabweisende, wächserne Haut, so daß der Wasserläufer selbst dann nicht vom Wasser festgehalten wird, wenn er es mit dem Körper berührt.

Wie wichtig die wasserabweisenden („hydrophoben“) Eigenschaften sind, können wir durch einen Vergleich mit Insekten erkennen, denen diese besondere Anpassung fehlt. Landet eines auf dem Wasser, dann durchdringt es die Oberflächenhaut sehr rasch. Und ist es erst einmal eingesunken, so bleibt ihm kaum eine Chance, freizukommen. Das Tier wird vom Zug der Oberflächenspannung um sich herum unter Wasser gehalten; es ist also von denselben Kräften gefangen, die den Wasserläufer obenhalten. Tatsächlich bilden manche Lebewesen, die auf diese Weise in die Falle (unter die Wasseroberfläche) geraten, einen großen Teil der Nahrung eines Wasserläufers.

Unter den spezialisierten Oberflächenbewohnern gibt es aber auch einige Insekten mit einer raffinierten Mischung von hydrophoben (wasserabstoßenden) und benetzbaren oder gar hydrophilen (wasseranziehenden) Strukturen. Die Springschwänze sind z. B. winzige primitive Insekten, kaum größer als ein Stecknadelkopf. Die meisten Arten leben im Boden oder in verwesendem Laub; einige haben sich aber dem Leben auf dem Wasser angepaßt. Sie sind so klein, daß sie sich an der Oberfläche „verankern“ müssen, sonst würden sie vom geringsten Lufthauch weggeblasen werden. Sie besitzen unter ihrem Körper einen kurzen Stummel, dessen Ende vom Wasser

OBEN: *Nur die Füße des Wasserläufers berühren das Wasser.*

RECHTS: *Wasserläufer bei der Nahrungsaufnahme.*

GEGENÜBER: *Die Stars der „Show“ waren die Wasserläufer.*

benetzbar ist. Dadurch werden die Springschwänze an der Wasseroberfläche festgehalten. Der übrige Körper ist wie die Beine wasserabweisend, so daß das Tier nicht einsinken kann. Scharfe Klauen an den Füßen sind wiederum benetzbar, wodurch es sich an der Oberfläche festhalten und darauf gehen kann.

Für diese Insekten ist es besonders wichtig, daß das Wasser vollkommen sauber ist. Schon durch geringe Verunreinigungen wird die Oberflächenspannung kleiner und dann u. U. nicht mehr stark genug, das Gewicht des Insekts zu tragen. Deshalb werden Wasserläufer in der Natur immer seltener. Vor allem die Verseuchung des Wassers mit Detergentien (aus den Waschmitteln) läßt sie durch die Oberfläche sinken und ertrinken.

Die Oberflächenspannung des Wassers nutzt auch der Kampfer-Käfer (ein Dytiscide), der die erstaunlichste Anpassungsform an die Bewegung auf der Oberfläche besitzt. Er ist nur wenige Millimeter groß und lebt im Pflanzenwuchs am Rand von Teichen und fließenden Gewässern. Fällt er ins Wasser, dann gelangt er auf überraschende Weise ans Ufer zurück: Aus seinem Hinterleib scheidet er eine Substanz ins Wasser ab, die die Oberflächenspannung hinter ihm vermindert. Durch die unveränderte Oberflächenspannung, die sich vor ihm befindet, wird er ohne jede eigene Anstrengung mit enormer Geschwindigkeit vorangezogen. (Dasselbe Prinzip kann man nutzen, um mit einem Stück Mottenkugel oder einem Seifensplitter ein kleines Spielzeugboot anzutreiben.)

Eine der denkwürdigsten Szenen bei unseren Aufnahmen für das Fernsehen war die Eiablage des Wasserläufers. An ihr läßt sich die Stärke der Oberflächenspannung am besten zeigen. Manchmal werden die Eier in der Spritzzone von Steinen abgelegt, die aus dem Wasser ragen; häufig aber werden sie unter die Oberfläche gebracht. Das Weibchen muß dazu den Oberflächenfilm durchbrechen. Das ist für das Tier recht mühsam, denn der wachsüberzogene Körper stößt das Wasser ab. Und solange die Wasserhaut mehr zerrissen als durchdrungen wird, wird das Weibchen von der Oberflächenspannung immer wieder zurückgezogen. Konnte es schließlich die Oberfläche mit Gewalt durchbrechen, haftet ein silbriger Film von Luft an seinem Körper. Dadurch kann es zwar unter Wasser atmen; es erhält aber auch Auftrieb, so daß es sich während der Eiablage an die Steine klammern muß. Zum Zurückkehren an die Oberfläche genügt es, einfach loszulassen.

Je nach Temperatur beginnen nach etwa 20 Tagen die Jungen zu schlüpfen. Zuerst kommt der Kopf hervor, dann der Körper, und schließlich werden die unglaublich langen Beine aus der Hülle des Eies heraus-entwirrt.

Es ist nicht ganz leicht, Insekten in einem Studio monatelang am Leben zu halten und zur Fortpflanzung anzuregen. Zum Glück hatten wir die Hilfe von Edward Eastwood, einem Biologen, der auf Wasserläufer spezialisiert ist. Er riet uns zu Spezialbecken, in denen der normale Wasserfluß nachgeahmt wird. In einem solchen Becken ist ein großer Teil unserer Aufnahmen entstanden.

GEGENÜBER, LINKS: *Ein Springschwanz auf der Wasseroberfläche.*

GEGENÜBER, RECHTS: *Ein Wasserläufer-Weibchen durchbricht die Wasseroberfläche, um seine Eier abzulegen.*

OBEN LINKS: *Eier des Wasserläufers.*

OBEN RECHTS: *Wasserläufer-Larve, die aus dem Ei schlüpft.*

RECHTS: *Mückenlarven, die von der Wasseroberfläche herabhängen.*

Die Wasserläufer sind nicht die einzigen Insekten, die vor dem Problem stehen, den Oberflächenfilm durchbrechen zu müssen. Vor derselben Schwierigkeit stehen auch kleine Tiere wie die Mückenlarven, die unter Wasser leben, aber von der Luft über dem Wasser beim Atmen abhängig sind. Bei einer Körperlänge von nur wenigen Millimetern wären sie überfordert, die Oberflächenschicht mit Gewalt zu durchbrechen. Sie lösen das Problem mit Hilfe öliger Laschen an der Spitze ihrer Atemröhre. Diese Laschen sind wasserabweisend, und so können sie die Oberfläche leicht durchstoßen, sobald sie sie berühren. Außerdem zieht die Oberflächenspannung die Laschen nach außen wie eine sich entfaltende Blüte auseinander. Dadurch werden die Larven unter der Oberfläche derart fest verankert, daß sie sich nur durch einen krampfartigen Ruck befreien können. Unter der Oberfläche schließen sich die Laschen über dem Ende der Atemröhre, so daß kein Wasser eindringen kann.

UNTEN: *Atemröhren der Stechmücke, von oben gesehen.*

GANZ UNTEN: *Rückenschwimmer, umgekehrt unter der Wasseroberfläche.*

Ähnliche Mechanismen sind unter den Wasserinsekten weit verbreitet, die auf den Sauerstoff der Atmosphäre angewiesen sind. Der Rückenschwimmer z. B. hat am Hinterleib einen wasserabweisenden Haarkranz, durch den er sich unter die Oberfläche hängen kann, um seinen Luftvorrat zu ergänzen. Von winzigen, haarbedeckten Längskanälen wird auf seinem Körper eine luftgefüllte Hülle eingefangen.

Viele Lebewesen nutzen die Eigenschaften der Wasseroberfläche aber noch auf andere Weise. Sie orten ihre Nahrung mit Hilfe der Wellen, die von zappelnden Insekten ausgesendet werden, die auf der Wasseroberfläche landen. So haben z. B. die Wasserläufer erschütterungsempfindliche Organe an ihren Füßen. Durch die Art, in der diese angeregt werden, können sie die Richtung feststellen, aus der die Wellen kommen. Sie bewegen sich dann nahe genug an die Beute heran, um sie besser sehen zu können.

Der Wasserjäger – eine Spinne – jagt auf ähnliche Weise. Statt eines Fangnetzes verwendet er als Falle die Wasseroberfläche. Er lebt auf kleinen Teichen im Moor und in Heidegebieten, und er lauert oft am Wasserrand, mit mindestens einem seiner acht Beine auf dem Wasser, um jede Vibration wahrnehmen und dann rasch über die Oberfläche auf die Beute zulaufen zu können.

Die raffinierteste Nutzung der Oberflächenwellen findet sich aber bei den Taumelkäfern. Sie nehmen nicht nur die Wellen wahr, die von zappelnder Beute ausgehen, sondern benutzen auch die kleinen Wellen, die durch die eigenen Bewegungen entstehen, als eine Art Wasser-Echolot: Sie empfangen die zurückkommenden Wellen, die von Objekten auf ihrem Weg reflektiert werden, und sie vermeiden dadurch, mit ihnen zusammenzustoßen.

UNTEN: *Taumelkäfer.*

GANZ UNTEN: *Wasserjäger-Spinne.*

DIE BLÜTE AUS DEN FLAMMEN

Die Vielfalt der Blüten bei den Silberbaumgewächsen ist derart groß, daß Linné ihnen den Namen *Protea* in Anlehnung an den griechischen Gott Proteus gegeben hat, der sich in eine unendliche Zahl von Gestalten verwandeln konnte, um nicht erkannt zu werden. Die Sträucher und Büsche, die Linné beschrieb, stammen von den Küsten und Berghängen Südafrikas, wo sie mit den schönsten und bizarrsten Blüten prangen, die sich auf dem Kontinent finden. Bis heute haben die Botaniker in Afrika 135 Protea-Arten entdeckt, davon allein 69 um das Kap der Guten Hoffnung. Die Silberbaumgewächse sind derart typisch für jene Gegend, daß eine Art zur Nationalblume von Südafrika erklärt wurde: die *Protea cynaroides*. Ihre brillanten roten oder rosafarbenen Blüten sind mit feinen Haaren bedeckt, die ihnen einen silbrigen Schimmer verleihen. Die Blüten erreichen einen Durchmesser von fast 30 cm.

Jede Protea-Blüte besteht aus einer großen Zahl von Einzelblüten, die sich zu einer fülligen Sammelblüte vereinigen. Die Blütenblätter sind lang und dünn, und die verschiedenen Farben des Blütenstandes gehen von einem Ring aus lederartigen Tragblättern aus, der jede Einzelblüte umgibt. Tragblätter sind umgewandelte Laubblätter. Bei den meisten Pflanzen sind sie grün und dienen lediglich dem Schutz der Blütenknospen. Bei der Protea aber sind sie oft flammend rot, rosa oder gelb und können die verschiedensten Formen annehmen. Viele Protea-Arten haben stachelähnliche Tragblätter, die ihren geöffneten Blütenständen das Aussehen einer leuch-

GEGENÜBER: Protea cynaroides.

UNTEN: *Das Hochland im südlichen West-Kapland (Südafrika).*

Einzelblüte

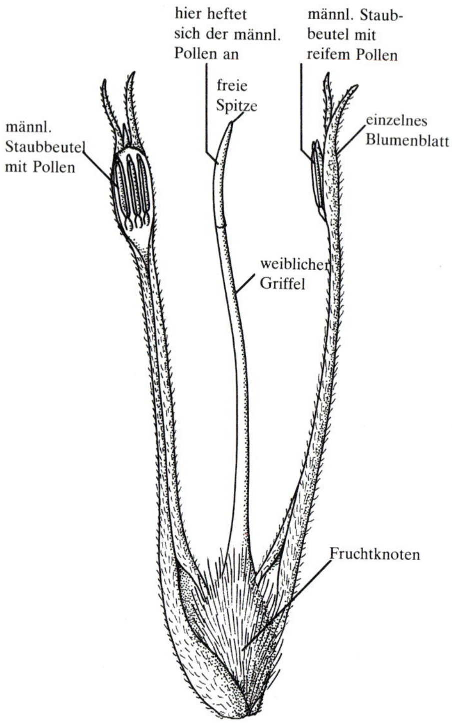

Längsschnitt durch den Blütenstand einer *Protea*

GEGENÜBER, OBEN: Protea repens.

UNTEN: Protea nerifolia.

GEGENÜBER, UNTEN: *Protea-Käfer auf* Protea cynaroides.

tend gefärbten Riesen-Artischocke verleihen. Die blasseren Tragblätter von *Protea nerifolia* öffnen sich nie weit, sondern bleiben wie Hüllen um die Einzelblüten gefaltet. An den Spitzen haben sie üppige schwarze Büschel, die einen starken Gegensatz zum Rest der Tragblätter bilden.

Die Protea-Pflanzen blühen zwischen Mai und Oktober, im afrikanischen Winter also, einer Zeit mit schwerem Dauerregen, in der nur wenige andere Pflanzen blühen. Jede Art hat ihren eigenen Weg, sicherzustellen, daß ihre Blüten auch bestäubt werden. Die jeweilige Blütengestalt hat sich entwickelt, um einen ganz bestimmten Bestäuber anzuziehen. Die meisten Protea-Blüten werden von Insekten bestäubt; sie erleichtern ihren fliegenden Besuchern den Zugang, indem sie sich weit öffnen und die Einzelblüten darbieten. Das geschieht, wenn die (männlichen) Pollen jedes Blütenstandes reif sind, zu einer anderen Blüte gebracht zu werden, und bevor der eigene weibliche Teil (der Griffel) zur Bestäubung bereit ist.

Jede Protea-Einzelblüte besteht aus einer feinen Röhre von Blumenblättern, die den fadenförmigen Griffel umgeben.

Die dunklen Staubbeutel (männliche Strukturen, die den Blütenstaub hervorbringen) sind an der Innenseite der Blumenblätter befestigt. Sie beginnen mit der Produktion des Pollens, bevor der Blütenstand sich öffnet, und dieser Blütenstaub heftet sich an den Griffel, von dem nur die äußerste Spitze frei bleibt. Während der Griffel wächst, schrumpfen die Blumenblätter und liegen dann eingerollt im Innern des Blütenstandes, so daß nur noch die Griffel hervorragen.

Bienen-Arbeiterinnen sind die häufigsten Besucher dieser Blüten. Eine einzige Biene kann 500 Blütenstände an einem Tag besuchen, an dem sie nicht mehr als einen stecknadelkopfgroßen Tropfen Nektar einsammelt. Diese gehaltvolle Zuckerlösung ist eine ideale Nahrung für Insekten. Die Pflanzen bringen den Nektar hervor, um damit Bestäuber zu ihren Blüten zu locken. Besonders ergiebig ist dabei die Blüte der *Protea repens,* die auch als „Zuckerbusch" bezeichnet wird. Sie liefert einer Biene schon bei einem Besuch eine ganze Tagesmenge Nektar. Sie produziert derart viel Nektar, daß er schon aus den Blütenknospen sickert, bevor diese sich öffnen. Während die Biene zwischen den Einzelblüten einer Protea nach Nektar sucht, wird sie mit Pollen bepudert. Sobald diese Biene eine andere Blüte derselben Art besucht, bleibt etwas von dem mitgebrachten Pollen an den freien Spitzen der Blüten hängen, so daß die Befruchtung erfolgen kann.

Den Bienen dient aber auch der Blütenstaub als Nahrung. Sie streifen ihn von den Blüten und kneten ihn geschickt zu zwei Päckchen an den Hinterbeinen, die als „Höschen" bekannt sind. Manchmal werden die Insekten aber auch zu Räubern. Dann brechen sie mit den Oberkiefern die unreifen Einzelblüten auf und durchbeißen die Blumenblätter, um an den Pollen heranzukommen.

Einer der gierigsten Räuber von Pollen und Nektar ist der gut 30 Millimeter lange Grüne Protea-Käfer, der die Luft rund um die Proteablüten mit dem Brummen seines schweren Schwirrfluges erfüllt. Dieser Käfer verbringt die ersten zwei Jahre seines Lebens als blasse, wurmähnliche Larve tief in einem Termitenhügel, und er kommt im Herbst gerade dann als erwachsener Käfer an die Oberfläche, wenn die Protea zu blühen beginnt. In seiner Gier, die Einzelblüten zu erreichen, bricht sich der Käfer seinen Weg in die Blütenknospen hinein, indem er die zähen Tragblätter zerteilt. Manchmal zwängen sich mehr als ein halbes Dutzend Käfer in eine einzige Blütenknospe hinein. Und obgleich sie mit ihren Körpern auch Pollen von Blüte zu Blüte übertragen, wirkt ihr Werk doch für die Pflanze eher zerstörerisch.

Eine große Protea-Blüte bietet für eine ganze Gesellschaft kleiner Tiere Nahrung und Versteck. In einem einzigen Blütenstand wurden schon über tausend Tiere gezählt, einschließlich einiger Arten, die der Wissenschaft noch gar nicht vollständig bekannt sind. Der Grüne Protea-Käfer ist ein Riese unter diesen Blütenbewohnern, und er dient für eines der häufigsten Lebewesen als Lasttier, die es in den Blüten gibt: winzige Milben. Bei näherem Betrachten kann man in einigen Protea-Blüten eine brodelnde Masse dieser Milben finden, von denen die meisten tote organische Teile oder Pollen fressen. Da sie keine Flügel haben, können sie nur mit Hilfe anderer von Blüte zu Blüte gelangen; und diese Hilfe bietet ihnen der Grüne Protea-Käfer. Sobald die Käfer eine Blüte wieder verlassen wollen, bewegen sie eine Zeitlang ihre Muskeln, um die Körpertemperatur zu erhöhen. (Ein schweres Insekt wie der Käfer verbraucht beim Fliegen viel Energie; seine Flügelmuskeln arbeiten aber nur optimal, wenn der Körper warm ist. Durch Muskelbewegung und Sauerstoffaufnahme kann der Käfer seine Temperatur um bis zu 12 °C erhöhen, was ihm den Start erleichtert.) Diese Bewegungen des Käfers sind für die Milben ein Signal. Sofort stoppen sie ihre Wanderungen zwischen den Blüten und eilen auf den Käfer zu. Sie setzen sich unter sein Kinn, wo die Beinwirbel des Käfers sie nicht erreichen können. Auf der nächsten Blüte gehen sie dann wieder „von Bord“, wobei sie unter Umständen einige der sich entwickelnden Einzelblüten bestäuben.

Aber nicht nur Insekten besuchen die Protea. Kleine schillernde Nektarvögel, die den amerikanischen Kolobris ähneln, saugen mit ihren langen, röhrenförmigen Schnäbeln vom Nektar, fliegen dann weiter, ohne überhaupt mit dem Pollen in Berührung gekommen zu sein. Als Pollenüberträger wirken diese Vögel für die Protea also überhaupt nicht.

Doch es gibt einen Vogel, der zu einem sehr wirksamen Bestäuber wurde: den Kap-Honigfresser, der sich nur dort findet, wo die Protea blüht. Das Männchen ist ein lederfarbener Vogel mit einem eleganten Schwanz, der zwei Drittel seiner gesamten Körperlänge von etwa 43 Zentimetern ausmacht. Honigfresser ernähren sich von Nektar und Insekten. Und da während des Winters nur wenige andere

Pflanzen blühen, fressen sie dann fast nur von der blühenden Protea, trinken ihren Nektar und fangen Insekten. Wenn der Honigfresser auf einer Blüte landet, sprengen seine Füße die Blüten auf. Wenn er dann seinen Schnabel tief in den Blütenstand taucht, wird die Stirn mit dem gelblich-roten Pollen eingestäubt. Der Vogel besucht täglich etwa 250 Blüten und verteilt den Blütenstaub dabei über ein großes Gebiet. Die Honigfresser und die Protea haben eine hohe Abhängigkeit voneinander entwickelt. Dem Vogel bieten die Pflanzen eine zuverlässige Nahrungsquelle, und die Pflanze hat im Vogel einen wirksamen Pollenüberträger, der im Vergleich zu anderen Arten den Vorteil hat, den Pollen nicht zu fressen.

Die Blühzeit der Protea ist für die Honigfresser so wichtig, daß sie ihre Jungen nur aufziehen, während die Blüten geöffnet sind. Die Männchen wählen sich ein Revier aus, in dem sie das Exklusivrecht für eine ausreichende Menge von Pflanzen beanspruchen. Sie wehren andere Männchen dadurch ab, daß sie sich hoch oben auf eine Pflanze setzen und singen. Zu Beginn der Brutsaison flattert das Männchen auf- und absteigend durch die Luft, um eine Partnerin anzulocken. Sobald ihn ein Weibchen akzeptiert hat, baut sie ein napfförmiges Nest tief in einem Protea-Busch, wo es vor Raubtieren (besser: Beutegreifern,

LINKS: *Nektarvogel.*

RECHTS: *Kap-Honigfresser auf* Protea eximia.

da „Raubtiere" strenggenommen eine Gruppe der Säugetiere sind) und den kalten Winterwinden geschützt ist. Die Protea liefert auch das Baumaterial für das Nest, dessen Innenseite mit flauschigen Samen ausgekleidet wird. Während dieser Zeit ernährt sich das Weibchen hauptsächlich von Insekten. Sie werden entweder auf Blüten selbst gefangen oder von dem hungrigen Vogel in einem kurzen Flatterflug in der Luft geschnappt. Um Eier zu produzieren, braucht das Weibchen sehr viele Proteine, und diese werden von den Insekten geliefert. Das Männchen hingegen, das das Territorium zu verteidigen hat, deckt seinen Energiebedarf vor allem aus dem Nektar.

Während der Brutzeit von 17 Tagen verläßt das Weibchen etwa alle zwei Stunden das Nest zu einem kurzen Nahrungsflug. Das Männchen füttert seine Partnerin nicht, sondern verbringt seine Zeit damit, das Revier zu kontrollieren und seine Federn zu putzen. Sind die Jungen erst einmal geschlüpft, dann wird der Nahrungsbedarf größer, und das Weibchen beginnt, kleine Insekten, Spinnen und Nektar zu sammeln. In dieser Zeit hilft das Männchen gelegentlich mit. Ab etwa dem 12. Lebenstag der Nestlinge verbringt das Weibchen sämtliche Stunden des hellen Tages damit, sie zu füttern und einen Vorrat an Schaben, Fliegen, Bienen und Ameisen ans Nest zu bringen. Im Alter von 18 oder 19 Tagen fliegen die Jungen zum ersten Mal selbständig aus dem Nest, und innerhalb von weiteren drei Wochen läßt der Drang der Eltern nach, für sie zu sorgen. Die jungen Vögel werden schließlich regelrecht verjagt, damit sie sich eine eigene Protea-Gruppe suchen.

Bis vor kurzem glaubte man, daß der Kap-Honigfresser die verwickeltste Beziehung zwischen einem Bestäuber und einer Pflanze darstelle. Inzwischen hat man aber im südwestlichen Hochland des Kap-Gebietes eine noch erstaunlichere Beziehung entdeckt. Auf diesen felsigen Abhängen haben die dichten Büsche der *Protea humiflora* Blüten, die derart tief im Gewirr der Zweige versteckt sind, daß man sich nicht vorstellen konnte, daß sie irgendwelche Insekten oder gar Vögel anlocken könnten. Außerdem hängen die Blüten zum Boden und sind nach unten geöffnet; und schließlich öffnen sie sich nur bei Nacht. Das Rätsel, wie diese Blüten bestäubt werden, lösten vor wenigen Jahren zwei Wissenschaftler, die einfach einmal unter den Blüten nachsahen.

Hin und wieder fanden sie vom Protea-Busch entfernt Samenköpfe, von denen einige zerkaut waren. Bei genauerer Untersuchung stellte sich heraus, daß von der einen blühenden Pflanze zur nächsten kaum erkennbare Wechsel verliefen, die manchmal mit

Kot „punktiert“ waren. Offenkundig lockten die schweren, pendelnden Blüten der *Protea humiflora* nächtliche Besucher an, und so legten sich die Wissenschaftler nach der Dämmerung auf die Lauer. In der Stille der südafrikanischen Nacht konnten sie beobachten, wie kleine Nagetiere – am häufigsten die Namaqua-Felsenratte – über die Wechsel flitzten und die Proteabüsche hinaufkletterten. Dort schlürften sie von dem Nektar, den die Pflanzen nachts hervorbringen, und kauten an den fleischigen Tragblättern. Für die Nager bilden die Protea-Blüten eine wertvolle Nahrungsquelle gegen Ende des Jahres. Während sie die Blütenstände besuchen, werden ihre Nasen mit Pollen eingestäubt, den sie von Busch zu Busch verbreiten. Dies ist eines der wenigen Beispiele von Pollenverbreitung durch Nagetiere in der Welt.

Nach der Bestäubung werden die Samen, wenn sie sich entwickelt haben, von den meisten Protea-Arten möglichst rasch verbreitet. Die Einzelblüten von *Protea repens* aber schließen nach der Bestäubung ihre Tragblätter wieder; sie bleiben derart fest verschlossen, daß die Samenbehälter bis zu 20 Jahre auf dem Strauch bleiben können. Auf den ersten Blick erscheint dies wie eine verschenkte Möglichkeit der Fortpflanzung. In Wirklichkeit werden die Samen aber nicht vergeudet, sondern nur aufgehoben. Denn es ist für dieses Land nicht ungewöhnlich, daß plötzlich mehrere Morgen Protea-Bestand durch Buschfeuer zerstört werden. Dabei werden die Samenbehälter meistens nicht verbrannt, sondern nur verkohlt, und die Tragblätter, die vorher den Samen eingeschlossen haben, rollen sich dabei zurück und werden zu Asche. Die von jeder Saftzufuhr auf den schwarzen, leblosen Büschen abgeschnittenen Samenbehälter fallen auf den Boden und öffnen sich. Bläst der Wind darüber, erfaßt er die federartigen „Fallschirme“ der Samen und verteilt sie über das Land. Während der Regenfälle des folgenden Herbstes keimen die Samen und gelangen dadurch nach jahrelangem Schlaf ins Leben zurück. Nach dieser phönixhaften Wiedergeburt wachsen die Protea-Büsche innerhalb weniger Jahre wieder heran, und der Landstrich lodert von ihren Farben.

L. G.

Namaqua-Felsenratte.

DIE DAME MIT DEN SPINNEN – BEGEGNUNG IM UNTERGRUND

Tierfilme aus der freien Natur werden meist in internationaler Zusammenarbeit hergestellt. So ist es nichts Ungewöhnliches, daß ein Produktionsleiter aus Bristol in England an einer Coproduktion beteiligt ist, bei der die Aufnahmen in Westaustralien vorgenommen werden, und die nun in Melbourne bearbeitet wird. In diesem Falle konnte ein Publikum an so weit auseinanderliegenden Orten wie Perth und Preston, Sydney und Sacramento das Ergebnis unseres gemeinsamen Unternehmens betrachten, das sich mit dem Leben eines der ältesten Bewohner der Erde befaßt: der Spinne.

Ich habe nie recht verstanden, weshalb unter den kleinen Lebewesen die Insekten und Spinnen oft mit einem Argwohn betrachtet werden, der an Hysterie grenzt. Vielleicht liegt es an der Eigenart dieser Tiere, zu krabbeln und zu kriechen – oder plötzlich und unerwartet vor uns aufzutauchen. Ich habe das unter Freunden und Familienangehörigen erlebt, wenn sie mit einem höchst unschuldigen Achtbeiner konfrontiert wurden, der in einer entlegenen Ecke saß. Derartige Ängste machen klar, daß kleine Tiere nicht unbedingt niedlich sein müssen. Wenn man aber bedenkt, wie winzig diese Tiere sind, erscheint es einem doch seltsam, daß so viele von uns derart stark auf derart kleine Lebewesen reagieren. Natürlich gibt es von diesen Tieren ungeheuer viele – sehr viel mehr als Menschen –; aber an dieser übermächtigen Zahl allein kann es nicht liegen, daß Spinnen erwachsene Menschen auf den nächsten hohen Stuhl treiben können.

Diese menschliche Reaktion – oder vielleicht auch Schwäche – hat sich auch in der Haltung vieler Fernsehzuschauer wiedergespiegelt, seit unsere naturgeschichtlichen Programme auf den Bildschirm kommen. Es ist uns berichtet worden, daß Sendungen über Säugetiere am stärksten akzeptiert werden, daß Schlangen schon weitaus weniger beliebt sind und daß Spinnen und ähnliches eine große „Abschaltquote" auslösen.

Produktionsleiter beim Fernsehen müssen auf ihr Publikum und dessen Abneigungen und Vorlieben Rücksicht nehmen. Derart irrationale Reaktionen können jedoch auch Probleme aufwerfen. Soll ein Produktionsleiter, der möglichst vielen Bereichen gerecht werden möchte, ein Objekt nur deshalb verwerfen, weil „Tante Margarete Ameisen oder Spinnen nicht ausstehen kann, oder Schlangen oder Alligatoren"? Natürlich muß er es nicht. Selbst wenn man Zuschauerwünschen gegenüber aufgeschlossen sein möchte, muß es nicht um den Preis sein, daß wir jede Fernsehdarstellung von Spinnen oder Ameisen ausschließen. Sie sind ein Teil unserer Welt, und sie haben eine wichtige Funktion und Wirkung auch für uns Menschen. Wir tun also gut daran, soviel wie möglich über das Verhalten dieser Tiere herauszufinden. Wer sich näher damit beschäftigt, wird von der ungeheuren Fülle an Arten, die die Winkel und Ritzen unseres Planeten besetzt haben, nicht unbeeindruckt bleiben. Viele dieser Arten lebten bereits zur Zeit der Dinosaurier. Einigen gelang es zu überleben und sich mit geradezu phantastischem Erfolg zu vermehren, so daß schon allein ihre Allgegenwart Aufmerksamkeit erregen muß. Man hat mir gesagt, daß ich besonders fasziniert sein müßte bei der nahen und ausdauernden Beobachtung des Verhaltens einer bestimmten australischen Spinne: der *Anidiops villosus.* Ich fragte mich jedoch, ob sich auch eine gute Fernsehgeschichte daraus machen lassen könnte. So kam es, daß ich an einem heißen Spätsommertag in die Gegend östlich von Perth fuhr.

Wir fuhren sehr schnell, die Fenster geschlossen, um die Fliegen draußen zu halten. Rundherum bis zum flachen Horizont das leuchtende Blau des westaustralischen Himmels. Nur eine Fahne von braunrotem Staub, den die Räder unseres Wagens aufwirbelten, störte die Landschaft und zeigte zugleich an, daß es Menschen in diesem großartigen Land gab. Meine Begleiterin und Fahrerin war jene „Spinnen-Dame", die später unserem Film den Namen gab. Barbara York Main, die Spinnen-Dame, war über diese Bezeichnung entsetzt. Kein angesehener Wissenschaftler hat es gern, ein solches Etikett zu bekommen. Wir konnten ihr aber versichern, daß wir nicht die Absicht hatten, sie damit in Verruf zu bringen.

Nach einigen Meilen Fahrt bogen wir von der Kalgoorlie-Straße ab und hielten uns nordwärts in Richtung auf das kleine Naturreservat, das Barbara in der Nähe der Straße nach Bungalla eingerichtet

hat. Dies war noch Australien, wie es einmal weithin gewesen war, bevor der Busch abgeschlagen und abgebrannt wurde, um zahllosen Quadratkilometern von Weizenfeldern Platz zu machen, die sich heute dort bis an den Horizont erstrecken. Nachdem wir von der staubigen Straße auf einen noch weniger befestigten Pfad abgebogen waren, schaukelten wir zu einem Halteplatz inmitten von Grasbüscheln, grauen Sträuchern, Ameisenhügeln und Termitenbauten. Als ich die Tür öffnete und sich die Fliegen sofort auf Augen, Ohren und Mund setzten, hatte ich das Gefühl, an einen verwünschten Ort versetzt zu sein. Kein Vogelgesang, kein Windhauch, der die Akazienbüsche bewegte oder einen Hauch in die knorrigen, in sich verdrehten Sheoak-Bäume gebracht hätte. Ich blieb wie angewurzelt stehen. Ich konnte mir auch gar nicht vorstellen, daß diese wenigen, von der Sonne ausgedörrten Quadratmeter eine ergiebige Quelle für die Arbeit eines Wissenschaftlers von internationalem Ansehen sein könnten. Was sollte es hier noch zu entdecken geben?

Barbara zog ihren Baumwoll-Schlapphut tief über ihr üppiges Haar, schulterte eine kleine Segeltuchtasche, die mit Instrumenten vollgestopft war, die eher an Zahnarztgeräte erinnerten. Sie nickte mir zu, ihr in den Busch zu folgen. Und ich folgte ihr stolz in meinen Shorts. Aber das ist offensichtlich nicht die Art, wie die Australier in den Busch gehen. Spitze Zweige zerkratzten mir die Beine. Trotzdem zwängte ich mich durch das niedrige Unterholz, klatschte dabei nach den Fliegen und duckte mich unter den Schirmen der Kasuarinen-Bäume im Kielwasser einer Dame, die wesentlich vernünftiger gekleidet war. Sie hatte sich durch derbe, weite Cordhosen vor den Angriffen der Blutsauger geschützt, über die ich laut fluchte.

Bei dieser ersten Begegnung schien der Wodjil (das ist der Name, den die Ureinwohner Australiens dem spröden, trockenen Busch gegeben haben) monoton und unproduktiv. Und so überraschte mich nicht, daß Barbara von ihrem Vater erzählte, der sich, wie viele frühe Siedler, sofort daran gemacht hatte, ihn mit der Axt zurückzudrängen. Der Traum von künftigen goldenen Erntezeiten mit großem Gewinn mußte damals überaus faszinierend gewesen sein. Barbara und ihre drei Brüder waren in der Nähe auf dem Familienbesitz aufgewachsen. Sie

Falltür-Spinne in ihrem selbst-gegrabenen Bau.

waren zwischen Gruppen von Akazien und Kasuarinen groß geworden. Sehr bald begann damals der Wodjil auf das junge Schulmädchen eine besondere Faszination auszuüben.

Barbara ging nun um einen Ameisenhügel herum, hielt an und zog ein blinkendes Messer heraus, das sie über die Blätter zu unseren Füßen führte. Dabei schien sie irgendwelche Zauberworte über dem Haufen von verstreuten Blättern auszusprechen. Als würde sie einen mathematischen Hexenmeister anrufen, begann sie zu zählen. Zunächst in einzelnen Zahlen, dann in Zweiergruppen. Bei 24 kam die scharfe Spitze der Schneide über einem bestimmten Haufen zur Ruhe, der so klein war, daß er bequem in eine kleine Teetasse gepaßt hätte. Barbara hockte sich nieder und lenkte meine Aufmerksamkeit nach unten. Das war keine zufällige Erscheinung; das Muster der Blätter war regelmäßig. Bei genauerem Hinschauen war eine präzise, fächerähnliche Anordnung zu erkennen, als habe jemand einen Fächer aus Blättern um den Rand einer ovalen, sandfarbenen Scheibe gewoben. Einige Scheiben waren so groß wie ein größeres Geldstück, andere waren kleiner. Es gab Dutzende davon. Als sich das Auge an die

GEGENÜBER, OBEN: *Densey Clyne auf der Suche nach Spinnen im Forschungsgelände bei Tammin.*

GEGENÜBER, UNTEN: *Barbara York Main.*

RECHTS: *Zugestöpseltes Nest.*

UNTEN RECHTS: *Eine fächerähnliche Anordnung von Zweigen und Blättern.*

Geometrie dieser winzigen Strukturen gewöhnt hatte, spürte ich die Versuchung, mich leicht vorzubeugen und mit einem von Barbaras skalpellähnlichen Werkzeugen die Falltüren zu öffnen. Ich zögerte kurz vor dem Rand, schwor mir aber in diesem Augenblick, daß wir unseren nächsten Film über das Leben eben dieser Art von Falltür-Spinnen drehen würden. Wir mußten nur noch einen Weg finden, auch das Innere der unterirdischen Wohnstätten zu filmen. Außerdem wurde mir klar, daß wir es genau hier, mitten im Wodjil, tun müßten.

Die kleinsten Einzelheiten eines Lebewesens zu filmen, das mehr als 60 cm unter der Erde lebt und gegenüber der geringsten Temperaturveränderung empfindlich ist, die allein schon durch eine kleine Lampe zustande kommt, das ist – milde ausgedrückt – außerordentlich schwierig. Abgesehen von den besonderen Problemen geringer Tiefenschärfe und begrenzter Brennweite, die jeden Fotografen behindern, der im Makrobereich arbeitet, mußte jede Einzelheit des Films in überzeugender Weise vorgeplant werden. Sollte Barbaras wissenschaftlicher Ruf auch vor der Kamera zur Geltung kommen, dann mußte die Lebensweise der Spinne wirklichkeitsgetreu wiedergegeben werden. Glücklicherweise hatten wir mit Jim Frazier und Densey Clyne anerkannte Spezialisten der Makrofotografie zur Verfügung.

Jims und Denseys Ruf gründet sich auf ihre Haltung gegenüber den Tieren in der freien Natur. Die Tatsache, daß sie besondere Nahaufnahme-Techni-

LINKS: *Jim Frazier mit seinem Formicarium.*

GEGENÜBER: *Bulldoggen-Ameise.*

ken und eine fotografische „Bank“ entwickelt haben, auf der sie noch das kleinste Detail einer Blume oder eines Insekts filmen können, mag als Indiz für ihre Kunstfertigkeit gelten. Aber das eigentliche Geheimnis ihrer Arbeit liegt in ihrer Begeisterung. Selbst Denseys Hausgarten ist eine Art Safaripark im Kleinen, in dem verschiedene Lebewesen nur darauf warten, daß sie an die Reihe kommen, von Jim gefilmt zu werden. Im Haus selbst kann man Jim dabei zusehen, wie er eine Zeitraffer-Szene erarbeitet, in der z. B. gezeigt wird, wie Erdbeeren innerhalb von 30 Sekunden heranreifen. Dann „zoomt“ die Kamera von den Beeren zu einem Marmeladenglas hinüber: Das Etikett zeigt, daß es sich bei diesem „Naturabenteuer“ um einen Werbespot für das australische Fernsehen handelt.

In einer anderen Zimmerecke arbeitet Jim zur gleichen Zeit an der Rekonstruktion der unterirdischen Wohnstätte einer Ameisenkolonie. Dies war auch die Bühne, auf der er die zweite unserer Produktionen aufnahm: einen Film über die australische Bulldoggenameise, der Plage so manchen Busch-Picknicks. Es ist ein besonderes Vergnügen, Jims wundervoll gebautes „Formicarium“ anzustaunen, das mit einer gut „eingespielten“ Ameisenkolonie besetzt ist. Dank seiner Übung im Filmen solcher Unterwelten wird er aufzeichnen, wie die Königin und die Arbeiterinnen stecknadelkopfgroße Eier aus dem Hinterleib der Königin herausziehen und sie sorgfältig auf eine Seite legen werden, wo die Arbeiter-Ameisen sie hüten und nähren. All dies wird sich im Innern eines Styroporblocks abspielen, der als exakte Kopie einer wirklichen Kolonie gestaltet ist. Die künstlichen Gänge sind mit faseroptischen Lampen ausgestattet, die in die Deckenwölbungen des Ameisenbaus eingearbeitet wurden. Die Ameisen werden hier 18 Monate lang hinter Glas leben, während Jim und Densey sie filmen und ihre täglichen Arbeiten in den Miniatur-Katakomben verfolgen.

Eines war mir klar: Wir werden unsere Spinnen nicht ganz so einfach filmen können. Die Bulldoggenameise kann sich an die ungewöhnlichen Bedingungen einer künstlichen Umwelt ohne erkennbare Schwierigkeiten anpassen; unsere Spinne hingegen läßt sich nicht so leicht hinters Licht führen. Obwohl sie in einem weiten Bereich von wüstenähnlichen

Arbeiterin der Bulldoggenameisen beim Anbieten eines Eis zur Ernährung (UNTEN) *und mit Larven* (GANZ UNTEN).

Gebieten verbreitet ist, hat *Anidiops villosus* sehr ausgeprägte Bedürfnisse bezüglich Feuchtigkeit und Temperatur entwickelt, die unter künstlichen Bedingungen nur schwer für längere Zeit aufrecht zu erhalten sind. Jim und Densey forderten deshalb unnachgiebig: „Um die Geschichte der Spinne erzählen zu können, müssen wir die Kameras zu den Spinnen bringen, selbst wenn das bedeutet, daß wir dazu ganz Australien durchqueren müssen". Während sich die Bulldoggenameisen im Hintergrund noch mit sich selbst beschäftigen, holen wir unsere Kalender hervor, um die Filmdaten festzulegen. Folgende Szenen sollen eine zentrale Rolle spielen:

Junge Spinne kommt aus Nest der Mutter
Junge Spinne wählt Platz für eigenes Nest
Junge Spinne beginnt, Nestloch zu graben
Das Graben, unter der Erde betrachtet
Das Graben dicht an der Oberfläche
Erwachsene Spinne hebt Deckel und fängt Beute
Erwachsene Spinne unter der Erde . . .

Unsere Szenenliste war ebenso beeindruckend wie endlos. Barbara, ganz behutsame Wissenschaftlerin, war davon überzeugt, daß diese beiden Makrofotografen ihre Biologie verstanden, und daß dies, in Verbindung mit der Erfahrung und ihrem Geschick in der Arbeit, zu guten Ergebnissen beim Umgang mit einem dermaßen empfindlichen Objekt führen würde. Gegenseitiges Vertrauen zwischen Forscher und Fotografen ist unverzichtbare Grundlage für Filmarbeit in der Natur. Diese drei begeisterten Leute brachten zweifellos alle nötigen Voraussetzungen mit.

Nur die praktische Ausführung unserer Pläne in Barbaras Forschungsgelände bereitete Probleme. Es mag seltsam erscheinen, in einer Landschaft, in der Spinnen ohne Schwierigkeiten anzutreffen sind, eine kontrollierte Umgebung für die eigentliche Filmarbeit herzustellen. Nun hat zwar der australische Busch eine Menge zu bieten; aber es fehlt ihm eine wesentliche Voraussetzung: die Elektrizität. Für eine Zeitspanne von rund 6 Wochen brauchte Jim Stromstärken von 10 bis 15 Ampere, um die Lichtquellen zu versorgen und die Batterien wieder aufzuladen. Uns war klar, daß es unter diesen Umständen geradezu aberwitzig wäre, bei Nacht vor Ort zu filmen. Bei der bitteren Kälte des Wodjil würden die Kameraobjektive bei rasch wechselnden Temperaturen leicht beschlagen. Hinzu kämen die immensen Kosten eines transportablen Generators.

So entschlossen wir uns, für das Filmen von Details das Angebot von Freunden anzunehmen, die uns ihre Garage zur Verfügung stellten. Dort gab es Steckdosen genug. In der Garage wollten wir einen „Ersatz-Wodjil" in einer Holzkiste herrichten, dann die Lampen anschließen und rund um die Uhr abwarten, was passieren würde. Nun ja, das war die Theorie, so kam es, daß an einem Samstag Ende Juni 1980 ein schwer beladener Lieferwagen aus der Sandwüste der Nullabor-Ebene gefahren kam und westwärts nach Bungalla abbog, auf dem Dach meterlange Holzstangen und Hartfaserplatten sowie Glasscheiben, Kameras, Lampen usw.

Nach dem Abladen und einer Ruhepause ließen sich Jim und Densey in ihrer geräumigen Garagenwerkstatt neben der gerade zusammengezimmerten Spinnen-Umwelt nieder. In einer etwa 120 cm langen und 90 cm breiten Kiste beherbergten sie ungefähr ein Dutzend umgesiedelte Spinnen. Einige waren sorgfältig samt ihren seidengefütterten Wohnhöhlen mit Falltüreingang und Zweig-Radien umquartiert worden. Andere waren aus ihren ursprünglichen Wohnhöhlen herausgeholt worden, so daß wir filmen konnten, wie sie ihre neuen Unterkünfte bauten. Dies alles war keine leichte Arbeit; die sandige Erde mußte sorgsam um das zartseidene Nest herumgebaut und festgeklopft werden, um die kompakte Beschaffenheit des natürlichen Lebensraumes nachzubilden. Wir haben sogar die Oberfläche mit Akazien- und Kasuarinen-Blättern bedeckt, so daß die gesamte Anlage von der Situation in der Natur nicht zu unterscheiden war.

Nachdem wir einen feinen Wassernebel darüber gesprüht hatten, mit dem ein leichter Regen nachgeahmt wurde, und die Umgebungstemperatur und die Helligkeit der Lampen kontrolliert war, glaubten wir, die neuen Bewohner müßten nun die Vielfalt ihrer authentischen Verhaltensweisen vorführen. Aus Barbaras Aufzeichnungen ging hervor, daß die jungen Falltürspinnen am liebsten in kühlen Herbstnächten nach einem Regen aus dem Eltern-Nest hervorkommen. Zu solchen Zeiten sind nur wenige ihrer Feinde unterwegs; es gibt also kaum Skorpione oder Hundertfüßer, die die etwa 20 Jungen verschlingen könnten, die nach den ersten neun Monaten in der unterirdischen Kinderstube überlebt haben.

Nest der Falltür-Spinne im Schnittbild.

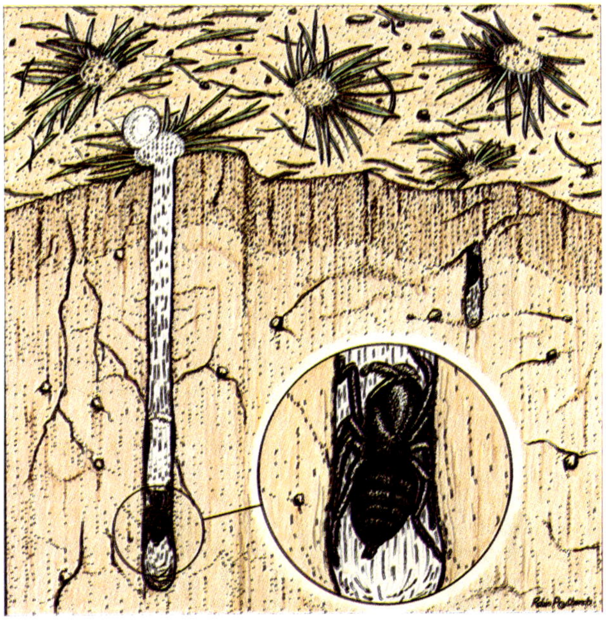

Spinne an ihrer Falltür.

UNTEN: *Junge Spinne beim Graben des Baues.*

Wir waren brennend daran interessiert, zu filmen, was sich während der wichtigen zwei Stunden ereignen würde, nachdem die Jungen hervorgekrochen sind. Innerhalb dieser kurzen Zeit graben die nicht einmal daumennagelgroßen Spinnen in der völligen Dunkelheit des Wodjil eine flache Vertiefung in die feuchte Erde und bedecken sie mit einem Falltür-Eingang, der wie mit einem Scharnier bewegt werden kann. Und als sei dies noch nicht sicher genug, benutzt jeder achtbeinige Neuling Spinndrüsen an der Spitze seines Hinterleibes, um die Erdteilchen abzubinden. An der einen Seite der Falltür spinnt das Jungtier ein Scharnier aus seinem Spinnfaden.

Unsere größte Sensation war, daß es Jim gelang, den Nestbau selbst zu filmen. Zu sehen war, wie die Spinne kleine Stapel von Erde mit ihren Vorderbeinen umfaßte und an die Oberfläche trug. Während sich die Neströhre mehr und mehr in die Tiefe senkte, wurde der Transportweg länger. Jim versuchte sogar, noch die Anfertigung der fächerähnlichen „Veranda" am Eingang zu filmen. Dieser Fächer aus Zweigen und Blättern bildet eine Art Resonanzboden, mit dessen Hilfe die Spinne vorüberkommende Beutetiere orten kann. Sobald ein Insekt über diese unverfänglich aussehende Türschwelle marschiert, signalisiert es seine Anwesenheit der Spinne, die unter der Tür verborgen hockt. Die Täuschung ist so vollkommen, und vorüberkommende Insekten bemerken sie überhaupt nicht, so daß sie völlig ahnungslos sind. *Anidiops villosus* kommt blitzschnell aus der Tür, die Giftklauen zum Angriff erhoben, die sich auf der Unterseite des Vorderleibes befinden. Für besonders empfindliche Menschen kann dieses Gift gefährlich sein; in der Regel aber löst es nur Schmerzen aus. Für Insekten bedeuten diese Klauen aber den sofortigen Tod.

Jim Fraziers Aufnahmen haben das Leben dieser Spinne sehr authentisch festgehalten. Zu seinen besonderen Leistungen gehört nicht zuletzt, den entscheidenden Augenblick im Film festgehalten zu haben, in dem die Falltür-Spinne ihre Beute angreift. In unterirdischen Szenen wird eine erwachsene Spinne gezeigt, die unter der Falltür wartet, während ein Insekt an Zweigradien entlang läuft. Zu erkennen ist, daß vom Augenblick, in dem die Spinne auf die Bewegung der Beute reagiert, nur eine 50stel Sekunde vergeht, bis die Beute unter die Falltür gezogen ist. Damit soll nicht gesagt werden, daß *Anidiops Villosus* in jedem Fall ihre „Vorstellungen" auf Befehl gab. Oft warteten Jim und Densey die ganze Nacht, nur um eine kurze Szene von fünf Sekunden filmen zu können. Da weigerte sich eine Spinne hartnäckig, die Auskleidung für ihr Nest zu spinnen, sobald Jim die Lampen eingeschaltet hatte. In einem anderen Fall mußten wir nach dem Frühstück in der Garage feststellen, daß ein Spinnenweibchen die am prächtigsten konstruierte, zweiggesäumte Falltür genau in der Stunde gebaut hatte, in der sich Jim total erschöpft zum Schlafen niedergelegt hatte.

Aber allmählich begannen Jim und Densey das einsame und völlig dunkle Dasein der Spinnen Stück für Stück gewissenhaft zu erschließen. Der Nestbau selbst war dabei ein besonders attraktives Zentralstück. Ist es erst einmal fertiggestellt, benutzen noch nicht reife Spinnen es als Sommer-Schlupfwinkel, in dem sie – geschützt vor der ausdörrenden Hitze an der Erdoberfläche des australischen Kontinents – durch die dort stattfindende Umkehrung der Jahreszeiten gewissermaßen übersommern. Im Laufe des Jahres reparieren und vergrößern einzelne Spinnen ihre Wohnräume. Jims Film zeigte auch den Bau des „doppelten Bodens" im Nest und wie sie, wenn sich ein unerwünschter Besucher nähert, sofort die Zugschnur ziehen und dadurch am Grund der seidenen Röhre isoliert werden. In diesem kunstvollen sokkenförmigen Sack sammeln sie auch Nahrung und nutzlose Reste der Beute. Ab und zu wird der Abfall mühsam an die Oberfläche transportiert und direkt vor der Tür abgeladen.

Ist das Weibchen geschlechtsreif – wahrscheinlich im 7. Jahr –, so wagt es sich auf der Suche nach einem Partner vom Nest fort und kehrt dann für eine lange Fastenzeit zurück, in der es die Eier und die junge Brut hütet. Dieser Zyklus kann auf der Basis einer einzigen Paarung alle zwei Jahre wiederholt werden. Weibchen können bis zum Alter von 20 Jahren fortpflanzungsaktiv bleiben, und Barbaras Beobachtungen haben bewiesen, daß selbst dieses hohe Reifealter nicht das Ende der Lebensspanne sein muß.

Am faszinierendsten jedoch war der Nestbau selbst. Eines Nachts entschloß sich ein wunderschön gezeichnetes Weibchen, diesen Bau genau vor der Makrolinse unserer Kamera auszuführen. Jim beobachtete, wie die Spinndrüsen der Spinne den dünnen Seidenfaden absonderten und ihn beim Weben quer zu seinem Blickfeld vor und zurück führten. Dieser Erfolg beim Filmen war ein kleiner Ausgleich für die Weigerung der Spinnen, sich auch beim Bau der Einfangvorrichtung aus Zweigradien vor der Tür filmen zu lassen; dieser Mißerfolg ließ uns aber nicht ruhen.

Wir verfielen schließlich kurz vor unserer Abreise auf eine unorthodoxe Lösung. In zwei Abfallkästen aus Plastik, die auf Denseys Lieferwagen geladen wurden, befanden sich jeweils ein fest in feuchte Erde verpacktes vollständiges Nest mit einer Spinne darin. Fünf Tage später waren diese Nester 4800 Kilometer in östlicher Richtung durch Australien gereist. Ich hatte noch gut unseren Erfolg bei der Dachs- und Fuchsbeobachtung im Gedächtnis (vgl. dazu Seite 9 ff. und 20 ff.), wo wir mit infrarotempfindlichen elektronischen Kameras gearbeitet hatten. Wenn wir mit Infrarot-Licht arbeiteten, so meinten wir dadurch auch die Spinnen in Sicherheit wiegen zu können, so daß sie bei gerade noch ausreichendem Licht aus ihren Nestern herauskommen würden. Etwas, das Barbara nur einmal in ihrem Labor in Perth gesehen hatte, konnte innerhalb einer Woche auf Videoband aufgezeichnet werden. Die Bilder waren zwar nicht gerade von sensationeller Qualität, aber sie gehörten zu den aufschlußreichsten über das sehr spezielle Verhalten der *Anidiops villosus:* Da war sie, lüftete die Falltür, hielt dann inne und prüfte kurz mit ihren acht Augen die Umgebung. Langsam hob dieses sanfte und zerbrechliche Wesen ein feines Blatt auf, das zwar nur 5 cm lang, doch im Verhältnis für sie so groß wie für den Menschen ein Holzstamm war. Innerhalb von 10 Sekunden trudelte sie ihre Last über den Wüstenboden und zog sie genau an die richtige Stelle. Für mich bleibt diese Szene als etwas besonders Zauberhaftes in der Erinnerung.

3. LEBEWESEN DER BINNEN- UND KÜSTENGEWÄSSER

DIESE WASSERRATTE IST EINE MAUS

„Alles war ein Glitzern und Funkeln, Rascheln und Wirbeln, Plätschern und Sprudeln. Maulo war entzückt, fasziniert, wie behext. Als er sich ins Gras setzte und über den Fluß schaute, entdeckte er ein dunkles Loch am Ufer gegenüber, gerade oberhalb des Wasserspiegels. Er begann zu träumen: was könnte das für ein gemütlicher Wohnplatz sein! Da schien plötzlich etwas Helles und Kleines in dem Loch zu blinken, wieder zu verschwinden, dann wieder zu blinken wie ein winziger Stern. Schließlich blinzelte ihm dieser Fleck zu; es war also ein Auge. Allmählich wuchs ein Gesicht darum hervor, klein und braun mit Schnurrhaaren. Ein würdiges, rundes Gesicht mit demselben Blinken in seinem Auge, das zuerst Maulos Aufmerksamkeit erregt hatte. Kleine, hübsche Ohren und dickes, seidiges Haar. Es war die Wasserratte."

So beginnt die Begegnung zwischen Maulo, dem Maulwurf, und Rattig, der „Wasserratte", am Anfang einer der bezauberndsten Tiergeschichten der englischen Literatur: „Der Wind in den Weiden" (The Wind in the Willows). Der Autor Kenneth Grahame hat trotz seiner scharfen Beobachtung der Tiere einen Fehler gemacht: In Wahrheit ist der tatkräftige Rattig überhaupt keine Ratte, sondern eines von Englands kleinsten Wassersäugetieren: die Schermaus. Allerdings wird sie auch in Deutschland meist noch als Wasserratte bezeichnet.

Die Schermaus entfernt sich nie weit vom Wasser.

Die Schermaus ist ein derart scheues Tier, daß nur wenige Leute sie je gesehen haben. Schon bei der geringsten Störung bringt sie sich durch Tauchen in Sicherheit. Nur die Wellen auf dem Wasser verraten ihre Anwesenheit. Von ihren nächsten Verwandten innerhalb der Gruppe der Wühlmäuse – der Rötelmaus und der Erdmaus, die im Wald und im feuchten Gras leben und selten ins Wasser gehen – unterscheidet sich die Schermaus durch ihre fast schon amphibisch zu nennende Lebensweise. Sie ist zu ihrer Sicherheit auf den Fluß angewiesen, und im Gegensatz zu dem Herrn Rattig in der eingangs zitierten Erzählung wagt sie es nur selten, sich mehr als 3 oder 4 Meter vom sicheren Flußufer zu entfernen.

Die Schermaus ist ein strenger Vegetarier, und wie die meisten pflanzenfressenden Säugetiere ist sie ständig damit beschäftigt, Nahrung aufzunehmen. Ihre leuchtend orangefarbenen Schneidezähne säbeln gewaltige Mengen von Pflanzen wie Gras und Wasserkräuter ab, die sie mit den Vorderpfoten ins Maul stopft, während sie – ähnlich wie ein Eichhörnchen – auf den Hinterbacken sitzt. Ihr stattlicher und untersetzter Körper ist mit einem struppigen, braunen Fell bedeckt, das ständig gestriegelt wird. Wie jedes Tier, das sein Leben halb im Wasser verbringt, muß sie dafür sorgen, daß ihr Fell in gutem Zustand ist. Die Schermaus legt großen Wert auf Sauberkeit, sie benutzt Zunge, Zähne und Pfoten, um ihr Fell zu durchkämmen und es wasserundurchlässig zu halten. Das Gesicht der Schermaus ist breit und stumpf, eher wie das eines Hamsters, und

RECHTS: *Die Ufer, die von Schermäusen besiedelt werden, sind oft von Löchern durchsiebt.* UNTEN: *Ratten verdrängen oft die Schermäuse.*

ihre kleinen, braunen Perlenaugen, die nur auf sehr kurze Entfernung scharf sehen können, sind tief in das Gesichtsfell versenkt. Ihre Ohren sind kurz und ragen kaum aus dem dicken Fell hervor; aber sie sind sehr empfindlich. Zusammen mit dem ausgezeichneten Geruchssinn gleichen sie die dürftige Sehfähigkeit der Schermaus aus.

Obwohl die Schermaus etwa dieselbe Größe hat wie eine Wanderratte (sie ist ungefähr 20 cm lang), kann man die plumpe Schermaus von der weitaus schlankeren Ratte leicht unterscheiden. Hinzu kommt, daß der Schwanz bei der Ratte lang und beschuppt ist, bei der Maus hingegen kurz und mit einem flaumigen Fell bedeckt. Während die Schermaus schon seit über 300.000 Jahren auf der englischen Insel weit verbreitet ist, ist die Wanderratte erst im 18. Jahrhundert vom europäischen Festland dort hinübergewechselt. Die aggressive und listige Wanderratte hat sich der scheuen Schermaus als überlegen erwiesen. Wanderratten sind natürliche Abfallverwerter und leben von einer sehr variablen Nahrung, während die Schermäuse sich nur von Pflanzen ernähren können. Wenn Ratten an ein Flußufer vordringen, verdrängen sie oft die Schermäuse vollständig und übernehmen dann auch deren Baue.

Die Wohnstätte der Schermaus besteht aus einem ausgeklügelten System von Röhren, die in den weichen Schlick des Flußufers gegraben werden. Wie alle Bewegungen bei der Schermaus geht auch das Graben sehr schnell. Sie kratzt mit ihren Füßen und drückt mit dem Kopf die überschüssige Erde aus dem Bau. Die von Schermäusen besiedelten Ufer sind oft von Löchern durchsiebt. Jeder Bau hat mindestens drei Eingänge, von denen einer unterhalb der Wasserlinie liegt. Wird dieser Noteingang benutzt, um z. B. die Ortung durch einen Beutegrei-

RECHTS *und* UNTEN: *Die Schermaus schwimmt sowohl an der Oberfläche als auch unter Wasser.*

fer zu erschweren, setzt die Schermaus eine bemerkenswerte Technik zum Verwischen ihrer Spur ein: Kurz bevor sie unter Wasser auf das Loch zuschwimmt, rührt sie mit ihren Vorderpfoten den Schlamm auf, und in diesem trüben Wasser verbirgt sie ihren Fluchtweg vor dem Verfolger.

Die Schermaus schwimmt sowohl an der Oberfläche als auch unter Wasser. Was bei einem Wassertier überraschen muß: ihre Zehen haben keine Schwimmhäute, doch mit raschen Paddelbewegungen treibt sie sich recht flink voran. Wenn die Schermaus Gefahr wittert, taucht sie mit einem Platschen ins Wasser, um andere Schermäuse zu warnen; normalerweise aber begibt sie sich nur mit wenig mehr als einem sanften „Plop“ ins Wasser.

Wir sagten schon, daß die scheue Schermaus möglichst in der Nähe ihres Baues bleibt. Das begrenzt natürlich ihren Einzugsbereich für die Nahrung. Deshalb knabbert sie nahezu den gesamten Pflanzenwuchs in der Reichweite ihres Baues ab, wodurch ein sogenannter Schermaus-Rasen entsteht, eine deutlich zu unterscheidende Fläche von kurz geschorenem Gras um das „Nahrungsloch“ ihres Baues herum. Ist alles bis auf den Erdboden niedergefressen, ist die Schermaus gezwungen, sich weiter draußen umzutun. Oft zieht sie einfach am Ufer entlang weiter und bildet dabei gut ausgetretene Pfade. Blätter, Stengel, Wurzeln und Knollen werden gierig gefressen. Lilienstengel gehören zum Lieblingsfutter; was aber eine Schermaus mehr als alles andere liebt, sind Äpfel. Der Geruch eines Apfelgehäuses auf dem Fluß lockt sie hervor, sie ergreift die Beute und trägt sie zum Ufer zurück, wo sie sie verzehrt.

Ihr absoluter Mangel an Abenteuerlust läßt die Schermaus immer wieder dieselben Pfade benutzen. Auch im Wasser hält sie sich an dieselben Kanäle zwischen den Kräutern. Am Land markiert sie ihren Wechsel mit einem Duft, der von Drüsen an den Flanken erzeugt wird. Das hilft nicht nur dem kurzsichtigen Tier, zu seinem Bau zurückzufinden, sondern zeigt auch anderen Schermäusen an, daß sie in ein bereits besetztes Gebiet eindringen.

Zu Beginn des Frühjahrs, wenn die Flußufer-Vegetation wieder zu sprießen beginnt, begeben sich die männlichen Schermäuse, die den Winter überlebt haben, auf Partnersuche. Es wird immer mehr Zeit damit verbracht, das kleine Revier um den Bau herum zu inspizieren. Wenn ein Weibchen das Revier eines Männchens betritt, umwirbt dieses sie auf kurze und fast beiläufige Weise; die Paarung findet entweder an Land oder im Wasser statt. Nach der Paarung zieht das Weibchen im allgemeinen davon, und das Männchen sucht nach weiteren Partnerinnen. Dem Weibchen bleiben nun vier Wochen Zeit, in denen es einen unbesetzten Streifen am Flußufer sucht, einen Bau gräbt und diesen dann für die Geburt der Jungen auskleidet. Das ist eine geschäftige Zeit, während der sie Nahrung aufnimmt und Riedgras, faserige Wurzeln und markhaltige Binsenstücke einsammelt, um die Kammer unter der Erde auszupolstern.

Sind die Jungen geboren – gewöhnlich sind es fünf – verläßt die Schermaus das Nest. In dieser Jahreszeit lebt sie nur von frischer Nahrung, weshalb sie das Nest immer wieder verlassen muß, wenn sie genügend Milch für ihre Jungen produzieren will. Ihre rasende Freßtätigkeit wird etwa viermal am Tag für die Zeiten unterbrochen, in denen sie ihre etwa 5 cm langen Nachkommen säugt und säubert. Die kleinen Schermäuse sind nackt und blind und vollkommen abhängig von der Mutter.

Ein plötzlicher Sturm mit Wellengang kann zur Katastrophe führen, weil die Nester oft dicht über dem Wasserspiegel liegen. Ein Anstieg von nur wenigen Zentimetern kann den Bau überfluten und die Jungen ertränken. Sobald das Wasser steigt, hetzt die Mutter zum Nest zurück und versucht, ihre Jungen zu retten, indem sie eins nach dem anderen in eine höhergelegene Kammer bringt. Gelingt ihr das nicht und kommen die Jungen um, dann verpaart sie sich erneut und zieht eine andere Familie auf.

Die Lebenserwartung der Schermäuse ist kurz: im Durchschnitt leben sie nicht länger als 5½ Monate, obgleich einige anderthalb Jahre alt werden können. Das ist eine sehr kurze Spanne für die Entwicklung, geschlechtsreif zu werden und sich zu vermehren. Allerdings brauchen Schermäuse nicht lange, bis sie erwachsen sind. Bereits eine Woche nach der Geburt sind sie mit feinem rotem Fell bedeckt und haben ihr Gewicht verdoppelt. Ihre Augen öffnen sich nicht vor dem 8. Tag; doch nur eine Woche später verlassen sie bereits die Sicherheit des Nestes, um in der gefährlichen Welt draußen Nahrung aufzunehmen. Zu Beginn kommen sie nur kurz und zögernd aus dem Bau; doch schnell werden sie größer; es wächst ihr Zutrauen, und innerhalb von nur einem Monat sind sie fähig, für sich selber zu sorgen. Wenn sie entwöhnt sind und das dunklere Fell der geschlechtsreifen Tiere ausgebildet haben, übernehmen die Jungen das Revier und vertreiben ihre Mutter.

Graureiher, der nach Schermäusen Ausschau hält.

Trotz ihrer kurzen Lebensspanne mit einer raschen Fortpflanzungsrate könnten die Schermäuse theoretisch alle Bäche, Flüsse und Entwässerungsgräben eines Landes in kurzer Zeit bevölkern. Das verhindern allerdings ihre Feinde. Das Vorbeischwimmen einer Schermaus erregt die Aufmerksamkeit zum Beispiel der Hechte, die in der Nähe ihrer Baue lauern. Die flachen Gewässer, die von den Schermäusen bevorzugt werden, sind auch ein ideales Jagdgebiet für Graureiher. Viele Schermäuse enden in den Schnäbeln dieser ansonsten fischfangenden Vögel. Auch vor fleischfressenden Säugern sind die Schermäuse nicht sicher. Füchse und Wiesel jagen sie, und der Nerz kann die Schermäuse sowohl auf dem Erdboden als auch im Wasser fangen.

Schermäuse sind besonders bedroht, weil sie unter Wasser kaum etwas sehen können und keine andere Verteidigungsmöglichkeit haben, als in die relative Sicherheit ihrer Baue zu schwimmen. Allerdings warnt der feine Geruchssinn die Schermäuse vor den meisten ihrer Feinde. Selbst wenn sie den Jäger bemerken und sich rechtzeitig in den Bau zurückziehen, nützt ihnen das aber nicht in jedem Fall; die Schermaus kann nicht allzu lange unter der Erde bleiben, wenn sie nicht riskieren will, zu verhungern. Nun gibt es freilich einen Beutegreifer, der so plötzlich und unerwartet angreift, daß die Schermaus keine Chance hat, zu entkommen: die Schleiereule. Wegen ihres weichen Gefieders kann sie lautlos fliegen. Durch ein noch so leises Geräusch oder eine noch so geringe Bewegung ist sie in der Lage, ihre Beute auch in der Nacht zu orten.

Für diejenigen unter den Schermäusen, die der täglichen Gefahr, gefressen zu werden, entgangen sind, bedeuten die ersten Fröste den Beginn eines neuen Kampfes, den nur wenige überleben werden. Diesmal sind die Gegner kaltes Wetter und Nahrungsmangel. Dann ziehen sie sich keineswegs in die Wärme und Bequemlichkeit ihrer Baue zurück, sondern müssen sogar immer weitere Strecken zur Futtersuche zurücklegen. Für die meisten Elterntiere bedeutet diese Zeit das Ende ihres kurzen Lebens. Das gilt noch mehr für die spät im Sommer geborenen Jungen, deren Zeit zu kurz war, um ein ausreichendes Körpergewicht für die Wintermonate aufzubauen.

GEGENÜBER: *Schermäuse bilden eine ideale Beute für Schleiereulen.*

UNTEN: *Der Geruch eines Apfels zieht die Schermaus besonders stark an.*

SANFT LÄCHELNDE RACHEN

Wie pflegt das kleine Krokodil
Den Schimmer auf dem Schwanz,
Es gibt mit Wasser aus dem Nil
Den goldnen Schuppen Glanz.

Wie freundlich es doch grinsen kann,
Wie's nett die Klauen spreizt,
Mit sanftem Lächeln der Kiefer dann
Den Fisch willkommen heißt!

Aus: „Alice im Wunderland"
von Lewis Carroll)

„Unheimlich, widerlich, unberechenbar" – mit solchen Wörtern werden die Krokodile oft beschrieben. Zweifellos sind sie sehr alte Kreaturen, die sich kaum verändert haben, seit ihre Vorfahren im Zeitalter der Dinosaurier im ruhigen Wasser der tropischen Seen und Flüsse lauerten. Das war vor etwa 140 Millionen Jahren. Obgleich es Krokodile in Amerika, Asien, Australien und Afrika gibt, ist keines so berühmt oder berüchtigt geworden wie das Nil-Krokodil. Aus den Berichten der frühen Entdekker dieses Landes spricht abergläubische Scheu und Angst vor diesen Kriechtieren mit ihren kalten, gleichgültigen Augen, mit einer Länge bis zu 5 Metern und einem Gewicht von fast einer Tonne. Aber selbst am Nil wimmelt es heute nicht mehr von ihnen. Mit Ausnahme weniger Plätze wurden sie überall verjagt und ausgerottet, entweder weil sie als gefährlich galten oder – häufiger noch – wegen ihrer Haut. Aber das Nil-Krokodil ist nicht nur auf den Fluß beschränkt, von dem es seinen Namen hat. Es existiert auch in anderen Teilen Afrikas, obwohl es überall an Zahl abnimmt. Es ist das Reptil, das von den alten Ägyptern angebetet und für die Nachwelt mumifiziert wurde. Auch heute noch wird es in einigen Klöstern in Pakistan verehrt, obwohl sein Ruf als Killer dem Hai durchaus Konkurrenz machen kann und die Leute dazu bringt, es aufs äußerste zu fürchten.

Die Tatsache, daß das Krokodil einen derart langen Zeitraum überdauert hat, ist auf seine perfekte Anpassung an den Lebensraum im Wasser zurückzuführen. Bis vor gut einem Jahrzehnt konnte man diese Überlebensfähigkeit nur schwer erklären. Bis vor kurzem gründete sich unser Wissen über das Nil-Krokodil fast ganz auf entstellende und übertriebene

LINKS: *Nilkrokodile.*

GEGENÜBER, OBEN: *Die Krokodile verlassen das Wasser, um sich in der Sonnenhitze zu aalen.*

GEGENÜBER, UNTEN: *Tony Pooley.*

Legenden. Gemeinsam war den Berichten der Jäger, Missionare und Entdecker, daß das Nil-Krokodil ein stumpfsinniger Koloß sei, der die meiste Zeit seines Lebens damit verbringt, sich in der Sonne zu aalen, und sich hin und wieder aufrafft, ein unachtsames Tier am Wasserrand anzugreifen.

Tony Pooley hat seit 1958 die freilebenden Krokodile studiert. Er begann seine Forschungen im Mkuze-Wildreservat im Zululand, wo er sich mit Fragen der Brutdauer, der Größe der Eier und der jungen Krokodile beim Schlüpfen usw. beschäftigte. Dazu sammelte er Eier ein, aus denen zwei Monate später die Jungen schlüpften. Für diese wurden passende Teiche und Gehege angelegt. Bald aber hat er die Krokodile in der freien Natur, in den Mangroven-Wäldern und Flußmündungen, in Sümpfen und schnell fließenden Flüssen und in ruhigen Lagunen beobachtet. Mehr und mehr begann sich Tonys Interesse auf die Brutbiologie zu richten. Dies war ein Feld, in dem es die widersprüchlichsten Aussagen gab – bis hin zu der, daß Krokodile ihre eigenen Jungen fressen.

OBEN: *Weibchen mit einem Jungtier im Maul; der Beutel ist sichtbar.*

GEGENÜBER: *Die Jungen wimmeln im Wasser um die Mutter herum.*

Krokodilnester sind Löcher im Boden von etwa 30 cm Tiefe, die, gelegentlich in erheblicher Entfernung vom Wasser, von der Mutter gegraben werden. Eines der Geheimnisse, die Tony lösen wollte, war das, wie die Jungen das Nest verlassen und das Wasser erreichen. Beim Einsammeln von Eiern hatte er beobachtet, daß sie oft von lehmiger Erde derart fest eingebacken waren, daß er jedes Ei mit einem Messer herausbrechen mußte. Die Jungen konnten also niemals ohne Hilfe diese dicke, harte Schicht durchbrechen. Tonys Ausgangsthese war also, daß die Hilfe der Eltern dabei ein wesentliche Rolle spielt. Er hat diese Theorie damit untermauert, daß von den schlupfbereiten Jungen Jaul- und Quaklaute zu hören waren, sobald er sich dem Nest näherte.

Eine frühe Beobachtung wurde von Oliver Goldsmith 1774 beschrieben: „Nach dem Schlupf macht die Brut rasch von ihrer Freiheit Gebrauch; ein Teil läuft ungeführt zum Wasser, ein anderer Teil besteigt den Rücken des Weibchens und wird von ihm in größerer Sicherheit dorthin getragen."

Um das Geheimnis der Brutfürsorge durch die Eltern zu lüften, begann Tony, erwachsene Krokodile einzusammeln und sie in riesigen Gehegen in Ndumu, einem Wildreservat im äußersten Norden von Natal, unterzubringen. Im Oktober 1973 hatte er neun erwachsene Tiere in Obhut, darunter ein Weibchen, das sein Nest nicht einmal 4 Meter vom Zaun entfernt bewachte. Das war die Gelegenheit, auf die Tony gewartet hatte. Bei seinen Besuchen während des ersten Monats wurde Tony mit einem unheildrohenden Blick und einem tiefen, kehligen Knurren begrüßt. Doch mit der Zeit gewöhnte sich das Weibchen an ihn, und am Ende des zweiten Monats drehte es nicht einmal mehr den Kopf, wenn eine lärmende Gruppe von Besuchern an den Zaun kam. Die Mutter bewachte das Nest schärfstens. Tatsächlich wurde sie in den ersten 117 Beobachtungstagen nur zweimal gesehen, wie sie an besonders heißen Tagen das Nest verließ; sie kehrte sofort zurück, wenn Tony kam. Frühere Studien hatten aber gezeigt, daß die Brutdauer meistens 90 Tage beträgt. Und tatsächlich: Bald verlor das Weibchen sein Interesse am Nest. Offenbar waren die Eier entweder faul oder unbefruchtet.

Tony hat seine Geschichte selber erzählt:

„Um die Reaktion des Weibchens zu testen, holte ich eine Kiste mit lebenden Jungen und unausgebrüteten Eiern sowie eine Tonbandaufnahme mit den Lauten, die die Jungen von sich geben, wenn sie schlüpfen. Ich hatte keine Ahnung, was passieren würde. Doch zu meiner Überraschung reagierte das Muttertier sofort, wenn ich das Tonbandgerät einschaltete und die Laute zu hören waren. Sie kam geradewegs auf den Zaun zu, versuchte zunächst, sich unter ihm hindurch einen Weg zu graben, und dann, die Schnauze durch den Draht zu zwängen, weil sie offenkundig der Quelle der Laute nachgehen wollte. Mein nächster Schritt war, die lebenden Jungtiere in das Gehege zu geben. Ich war entsetzt, als ich sah, daß sie das erste Jungtier mit den Zähnen ergriff und buchstäblich in ihr Maul schlang. Ich dachte, daß die erwachsenen Tiere ihre Jungen möglicherweise wirklich fressen. Nachdem ich sie mehrere Minuten beobachtet hatte, hörte ich ein gedämpftes Quaken aus ihrem Maul, das anzeigte, daß sie das Jungtier nicht verschlungen hatte. Dann hob sie ihren Kopf, um nachzusehen, ob ich noch mehr Jungtiere hätte. Erst dabei bemerkte ich, daß unter ihren Kiefern ein großer Beutel herabhing, den ich vorher noch nie bei einem Krokodil bemerkt hatte. Ich schob also noch andere Jungtiere durch den Draht; auch sie wurden von dem Weibchen aufgehoben. Einige der Jungtiere gingen sogar auf den Kopf des Weibchens zu und machten auf sich aufmerksam, indem sie sich fast senkrecht mit ausgestreckten Vorderbeinen hinstellten und mit den Schwänzen aufgeregt hin und her peitschten und dazu laut quakten. Wenn sie sich herabbeugte, um sie aufzuheben, kletterten einige von selbst über die riesigen Zähne und ließen sich in den Sack fallen. Dann gab ich dem Muttertier unausgebrütete Eier, und auch diese nahm sie auf. Alles zusammen wurde nun zum Wasser hinunter getragen. Am Wasser sträubten die Jungtiere sich, die Sicherheit der Kiefer des Weibchens zu verlassen. Das Krokodil mußte sie regelrecht herauswaschen, indem es seinen Kopf kräftig seitwärts peitschte und sie damit hinauszwang. Waren die Jungtiere erst einmal im Wasser, wimmelten sie um das Muttertier herum, kletterten auf seinen Kopf und Rücken, den sie offenkundig nicht verlassen wollten."

Tonys Entdeckung bewies, daß die massiven Kiefer und mörderischen Zähne, die die Beute mit einem einzigen Schnappen zerquetschen können, fähig sind, die Jungtiere zart aufzunehmen und sanft zum Wasser zu tragen. Ganz im Gegensatz zum überlieferten Bild zeigte sich das Nil-Krokodil hier als ein hochentwickeltes, intelligentes Tier.

Die Entdeckung Tony Pooley's enthielt alles, was man sich an einem spannenden Naturfilm wünscht. Ihn zu drehen, war trotzdem keine leichte Aufgabe. Wir fanden dafür Rodney und Moira Borland, ein in Südafrika ansässiges Ehepaar-Team, das seit über 10 Jahren Tierfilme in der freien Natur drehte. Das Problem bei unserer Krokodilgeschichte bestand darin, daß über ein ganzes Jahr hinweg gedreht werden mußte, um den gesamten Verhaltenszyklus vom Werbeverhalten über die Eiablage bis hin zum Brüten und schließlich zur Brutfürsorge durch die Eltern einzufangen. Und wir hofften auch, Tony bei einer Krokodiljagd begleiten und seine bemerkenswerte Erfahrung mit dem Mutterkrokodil am Zaun rekonstruieren zu können.

Tony erreichte innerhalb weniger Stunden, daß die beiden Filmleute ihre Angst vor den Krokodilen verloren und schließlich sogar von diesen Tieren fasziniert waren. Tony nahm Rodney und Moira zu dem riesigen Gehege mit, in dem er 18 große Krokodile hielt, die eingefangen worden waren, weil sie entweder Nutzvieh getötet oder Menschen bedroht hatten. Tony erläuterte ihnen, daß das Krokodil ein großer Beutegreifer ist, der zwischen Tieren und Menschen keinen Unterschied macht. Alles, was in passender Größe zu nahe an den Wasserrand kommt, gilt als mögliche Beute. Einige von Tonys Krokodilen befanden sich im Wasser, andere mit aufgesperrtem Maul am Ufer beim Sonnenbad. Tony sagte, daß alle Tiere gut gefüttert seien, aber doch mit Respekt behandelt werden müßten. Jedes Tier hat seine eigene „Schwellen-Distanz“, die zu unterschreiten gefährlich ist. Damit sprang Tony über den Zaun in das Gehege und forderte Rodney und Moira auf, ihm zu folgen. „Nach einer Weile kennen und akzeptieren sie euch“, erklärte Tony. „Solange ich hier bin, seid ihr völlig sicher.“ Und um es zu beweisen, setzte er sich auf den Boden und rief seine Krokodile. Eines nach dem anderen kam heran (manche sogar aus größerer Entfernung) und legte sich auf den Boden in Tonys Nähe. Für Rodney und Moira war das eine große Überraschung. Diese Krokodile akzeptierten Tony nicht nur, sie schienen wirklich gern in seiner Nähe zu sein. Danach waren Rodney und Moira restlos überzeugt und beschlossen, einen Film zu drehen, der einen guten Werbefeldzug für diese nun gar nicht mehr so unheimlichen Reptilien abgeben würde.

Mit der ihnen eigenen Begeisterung begannen die beiden die Krokodile von der Morgen- bis zur Abenddämmerung zu beobachten. Sie fanden bald heraus, daß Verstecke, wie man sie normalerweise für die Tierbeobachtung mit der Kamera braucht, hier nicht eingesetzt werden konnten. Wer Krokodile beobachten will, muß durch den Schilfgürtel kriechen und von einem günstigen Punkt aus filmen. Krokodile sind Verstecken gegenüber mißtrauisch und halten sich davon fern. Die einzige Möglichkeit, sie zu beobachten, besteht darin, daß man sich offen hinsetzt, so daß sie einen voll im Blickfeld haben. Nach einer Weile kommen sie dann aus dem Wasser, um sich zu aalen. Nach wenigen Tagen ist man vollkommen akzeptiert.

GANZ OBEN: *Krokodile erlangen Kühlung durch Aufsperren des Mauls.*

OBEN: *Ist es zu heiß, gehen sie ins Wasser.*

GEGENÜBER: *Rodney und Moira Borland.*

Ein großer Teil des Krokodillebens ist mit Nichtstun angefüllt; sie verlassen das Wasser zum Sonnenbaden und nehmen die Hitze auf. Wie bei allen Reptilien hängt ihre Körpertemperatur von der Umgebung ab. Innerhalb gewisser Grenzen können die Tiere durch ihr Verhalten die Temperatur jedoch steuern. Sobald die Sonne aufgegangen ist, kommen sie auf die Uferbänke, wo sie etliche Stunden des Tages in einem anscheinend betäubten Zustand verbringen. Die leiseste Störung macht sie jedoch sofort lebendig. Da die dicke Haut mit ihren Panzerplatten keine Poren hat, kühlen die Krokodile ihren Körper durch Aufsperren des Maules. Wenn ihnen auch dann noch zu heiß wird, ziehen sie sich in den Schatten oder ins Wasser zurück.

Tony brauchte für seine Forschungen noch ein weiteres männliches Krokodil. Die Jagd nach ihm sollte gefilmt werden. Die beste Zeit dazu ist eine stockdunkle, mondlose Nacht, in der die Krokodile die Umrisse eines Bootes nicht erkennen können. So stapelten Rodney und Moira ihre Filmausrüstung in ein winziges Boot und brachen gemeinsam mit Tony in die Dunkelheit auf. Wahrscheinlich werden sie sich gefragt haben, wie man ein wütendes, sich windendes Krokodil überreden sollte, mitten in der Nacht in ein winziges Boot voller Leute und Material einzusteigen. Es klappte in der ersten Nacht auch nicht: Stundenlang starrten sie ruhig den Fluß entlang und suchten mit einer starken Lampe nach Krokodilen, deren Augen wie glühende Kohlen im

Lichtstrahl aufleuchteten. Auf dieses Augenglimmen schlichen sie langsam zu. Dann versuchte Tony, eine Schlinge über den Kopf gleiten zu lassen, bevor das Tier untertauchte. Einige Male gelang es ihm fast, aber die Krokodile glitten immer wieder geschickt aus der Schlinge heraus, bevor Tony sie fest zuziehen konnte. Doch schließlich hatte er Glück. Der Augenblick, in dem das Krokodil in die Falle geht, ist der gefährlichste. Ein wütendes Krokodil, das mehrere hundert Kilo wiegt, kann ein Boot leicht umwerfen. Aber Tonys Erfahrung und Geschick ließ die abenteuerliche Jagd fast einfach aussehen. Zuerst wurden die Kiefer mit Seilen gesichert und dann der Schwanz. Anschließend wurde das Krokodil ins Boot gehievt.

Am folgenden Morgen befreite Tony das Krokodil im Gehege von den Seilen. Es war unwahrscheinlich, daß es noch viel Angriffsenergie besaß, denn es war die ganze Nacht außerhalb des warmen Flußwassers gewesen und damit ausgekühlt. Mit sinkender Körpertemperatur nimmt auch seine Fähigkeit ab, sich schnell zu bewegen. Langsam glitt der nun endlich befreite Neuling durch das Gras davon und in den Teich hinein.

Tony konzentriert sich vor allem auf die Aufzucht von Jungtieren, die dann in der Wildnis freigelassen werden. Inzwischen sind nämlich derart viele Krokodile zu Schuhen oder Handtaschen verarbeitet worden, daß ihr Bestand gefährdet ist. Krokodile spielen im ökologischen Zusammenhang eine wichtige Rolle. Sie sind auf dem Wasser ebenso wichtige Beutegreifer wie in den Ebenen der Löwe, der den Antilopenbestand in Grenzen hält. In den Seen und Flüssen fressen Fische, wie z. B. die Barben, nahezu alles: Weichtiere, Frösche und ihre Larven und den Laich von bestimmten Speisefischen, außerdem Krebse. Sie vermehren sich gewaltig. Ihr einziger Feind ist das Krokodil. Treibt man das Krokodil aus diesem ökologischen System heraus, so nehmen die Barben überhand und bedrohen alle anderen Tierarten, wodurch wiederum das Pflanzenwachstum beeinträchtigt wird sowie viele Wasservogelarten, die dann nicht mehr die Nahrung finden, die sie brauchen. Mit anderen Worten, das ganze Ökosystem ist zerschlagen. So begann Tony damit, Krokodile wieder in der Wildnis auszusetzen, an Orten, an denen nach seiner Meinung ihre Zukunft bedroht war. Er wußte, daß einige von denen, die er freiließ, letztlich wieder gejagt würden; aber er hoffte, daß einige doch überlebten.

Wie die Geschichte mit dem gefangenen Krokodilmännchen schließlich ausgehen würde, hing davon ab, wie schnell es in die Rangordnung der achtzehn anderen Krokodile im Gehege eingegliedert würde. Innerhalb weniger Wochen nahm das neue Tier normal Nahrung auf und wählte sich schließlich eine Partnerin. Es mag bei diesen uralten Kreaturen überraschen, daß das Werbeverhalten bei ihnen eine überaus verwickelte Angelegenheit ist. Es geht immer im Wasser vor sich, und oft ist es das Weibchen, das den Partner von seinem Sonnenplatz hinunter zur Paarung lockt. Das Männchen nähert sich zunächst langsam, umkreist das Weibchen, stupst es sanft und reibt dann mit der Unterseite seiner Kiefer über ihren Kopf. Es ist bisher nicht sicher bewiesen, aber möglicherweise erzeugt das Männchen einen Duft in Drüsen unter dem Kinn, der das Weibchen zum nächsten Stadium des Paarungsspiels anregt. Die Paarung selbst scheint äußerst mühsam zu sein, obgleich das Wasser ihren Körpern Auftrieb gibt. Das Männchen liegt oben auf dem Weibchen, und beide winden die Hinterenden ihrer Körper umeinander. Es ist ein bemerkenswert leidenschaftliches Schauspiel, und man fragt sich, ob die gigantischen Vorfahren der Krokodile – die Dinosaurier – in ihrer Liebe ebenso sanft waren.

Zwei Monate nach der Paarung beginnt das Weibchen, nach einem Platz für die Eiablage zu suchen. Wie Tony beobachtet hat, haben die Krokodile gemeinschaftliche, immer wieder benutzte Brutplätze. Ausgesucht werden Nistplätze, die den größten Bruterfolg erwarten lassen. Trotzdem ist die Ausfallrate überraschend hoch. Etwa 60 Prozent der Nester in Zululand werden von Feinden oder durch Überflutung zerstört, und nur ein kleiner Teil der ausgebrüteten Jungtiere wird bis zum Erwachsenenalter überleben. Das Weibchen gräbt mit seinen kräftigen Hinterbeinen die Erde bis zu einer Tiefe von 30 Zentimetern aus. Das ist ein langwieriger Vorgang. Ist das Weibchen endlich zufrieden, legt es ungefähr 50 längliche, weiße Eier mit zäher Hülle ab, jedes etwa so groß wie ein Hühnerei. Noch in der Stellung des Ablegens schiebt sie die Erde in das Loch zurück und drückt sie sorgfältig mit den Hinterbeinen fest. Von diesem Zeitpunkt bewacht sie das Nest Tag und Nacht und verläßt es nicht einmal zum Fressen – über drei Monate lang.

Rodney und Moira kamen mit dem Filmen gut voran, doch das Schlüpfen und die Brutfürsorge der Eltern waren natürlich der Höhepunkt. Rodney und

Krokodile können nicht kauen; große Fische schlucken sie ganz. Bei großer Beute reißen sie mit den Zähnen Brocken heraus, die zum Schlucken klein genug sind.

UNTEN: *Das Werbeverhalten der Krokodile findet nur im Wasser statt.*

RECHTS: *Frisch geschlüpftes Krokodil.*

GEGENÜBER: *Die Geburt eines Krokodils.*

Moira beschreiben ihre tägliche Arbeit zu dieser Zeit:

„Als das Schlupfdatum sich näherte, begannen wir unsere Wachen. Der gräßliche Wecker gellte um 4.30 Uhr morgens mit seinem entsetzlichen elektronischen 'zi-ing' in unseren Ohren, und einer von uns sprang aus dem Bett, damit wir bloß nicht wieder einschliefen, und setzte den Kessel auf. Ein schnelles Täßchen Tee, und los ging's, um vor der Dämmerung am Nest anzukommen. Wir luden die ganze Ausrüstung ab, die wir brauchten: Kameras, Objektive, Filme und Tonbandgerät, alles in sechs schweren Kästen. Dann setzten wir uns und warteten. Die Tage waren lang, heiß und feucht, aber es war uns wichtig, die Mutter zu filmen, wie sie zu graben beginnt, und so saßen wir, die Augen wie gebannt und die Kamera bereit. In der Abenddämmerung, wenn es zu dunkel war zum Filmen, trotteten wir nach Hause, um zu essen, abzuwaschen und den folgenden Tag vorzubereiten."

Zwölf Tage vergingen, ohne daß etwas geschah. Dann waren plötzlich gedämpfte Töne zu hören, Quaklaute von unter der Erde. Die geduldige Mutter war alarmiert, näherte sich, horchte und begann die festverbackte Erde wegzukratzen. Unter der Erde hatten bereits verschiedene Krokodilbabys ihre Eierschalen mit speziellen Eizähnen zerrissen. Als die Mutter schließlich so weit nach unten gegraben hatte, daß die Jungen aufgedeckt waren, kämpften sie sich sofort frei. Dann nahm das Muttertier, genauso wie Tony es beschrieben hatte, die Jungen sanft zwischen die Zähne und beförderte sie in ihren Kiefersack, der sich jetzt deutlich ausbeulte. Hatten die Jungen Schwierigkeiten, das Ei zu durchbrechen, dann half sie, indem sie das Ei aufhob und es mit gerade soviel Druck zwischen den Zähnen rollte, daß es zersplitterte, aber das Jungtier im Innern nicht verletzt wurde. Schließlich brachte sie alle Tiere zu dem „Kindergarten-Teich", den sie ausgesucht hatte. Obgleich sie seit dreieinhalb Monaten nichts gefressen hatte, blieb sie in den ersten paar Lebenswochen bei ihren Jungen. Wenn Gefahr drohte, versammelten sie sich um die Mutter. Doch nach und nach lernten sie, auf Nahrungssuche weiter hinaus zu ziehen. Erst jetzt brach die hingebungsvolle Mutter ihre Fastenzeit ab und begab sich auf Nahrungssuche.

Der Krokodilfilm war im Kasten, und für Rodney und Moira war eigentlich alles vorbei; aber doch nicht ganz – sie drehten einen anderen Film für „Wildlife on One" im selben Zeitraum wie den Krokodilfilm, über die Ökologie eines Ortes, der sich Santa Lucia nennt. Jedoch erwies sich dieses Projekt als sehr schwierig, und die Krokodile hatten ihnen die meiste Zeit geraubt. Für Tony war keineswegs alles vorüber; er setzte seine Krokodilstudien fort und lernte noch immer jeden Tag etwas Neues. Für Rodney und Moira war es eine außergewöhnliche Erfahrung gewesen, mit überraschend wenigen gefährlichen Momenten. Die einzige schlimme Erfahrung hing gar nicht einmal mit einem Krokodil zusammen: Beim Filmen der Krokodile unter Wasser schwamm ein großer Egel in Rodneys Ohr und mußte mit einer Zange entfernt werden.

SANTA LUCIA – EINE SEEN-WILDNIS

Gemeint ist hier nicht die tropische Insel Santa Lucia in der Karibik, sondern ein weiträumiges Gebiet in Zululand am Rande des Indischen Ozeans. Es ist eine Wasserwildnis von Seen, Schilf- und Schlammflächen mit der Fläche etwa Groß-Londons. Das ist ein eindrucksvoller Zufluchtsort in der Natur, und obgleich das Südende und das Dorf Santa Lucia selbst als Angel- und Feriengebiet berühmt sind, werden große Teile des Areals von jedem menschlichen Zutritt freigehalten. Hier ist die Vielfalt des Vogellebens besonders reich. Das erkannte man bereits vor rund 100 Jahren, als Santa Lucia zum Wildreservat erklärt wurde. Es war das erste in ganz Afrika.

Man kann sich wohl unsere Enttäuschung vorstellen, daß wir dort große Schwierigkeiten hatten,

Flußpferde bei Sonnenaufgang im Santa-Lucia-Gebiet.

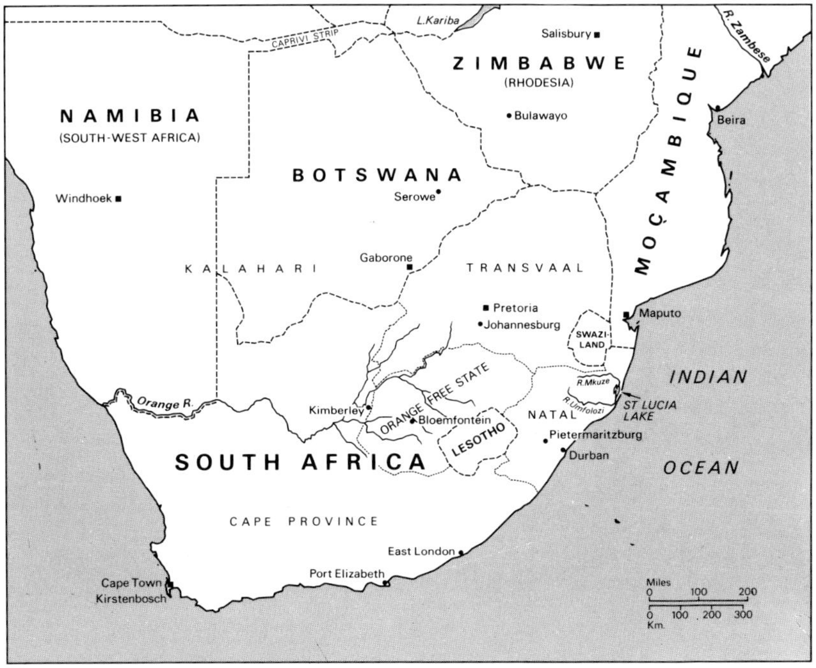

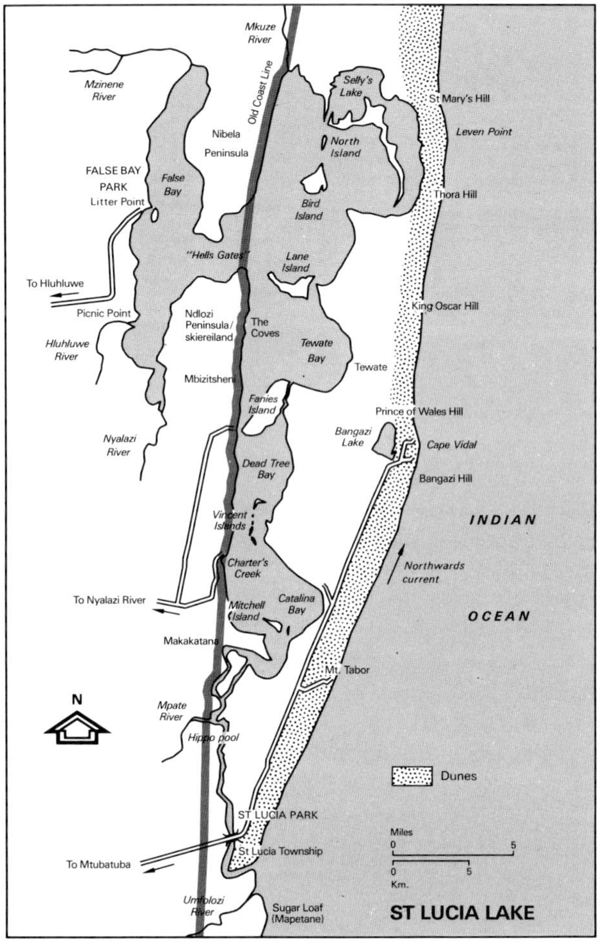

Karten von Südafrika (LINKS): *und vom Santa-Lucia-Seengebiet* (UNTEN). *L. = Lake (See), R. = River (Fluß), Hippo-Pool = Flußpferd-Tümpel.*

überhaupt etwas zum Filmen zu finden. Nicht, daß es überhaupt keine Lebewesen gegeben hätte; nur dauerte es für den Kameramann sehr lange, bis es ihm gelang, am richtigen Teil des Seengebietes zur richtigen Tages- oder Jahreszeit zu sein. Kameramann Rodney Borland und seine Frau Moira brauchten viele Stunden, um in ihrem Landrover von einem Ende des Sees zum anderen zu fahren, wobei es über holprige, langweilige und schmutzige Straßen ging.

Das Filmen der Krokodile für „Sanft lächelnde Rachen" mußte weitergehen und nahm ihre Zeit sehr in Anspruch; es zwang sie auch, ihre Basis am Südende des Sees einzurichten, für den Fall, daß sie mitten in der Nacht fortgerufen wurden, um die Eiablage eines Krokodils zu filmen.

Bald wurde klar, daß es mit dem Krokodilfilm unter der Führung von Tony Pooley zwar ausgezeichnet voranging, die Santa-Lucia-Geschichte aber ins Hintertreffen geriet.

Bei einem Naturfilm hängt vieles von der Geduld ab, und so ist es nahezu unmöglich, nach Drehbuch zu arbeiten. Alles, was ein Produktionsleiter tun kann, ist, dem Kameramann Richtlinien anzubieten, damit er sich wenigstens an die „Grundrisse" einer Geschichte halten kann. Diese Richtlinien gehen meist auf die Beobachtungen anderer Leute zurück.

Ohne Zweifel hat das Gebiet von Santa Lucia eine faszinierende Geschichte. Allerdings war da noch eine harte Nuß zu knacken. Diese Geschichte begann nämlich vor 100 Millionen Jahren, als der

Ozean und die Winde an der niedrigen Küstenlinie von Zululand Sand ablagerten, der schließlich zu einer Kette von Sanddünen anwuchs, die sich unmittelbar hinter der Küste in einer langen Linie von Hügeln erhoben. Allmählich türmte sich soviel Sand auf, daß einige Dünen eine Höhe von 120 bis 180 Metern erreichten. Sie schützen dieses wunderbare Küstengebiet vor der Erosion durch das Meer. Die Dünen bedeckten sich zum Binnenland hin mit Pionierpflanzen, die den ständigen Wind und das häufige Übersprühtwerden mit salziger Gischt aushalten konnten, und die durch ihr Wurzelwerk den Sand befestigten und davor bewahrten, fortgeblasen zu werden. Längs der Küstenlinie von etwa 150 Kilometern mündeten weiter südwärts, bei der Grenze zu Mozambique, früher vier Flüsse direkt ins Meer. Ihr Lauf wurde schließlich von den massiven Dünen stark aufgehalten. Auf diese Weise bildete sich hinter dieser unüberwindlichen Barriere ein riesiger seichter See, der von den Flüssen gespeist wird und mit dem Indischen Ozean durch einen schmalen Arm am Südende verbunden ist, durch den Ebbe und Flut einwirken können.

Die schlammigen, brackigen Gewässer von Santa Lucia wurden bald zu einem Paradies für Watvögel, Flußpferde und Krokodile. Die Flußpferde in diesem See bilden heute den südlichsten Bestand in Afrika. Es gibt mehrere Hundert von ihnen, und sie sind in Herden von je etwa 50 Tieren verteilt. Sie nehmen in der Ökologie des Sees eine Schlüsselrolle ein: Zum einen düngen sie mit ihrem Kot das Wasser mit verdauter Pflanzenmaterie – es würde sonst Monate dauern, bis die Pflanzen entsprechend zersetzt und von der Strömung eingespült wären. Wo immer es Flußpferde gibt, ist deshalb das Wasser reich an kleinen Organismen, die den Anfang einer Nahrungskette bilden, die ungeheure Mengen von Fischen und Vögeln ernährt. Auch die Freßgewohnheiten der Flußpferde haben einen günstigen Einfluß. Da sie sich vom Gras am Seerand ernähren, wird es gut gestutzt und dadurch zum idealen Bereich für Vögel, die auf dem Boden nisten, wie Löffler und Rosapelikane. Selbst die Fußabdrücke der Flußpferde im Schlamm bieten, wenn sie sich mit Regenwasser füllen, Lebensräume für kleine Wassertiere.

Die Flußpferde kommen nur in der Dunkelheit aus dem See, um zu weiden. Am Tag bleiben sie im Wasser, wo sie sich sicherer fühlen und kühl bleiben, und wo ihnen der Auftrieb des Wassers die Mühe erspart, mit ihrer enormen Masse aufrecht zu stehen. Obwohl ein durchschnittliches Männchen bis zu drei Tonnen wiegen kann, sind sie im Wasser wegen des Auftriebs fast „gewichtslos". Sie können sich leicht

GEGENÜBER: *Flußpferde sind selten außerhalb des Wassers zu sehen.*

RECHTS: *Sattelstorch.*

UNTEN: *Afrikanischer Löffler.*

GANZ UNTEN: *Goliathreiher, fast 1,50 m groß.*

weiterbewegen, indem sie sich mit den Zehenspitzen vom schlammigen Grund des Sees abstoßen. Am Tag unterbrechen nur kurze Phasen der Auseinandersetzung, des Spiels oder der Liebe die endlos scheinenden Zeiten der Ruhe und Inaktivität, in denen die Flußpferde nur als uninteressante dunkle Buckel über der Oberfläche sichtbar sind.

Rodney hatte sich mit seiner Kamera in einem Baum versteckt und dort geduldig den ganzen Tag gewartet. Und er hatte Glück. Am Abend verließen die Tiere das Wasser zum Fressen. Erst kam ein Muttertier mit seinen Jungen heraus, schließlich die ganze Herde. Sie stampften nicht einfach irgendwo an Land, sondern folgten Wechseln, die sie zu ihren bevorzugten Weideplätzen führten. Die Flußpferde reißen das Gras nicht mit ihren Zähnen ab, sondern mit den Lippen, die breit und zäh sind. Die Zähne werden dann zum Kauen verwendet. Ein einziges Flußpferd kann bis zu 77 Kilogramm in einer Nacht fressen.

Während die Flußpferde in der Morgendämmerung zurück ins Wasser trotten, putzen sich die fischfressenden Vögel in den ersten wärmenden Strahlen der Sonne, bevor sie ihre Fischzüge beginnen. Weil nur wenige Teile des Sees einigermaßen tief sind, können die dunklen Reiher, die Störche und die weißen Reiher fast auf der ganzen Fläche des Sees fischen. Als Lauerjäger suchen sie die Nahrung gewöhnlich allein oder paarweise. Der majestätische, grau und kastanienbraun gefärbte, fast 1,50 m hohe Goliathreiher steht da wie aus Stein gehauen und wartet regungslos darauf, daß ein lohnend großer Fisch in Reichweite seines flinken Dolchschnabels schwimmt.

Die ausgesprochen schönen und in Santa Lucia seltenen Sattelstörche wenden eine andere Technik an. Statt zu beobachten und zu warten, waten sie ständig durch das Wasser, um kleine Fische mit ihren

Füßen aufzustöbern, die sie mit ihrem Schnabel dann schnappen. Ihr schöner, rot-schwarzer Schnabel mit dem breiten, gelben Sattel macht sie zu einem der schmuckesten Wasservögel Afrikas. Sie mögen mehr Fische an einem Tag fangen als der Goliathreiher; doch da die Beutefische gewöhnlich kleiner sind, müssen sie härter arbeiten.

Im Gegensatz zu diesen Lauerjägern sind die Rosapelikane Treibjäger, die in Gruppen auf Beutejagd gehen. Jeder erwachsene Vogel braucht pro Tag etwa 1,8 Kilogramm Fisch. Bei den gemeinschaftlichen Fischzügen werden die Fische von einer großen Zahl von Vögeln zu einer Untiefe an der Küste gejagt. Die Pelikane versammeln sich zu einer lärmenden, halbmondförmigen Kette und beginnen dann, gleichzeitig landwärts zu schwimmen, wobei sie mit Flügeln und Beinen das Wasser möglichst stark aufrühren. Wenn alles gutgeht, sind die Fische in der Falle, und die Pelikane schöpfen sie mit ihren Schnabel-Säcken auf, die sich ungeheuer weiten, während sie sich mit Wasser füllen. Ist das Wasser abgelaufen, können die Pelikane ihren Fang schlucken.

Die Rosapelikane schlafen auch gemeinsam an Land nahe dem Wasserrand, oft bei einer Flußpferdweide. Monatelang gelang es Rodney nicht, auch nur eine einzige Szene mit diesen Vögeln zu drehen. Entweder zogen sie hoch oben in der Thermik Spiralen und ließen ihre leuchtendweißen Federn in der Sonne glänzen. Oder sie waren, bevor Rodney seinen Landrover an einer fernen Ecke des Sees abgeladen haben konnte, bereits weitergezogen. An dem Abend jedoch, an dem Rodney die Flußpferde filmte, kamen sie zu ihm – eine lange Linie von Vögeln mit weiten Flügelschlägen, die fast die Wasserfläche streiften, während die Sonne unterging. Sie

OBEN: *Rötelpelikane.*

LINKS: *Rosapelikane.*

GEGENÜBER, UNTEN: *Riedscharbe, eine der vielen Vogelarten, die sich mit den Rötelpelikanen vergesellschaften.*

landeten einer nach dem anderen keine 50 Meter von der Kamera entfernt. Aber so schön das Bild aussah, so problematisch war die Situation der Rosapelikane. Das schlechte Wetter und der hohe Salzgehalt im See ließen ihre Brutversuche zu einer Katastrophe werden. Der vagabundierende Lebensstil der Pelikane wird normalerweise während der Brutsaison unterbrochen, wenn sie sich auf einige entlegene Inseln mitten im See zurückziehen, um zu brüten und die Jungen in Nestern aus zusammengescharrten Kräutern und Federn aufzuziehen.

Der hohe Salzgehalt des Sees wirkte sich verheerend auf den Fischbestand aus, und viele Vögel litten dadurch Not oder zogen davon. Die Rötelpelikane hatten hingegen mehr Glück. Sie brüten zu einer etwas anderen Jahreszeit und mußten deshalb ihre Jungen nicht in dieser kritischen Periode aufziehen. Santa Lucia ist der einzige Ort in Afrika, an dem Rötelpelikane brüten. Ihr Nistplatz wird besonders bewacht und beschützt. Anders als der Rosapelikan baut der Rötelpelikan sein Nest in Mimosenbäume nahe am Wasser. Das Nest ist eine unordentliche Plattform aus großen Zweigen. Es liegt oft in der Nähe von Nestern anderer Vogelarten, denn in die Mimosenbäume müssen sich auch noch dunkle und weiße Reiher, Ibisse, Kormorane und Schlangenhalsvögel teilen.

Jede fischende Vogelart hat sich – wie schon angedeutet – auf eine bestimmte Methode des Beutefangs spezialisiert. Der Graufischer benutzt die Luft als „Plattform“, schwebt mit bewegungslosem Kopf und starrenden Augen, aber wildschlagenden Flügeln, um seine Position genau zu halten. Erspäht er einen Fisch nahe dem Wasserspiegel, dann fällt er wie ein Pfeil mit angelegten Flügeln vom Himmel und schnappt den überrumpelten Fisch aus dem Wasser.

Der Graufischer.

Der Angriff des Graufischers läßt sich nur in Zeitlupe nachvollziehen. Nun ist allerdings das Herabstoßen in höchster Geschwindigkeit selbst dann nicht einfach zu filmen, wenn es sich in Reichweite der Kamera abspielt. Deshalb benutzte Rodney einen Trick. Als er einen guten Platz für seine Kamera gefunden hatte, fing er einige Fische und setzte sie in ein gläsernes Aquarium. Das nahm er im Boot zum Jagdplatz des Vogels mit hinaus, senkte es ins Wasser und befestigte es so, daß der Rand des Beckens knapp unter dem Wasserspiegel lag. Von Rodneys Versteck aus war das Becken selbst nicht zu sehen.

LINKS: *Zwergflamingos.*

GEGENÜBER: *Papyrus.*

Der Graufischer aber konnte den Fisch erspähen, tauchte deshalb an dieser festgelegten Stelle und erleichterte dadurch das Filmen. Als Plan war das alles wunderbar ausgedacht. Nur hatte Rodney die Geschwindigkeit von Ebbe und Flut nicht richtig eingeschätzt. Alle fünf Minuten guckte der Rand des Beckens aus dem Wasser, und es mußte neu versenkt werden – allerdings nicht zu tief, damit der Fisch nicht entfliehen konnte. Diese Manipulationen störten wiederum die Vögel, so daß es eine Weile dauerte, bis sie zurückkehrten. Zu allem Unglück kam dann auch noch das Boot des Wildhüters, der mit einem freundlichen Winken dicht an Rodneys Becken vorbeirauschte und es mit seinem Wellenschlag umwarf. Es blieb auf der Seite liegen – ohne Fisch. Es kostete mehrere Tage geduldiger Arbeit, bis eine Szene von nur 30 Sekunden im Kasten war.

Rodney ging auch in die Luft und filmte von einem Hubschrauber aus, den die Natal-Park-Verwaltung benutzte, um den Riedbockbestand in dem Gebiet zu zählen. Aus 1.200 m Höhe konnte man die Geographie des Sees gut überblicken: die lange Linie von massiven Dünen längs der Küste, den dünnen Wasserhals der Mündung am Südende, das verwickelte Netzwerk von Kanälen und Schlammbänken nahe der Mündung, und zum Norden hin die weiträumige Wasserfläche, die den See hauptsächlich ausmacht, etwa 40 km lang und 15 km breit. Während er niedrig über den Wasserspiegel des Sees streifte, konnte Rodney ein atemberaubendes Schauspiel einfangen: Der Himmel spiegelte sich in dem gläsern glatten Wasser, und pastell-rosafarbene Flamingos stoben fächerförmig davon vor der Flugbahn des Hubschraubers. Den See aus der Luft zu betrachten, erschloß eine neue Dimension; die Ansammlung von Buckeln der Flußpferd-Herde ließ sich in ihren Beziehungen zueinander beobachten, und die zahlreichen treibenden Gegenstände, die wie Baumstämme aussahen, das waren Krokodile.

In diesen Seengebieten gibt es also auch Krokodile. Sie wachsen hier zu ungeheurer Größe heran, und man weiß auch, daß sie Menschen angreifen, die unvorsichtig genug sind, am Wasserrand entlang zu gehen. Ihr Auftreten ist vom Salzgehalt des Sees abhängig. Ist er hoch, dann ziehen sie zu den Flüssen, die den See speisen; denn sie bevorzugen das Süßwasser. In der Brutsaison jedoch versammeln sich die Weibchen an den angestammten Nistplätzen. Merkwürdigerweise haben diese gefährlichen Beutegreifer Feinde, die viel kleiner sind. Sowohl der Nilwaran als auch die Wassermanguste plündern die saftigen Eier aus den Nestern; sie rennen ins Ried in Deckung, sobald sie von dem ständig wachsamen Muttertier gestört werden.

Es gibt an diesen Seen ausgedehnte Riedgürtel, aber auch Bestände aus Papyrus, einem riesigen Gras mit Federschopf am Ende, das doppelte Menschenhöhe erreicht. Papyrus wächst so dicht, daß es schwierig ist, durchzukommen. Der Schutz, den es bietet, zieht Tausende von Webervögeln an, die den Papyrus auch als Baumaterial benutzen.

In der Brutzeit flattern sie wie große, gelbe Schmetterlinge zwischen den Federbüscheln umher, wobei sie fortwährend durch Rufe Kontakt miteinander halten. Der Masken- und der Textorweber nisten oft zusammen. Es sind gesellige Vögel, die ihre Nester möglichst dicht nebeneinander bauen. Das Männchen beginnt mit der Konstruktion, indem es die bürstenähnlichen Büschel benachbarter Papyrusköpfe stutzt und sie zu einer stabilen Plattform zusammenbindet, von der der übrige Teil des Nestes herabhängt. Zunächst ist das Nest nur ein formloser Knoten aus Gras- und Riedstreifen. Aber allmählich rundet es sich, bis das äußere Gewölbe vollendet ist. Da viele Vögel gleichzeitig ihre Nester bauen, gibt es viel Lärm und Gezank um das Baumaterial, und mancher stiehlt seinem Nachbarn ein besonders gutes Riedstück. Ist das Gewebe fertig, flattert das Männchen unterhalb seines Neubaues, um das Weibchen anzuziehen, das das Nest auskleidet und dann seine Eier hineinlegt.

Eine dritte Webervogel-Art – der finkenähnliche Weißstirn-Weber mit seinem dicken Schnabel – ist weniger auffällig. Die eintönig braunen Partner teilen sich die Arbeit beim Nestbau, nachdem sie sich gepaart haben; sie konstruieren eine wunderbar sorgfältige Beutelform, die zwischen zwei Riedstengel geschlungen wird. Das Nest hat ein Eingangsloch, das zum Durchschlüpfen der Elternvögel gerade groß genug ist. Der Weißstirn-Weber nistet gern in der Nähe von Krokodilplätzen, so daß er dadurch vor Raubtieren gut geschützt ist.

Weiter draußen auf dem See durchseiht eine Gruppe von Flamingos mit dem eckigen Schnabel das Wasser, um kleine Tiere und Pflanzen zu sammeln. Pelikane fliegen mit zurückgebogenen Hälsen und breiten, kräftig schlagenden Flügeln niedrig über den Wasserspiegel. Oben am Nordende des Sees schwimmt eine Qualle mit pulsierenden Bewegungen – ein Anzeichen für den hohen Salzgehalt. Mit seinen Untiefen und dem von der Tide beeinflußten Wasser wandelt sich Santa Lucia hinsichtlich der Ökologie ständig. In Zeiten mit Wind zum Land hin trocknet der Süßwasser-Zustrom aus, und es dringt Seewasser ein; dieses verdunstet, so daß der Salzgehalt sehr stark ansteigt. Süßwassertiere können sich dann zurückziehen; aber die Pflanzen sterben ab und werden von Salz-vertragenden ersetzt. Doch die absterbenden Pflanzen fügen dem See zusätzliche Nährstoffe zu. Sobald es im Landesinneren regnet, strömt Süßwasser ein und spült das Salzwasser wieder hinaus, so daß ein neuer Pflanzen- und Tierbestand die Gewässer von Santa Lucia besiedeln kann. Dieser zyklische Wechsel ist wichtig, um das nahrungsreiche Wasser des Sees zu erhalten. Die einzige Gefahr, die ihm droht, ist ein völliges Verschlammen des bereits sehr flachen Wassers. Die schmale Mündung war bereits von Sand und Schlamm blockiert; aber man baggert diesen Kanal heute regelmäßig aus und erhält damit eine Art Lebensader durch den Austausch zwischen Ozean- und Binnenseewasser. Solange dieser Austausch besteht, werden die Tiere und Pflanzen gedeihen, die Zugvögel werden hier weiterhin rasten auf ihrer langen Reise zu und von derart entfernten Orten wie Sibirien. Vor 100 Jahren, als Santa Lucia zum Schutzgebiet erklärt wurde, sorgte sich noch niemand sonderlich um die Zukunft der unberührten Natur. Aber man erkannte bereits, daß dieser kleine Winkel von Afrika ein bemerkenswerter Ort war. Und das ist er auch heute noch.

SAFARI AUF DEM ROTEN FLUSS

Der Tana-Fluß beginnt seine 480 Kilometer lange Reise zum Indischen Ozean in einer höchst widersinnig erscheinenden Landschaft Afrikas: auf den schneebedeckten Gipfeln des Mount Kenya, die fast genau auf dem Äquator liegen. Der 5200 Meter hohe Gipfel dieses Berges läuft größtenteils in sanfte Hänge aus, die sich in den tropischen Ebenen verlieren. Am Gipfel aber wechseln sich Moore und steile Klippen aus nacktem Fels ab, die so kalt und windgepeitscht sind wie irgendein Gipfel in den Alpen. Der Mount Kenya war einst ein riesiger Vulkan. Aber heute läuft keine flüssige Lava mehr die Felsen herab, sondern Eiswasser, das die wenigen Flüsse Kenias speist, die das ganze Jahr über Wasser führen.

Die öden Moorgebiete, durch die die Quellflüsse des Tana fließen, beherbergen einige ungewöhnliche Pflanzen. Das Riesen-Kreuzkraut – ein 6 Meter hoher Verwandter des gelbblütigen Unkrauts, das die Gärtner in Europa kennen – überragt wie ein Baum die sonst niedrige Vegetation. In dieser Meereshöhe fallen die Bodentemperaturen nachts unter den Gefrierpunkt. Sobald aber die Sonne aufgeht, können sie in wenigen Minuten auf 26 °C hochschnellen. Das Riesen-Kreuzkraut hat eine eigene Methode entwickelt, mit diesen rasch wechselnden Temperaturen fertigzuwerden. Jede Pflanze besitzt einen einzigen Stengel, der von der Rosette aus lederharten Blättern gekrönt wird. Wenn neue Blätter wachsen, sterben die alten ab und bilden um den Stengel einen dicken Mantel, der isolierend wirkt. Außerdem schützen die lebenden Blätter die zarten Knospen, indem sie sich nachts über sie falten. Zudem wird das Regenwasser, das sich am Grund der Blätter in kleinen Pfützen sammelt, durch ein von der Pflanze produziertes natürliches „Frostschutzmittel“ daran gehindert, zu gefrieren und die Knospen zu beschädigen. Diese kleinen Pfützen in den Blättern sind ein ständiger Wasserspeicher, in dem die Insekten heranwachsen, die wiederum die schillernden Nektarvögel, die von Pflanze zu Pflanze schwirren, mit Nahrung versorgen.

GEGENÜBER: *Riesen-Kreuzkraut.*

UNTEN: *Klippschliefer.*

LINKS: *Wald in 2450 m Höhe, Mount Kenya.*

UNTEN: *Spitzmaulnashorn.*

GEGENÜBER, OBEN: *Warzenschweine.*

GEGENÜBER, UNTEN: *Schlammbedeckter Büffel.*

Das Riesen-Kreuzkraut ist Nahrungsquelle und Schutz für viele Tiere zugleich, die über der Baumgrenze leben. So bildet die Pflanze bei schlechtem Wetter zum Beispiel für den Klippschliefer ein Schutzdach. Dieses plumpe Tier hat ein dickes Fell, das es ihm erlaubt, in den kalten Mooren zu leben, wo die meisten afrikanischen Säuger gar nicht existieren könnten.

Die Quellflüsse des Tana durchqueren bei ihrem Abstieg vom Gebirge einige Klimazonen. Unterhalb der offenen Moorlandschaft beginnen Wälder aus Kiefern, Eukalyptus und Bambus, und wenige tausend Meter tiefer werden die Flußufer in der tropischen Hitze von Akazien und Palmen gesäumt. Der dicke Pflanzenteppich am Berghang hält die Erde fest. Wo aber ein umgestürzter Baum diese Decke aufgerissen hat oder der Wald zu Feuerholz verarbeitet wurde, wäscht der Regen die Erde rasch aus und färbt den Fluß schmutzig rot. Am Fuß des Gebirges vereinen sich die zunächst klaren Ströme zu einem trägen, warmen Fluß, der eine Schleife ostwärts zur Küste hin bildet – dem Tana.

Auf seiner langen Reise über die Ausläufer des Gebirges durchquert der Tana einige der fruchtbarsten Gegenden Kenias. Der vulkanische Boden ist reich an mineralischen Nährstoffen, weshalb an vielen Stellen der ursprüngliche Wald von Farmern zurückgedrängt wurde, die heute dort Tee- und Kaffeesträucher anbauen. Um die Bergdörfer reifen Bananen und Mais in der kräftigen Sonne. Wo aber das Land vernachlässigt wurde, zerstört der Regen, der all diesen Überfluß schafft, durch Erosion den Boden. Wo ein Bodenfleck ohne Schutz durch Pflanzen belassen wird, wäscht schon ein kurzer Regenguß die kostbare obere Schicht fort.

Fern von den Farmen ziehen verlassene Lichtungen im Wald Tiere an, die normalerweise nur in tiefergelegenen Gebieten zu finden sind. So leben zum Beispiel die meisten Nashörner Kenias in der heißen, trockenen Tiefland-Savanne; aber einige ziehen in das Gebirge hinauf, um das saftige Gras abzuweiden. Auch einige Elefanten leben ständig in diesen Wäldern. Schließlich ist das zarte Gras auch ideal für das Warzenschwein, das trotz seiner bedrohlichen Erscheinung ein strenger Vegetarier ist. Es frißt, indem es auf seinen Vorderbeinen „kniet". Schon bei der kleinsten Störung strebt es flink in Deckung.

Das warme und feuchte Klima an den tiefer gelegenen Flußrändern bietet ideale Voraussetzungen für die Insekten, die es hier in Unmengen gibt. Für Weidetiere wie Warzenschwein und Büffel können einige dieser Insekten zu einer unangenehmen Plage werden. Sie werden nicht nur von blutsaugenden Insekten angegriffen, sondern auch von solchen, die ihre Eier in die Haut der Säugetiere legen. Die Larven entwickeln sich dann parasitisch, indem sie das lebende Gewebe ihrer geplagten Gastgeber fressen. Aber der Fluß gewährt Erleichterung. Wo immer sich eine Schlammbank abgelagert hat, versammeln sich Warzenschweine, Büffel und viele andere grasfressende Tiere zum Suhlen. Dabei geht es nicht nur um Abkühlung. Der Schlamm bildet um die Tiere beim Trocknen eine fast undurchdringliche Hülle. Bis sie abplatzt, hält sie die Insekten fern.

Für viele kleinere Tiere sind die Insekten jedoch eine reiche Nahrungsquelle. In den Bäumen und

Büschen sucht das gehörnte Chamäleon mit seinen einzeln drehbaren Augen nach Schmetterlingen und Grillen. Hat es die Beute entdeckt, verfolgt es sie mit ruckenden, fast zögernden Bewegungen. Dazu kommt die vollkommene Tarnung, durch die es nahe genug an das Opfer herankommt, um es mit raschem Vorschnellen der klebrigen, muskulösen Zunge zu schnappen. Auch die Agame jagt auf Bäumen und am Boden Insekten. Im Gegensatz zum Chamäleon ist hier das Männchen höchst auffällig gezeichnet; seine Haut leuchtet metallisch rot und blau. Diese lebhafte Farbe soll zusammen mit einer kräftigen „Liegestütz"-Bewegung eine Partnerin anlocken. Im weichen Schlamm der Flußufer scharrt schließlich Afrikas größte Echse nach Insektenlarven und Würmern: der Waran.

Mit Beginn der Regenzeit überflutet der Fluß seine Ufer, und in den angrenzenden Sümpfen findet eine geradezu explosionsartige Vermehrung der Insekten statt. Sobald sie die Luft durchschwirren, um nach Nahrung oder einem Partner zu suchen, stellen sich auch ihre Feinde scharenweise ein. Für die insektenfressenden Vögel des Tana-Flusses sind die Wochen vor der Regenzeit mit Vorbereitungen für die Brut angefüllt, damit die Jungen genau dann schlüpfen, wenn die Futterversorgung durch die Massen von Insekten am besten ist. Bienenfresser und Uferschwalben bauen Röhren in den losen Sand der Ufer, um ihre Eier möglichst außerhalb der Reichweite anderer Tiere abzulegen. Die Röhre der Uferschwalbe kann bis zu 90 Zentimeter lang sein und endet in einer kleinen, mit Federn ausgekleideten Kammer, in der die Jungen heranwachsen. Haussegler wiederum bauen ihre Nester unter Felsvorsprüngen oder auch unter Brückenbögen. Das napfförmige Nest besteht aus Federn, die mit Speichel verklebt werden. Die Vögel geben ihm Form und lassen es dann hart werden: Obgleich es leicht ist, ist es auch haltbar und kann den Elternvogel und die heranwachsende Brut tragen, ohne zusammenzubrechen.

Von allen afrikanischen Vögeln hat der Madenhacker wohl die seltsamste Methode der Nahrungssuche entwickelt. Dieser bunte Verwandte des Stars

RECHTS: *Agame.*

GEGENÜBER, OBEN: *Ostafrikanisches Dreihorn-Chamäleon.*

GEGENÜBER, UNTEN: *Nilwaran.*

läßt sich auf dem Rücken von Antilopen, Warzenschweinen, Büffeln oder sogar Giraffen nieder, wo er mit seinem scharfen Schnabel nach parasitierenden Zecken sucht. Der Madenhacker ist bei der Nahrungssuche vollkommen abhängig von seinem Wirt. (Er paart sich sogar auf dem Rücken des Tieres und verläßt es nur zur Eiablage.) Er ist sehr ausdauernd und gründlich bei der Nahrungssuche, und manchmal scheinen sein scharfer Schnabel und die Krallen den Wirt zu irritieren. In der Brutsaison reißt er sogar Haare aus der Haut des Wirttieres, um damit sein Nest auszupolstern. Andererseits profitiert auch der Wirt von der Pflege durch den Vogel, so daß dessen Herumhüpfen und Picken meist ignoriert wird.

In den Ebenen unterhalb des Mount-Kenya-Massivs verändern die Ufer des Tana ihren Charakter völlig. In großen Teilen des Jahres ist das umgebende Land ausgedörrt und braun, und der Fluß bildet eine streifenförmige Oase mit großen Wäl-

LINKS: *Rotschnabel-Madenhacker und Büffelfliegen auf einem Breitmaulnashorn.*

GEGENÜBER, OBEN: *Nester der Webervögel in Akazien.*

UNTEN: *Palm-(Bojer-)Weber.*

GEGENÜBER, UNTEN: *Layard-Webervogel.*

dern. Wo sich der Fluß wie ein grünes Band nach Westen hin über die offene Savanne erstreckt, wird er zum Anziehungspunkt für viele Tiere und Pflanzen. Sperlingsgroße Webervögel, die wohl verbreitetsten Vögel in Afrika, finden an seinem Ufer sichere Nistplätze. Die Männchen bauen die Nester aus Streifen von Blättern und Gräsern, die geschickt zu einer kugel- oder birnenförmigen Höhlung verwoben werden. Gewöhnlich hängen sie die Nester an den dornigen Zweigen einer Akazie auf. Bevorzugt sind Zweige, die über dem Wasser hängen, weil dann die Nester vor Feinden besser geschützt sind. Einige Webervögel gehen dabei noch weiter: Sie bauen an ihrem Nest eine lange Eingangsröhre an, die frei in der Luft baumelt. Sie kann über 30 cm lang sein, und sie verhindert das Eindringen von Baumschlangen in das Nest. Mit diesem Nest lockt das Männchen eine Partnerin an. In der Brutsaison sind die Flußufer von den hellgelben Männchen bevölkert, die vor den vorbeiziehenden Weibchen balzen, indem sie vom Nest herabhängen und kräftig mit den Flügeln flattern.

In der Trockenzeit fließt der Tana langsam und ist seicht. Wenn Wasserlöcher und andere Flüsse längst ausgetrocknet sind, bildet er für viele Tiere immer noch eine zuverlässige Wasserquelle. In den bewaldeten Ufern können sich Löwen und Leoparden leicht verbergen, und es nähern sich Antilopen, Paviane und andere mögliche Opfer mit größter Vorsicht dem Wasser. Aber auch der Fluß selbst birgt Gefahren. Krokodile liegen fast völlig untergetaucht in Ufernähe und lauern auf Tiere, die in ihrer Reichweite umherstreifen. Mit einem scharfen Schnappen ihrer Kiefer überraschen sie das Opfer und ziehen es unter die Wasseroberfläche, wo es ertrinkt.

Ist der Wasserspiegel weit genug abgesunken, versammeln sich ganze „Büschel" von leuchtend gefärbten Schmetterlingen auf dem Schlamm, aus dem sie mit ihren fadenförmigen Rüsseln mineralreiche Feuchtigkeit saugen. In den tiefsten Tümpeln wird die träge Tagesruhe der Flußpferde von kurzen, aber geräuschvollen Kämpfen unterbrochen, wenn sie sich um einen Platz drängeln. Am Abend verlassen sie den Fluß zum Weiden, und noch vor der Morgendämmerung kehren sie in die Sicherheit des Wassers zurück. Der Nimmersatt-Storch jagt im trüben Wasser nach Fischen, indem er sie mit seinen Füßen aus ihrem Versteck nahe am Ufer treibt; dabei breitet er die Flügel aus, vielleicht um die Balance zu halten oder um Lichtreflexe abzudunkeln. Zu dieser Jahreszeit liegt das Flußbett weitgehend trocken; und je länger die regenlosen Wochen dauern, um so mehr konzentrieren sich die Tiere um das restliche Wasser.

Wenn sich die Wolken über dem Moorland und den Bergspitzen auftürmen und eine neue Regenzeit beginnt, lassen Unwetter die Quellflüsse des Tana anschwellen. Innerhalb weniger Tage ist der Tieflandfluß in eine reißende, schlammige Flut verwandelt. Bäume und Äste werden abwärts geschwemmt, Nilgänse und andere Wasservögel werden in der Strömung herumgewirbelt, und der Tana wird zu einer Grenze, die selbst die Elefanten nicht überschreiten können. Geier und kahlköpfige Marabus segeln über dem Fluß und suchen nach Leichen von Tieren. Abseits vom Flußufer werden die Bäume und Büsche, die sich in den letzten Wochen der Trockenzeit entlaubt hatten, wieder mit neuem Grün überzogen.

Wenn der Fluß sich seinem Delta nähert, verbreitert er sich, und der Galeriewald wird dichter. Dieser Wald im Tiefland beheimatet zwei sehr seltene Affenformen: den Tanafluß-Guereza und die Tanafluß-Mangabe. Zum Nachteil dieser Tiere ist der Galeriewald eine wichtige Holzquelle für das Pokomo-Volk. Mit dem schrumpfenden Wald schrumpft auch der Lebensraum dieser Affen. Sollte der Wald ganz verschwinden, würden auch die Affen aussterben.

Der Tana vollendet seine Reise zum Meer durch ein meilenweites Gebiet von Mangrovesümpfen. Die Mangrove, ein buschiger Baum mit Stelzenwurzeln, gehört zu den wenigen Pflanzen, die hier überleben können, wo Süß- und Salzwasser zusammentreffen. Über Jahrhunderte hinweg binden die Wurzeln den Flußschlamm in stabilen Bänken, die reich an organischem Material sind. Bei Niedrigwasser kommen unzählige Winkerkrabben aus ihren Löchern hervor, um den Schlamm nach Nahrung zu durchseihen. Sie sind eine leichte Beute für Reiherläufer und andere Watvögel, die hier nach ihrer Brutsaison in entfernten Gebieten wie Sibirien überwintern.

Das Leben am Tanafluß ist von dieser jährlichen Flut in der Regenzeit abhängig. Die Tiere vermehren sich, und die Pflanzen blühen und fruchten genau zur richtigen Zeit. Allerdings geschieht weiter flußaufwärts etwas, was diesen jahrtausendealten Rhythmus der Jahreszeiten dauerhaft verändern könnte. Nachdem die Bauarbeiten 1982 beendet wurden, wird der Tana eines der größten Staubecken Afrikas füllen. Über 21 Quadratkilometer Land werden überflutet sein, um die wachsende Bevölkerung Kenias mit Wasser zu versorgen. Der Damm ist bereits fertiggestellt. Und wo einst dornige Bäume in der dürren Landschaft wuchsen, da gedeiht jetzt Reis auf fruchtbaren, künstlich bewässerten Flächen. Das Land ist sehr produktiv, und Vögel wie der Kuhreiher, die überall aus der Wirtschaft des Menschen Nutzen ziehen, hielten bereits Einzug. Doch für die ursprünglichen Flußbewohner kann der Damm zur Katastrophe werden: Die alljährliche Schlammwelle, die Fische und Insekten und damit viele weitere Tiere ernährt, wird ausbleiben. Wo Dämme gebaut werden, ist der Wasserfluß vermindert, und der lebenspendende Schlamm sinkt auf den Grund des Staubeckens.

Über Tausende von Jahren hat die jährliche Flut des Tana-Flusses einen Reichtum von Tieren und Pflanzen erhalten, der in diesem Teil Afrikas nicht seinesgleichen hat. Doch nun kann eine ungewisse Zukunft bevorstehen. L. G.

OBEN: *Roter Mangrove-baum.*

UNTEN: *Winkerkrabbe.*

maximum 50ft.
maximum 100ft.
maximum 28ft.

4. OZEANE UND INSELN

EIN WAL IN VERSTRICKUNG

Der große Wal, den die Wissenschaftler als *Megaptera novaeangliae* bezeichnen, hat von den Walfängern des 19. Jahrhunderts den Namen Buckelwal erhalten, denn beim Tauchen biegt sich sein Rücken nach oben aus dem Meer heraus und formt einen dunkelgrauen Buckel. Obgleich er nur halb so groß wie der Blauwal ist, wird das ausgewachsene Tier bis zu 15 m lang und wiegt etwa 40 Tonnen. Der Buckelwal ist unverkennbar durch seine Brustflossen, die ein Viertel seiner Körperlänge ausmachen und damit länger als bei jedem anderen Wal sind. Beim Schwimmen bewegen sich diese Flossen wie ein Paar langsam schlagender Flügel. Ihr knotiger Rand ist ein weiteres Merkmal. Diese Höcker werden von Knochen gebildet, die den Fingerknochen der menschlichen Hand entsprechen. Der Buckelwal gehört zu den Säugern.

Die langen Brustflossen wirken beim Schwimmen wie Seitenruder und geben dem Buckelwal eine große Wendigkeit. Manchmal werden sie auch bei der Nahrungsaufnahme verwendet, indem sie die Beute gegen das Maul mit der Filtereinrichtung schieben. Dieses Maul kann sehr viel Wasser aufnehmen, das durch die Barten-Platten wieder hinausgedrückt wird, deren verfilzte Fransen die Nahrung herausfiltern. Mit der Zunge wird sie dann aus den Barten wieder herausgekratzt. Der Magen eines Buckelwals kann 600 kg Nahrung fassen, und nur ein sehr produktiver Nahrungsgrund kann diesen enormen Appetit stillen. Subarktische Gewässer stellen eine solche Nahrungsquelle dar, denn sie sind zwar extrem kalt, aber reich an Nährstoffen, z. B. an Schwärmen des Krill (winziger, garnelenähnlicher Tiere) und kleiner Fische, die die Hauptnahrung des

GEGENÜBER: *Buckelwal (oben, bis zu 15 m lang), Blauwal (Mitte, bis zu 30 m lang), und Grindwal (unten, bis zu 8,5 m lang), im selben Maßstab gezeichnet.*

RECHTS: *Buckelwal.*

Buckelwals bilden. Die Sommermonate verbringen die Wale auf Nahrungssuche in diesen eisigen Meeren. Die meisten von ihnen kehren aber im Winter in die Wärme der tropischen Ozeane zurück, in denen sie nach einer Reise von mehreren tausend Kilometern ihre Jungen gebären. Sie schwimmen langsam und halten sich in der Regel ziemlich dicht an die Küsten, was bei der Orientierung helfen mag.

Auf ihrer Wanderung fressen die Wale nicht, und auch während der ersten fünf Monate in den Tropen nehmen sie keine Nahrung auf, sondern leben von der dicken Speckschicht, die sich in den Sommermonaten angesammelt hat. Gleich nach der Ankunft gebären die Weibchen, die ihre Jungen 10 oder 11

Buckelwal auf der Wanderung nordwärts nach Kanada.

Monate lang getragen haben. Wie bei anderen Walen auch tritt das Junge mit dem Schwanz voran aus und wird von der Mutter an die Wasseroberfläche geschoben, wo es zum erstenmal atmet. Etwa einen Monat später beginnt bereits die nächste Paarungszeit, und der Buckelwal zeigt ein hinreißendes Werbeverhalten, bei dem das Riesentier fast frei aus dem Wasser schnellt und wundervolle Purzelbäume rückwärts schlägt.

In dieser Zeit beginnen auch die seltsamen Geistergesänge, die den Buckelwal zu dem wohl berühmtesten Wal gemacht haben. Diese Gesänge sind die längsten Rufe im Tierreich: Jeder dauert zwischen 6 und 30 Minuten. Der Ozean hallt von diesen Tönen wider, und Taucher behaupten, daß sie die Vibrationen unter Wasser mit ihrem Körper tatsächlich fühlen konnten. Tiefe Baßtöne kann man noch in einer Entfernung von 80 Kilometern hören. Mit empfindlichen Instrumenten kann man sie sogar noch in einer Distanz von über 1.100 Kilometern wahrnehmen! Die Gesänge sind bei den Buckelwalen nicht so starr festgelegt wie etwa bei den Vögeln; diese intelligenten Säuger sind in der Lage, mit der „Originalmelodie" zu improvisieren. Der Gesang, mit dem die Buckelwale die Paarungszeit beginnen, stimmt mit dem überein, den sie am Ende der vorausgegangenen Saison gesungen haben. Im Laufe der Monate fügen sie aber Variationen hinzu, so daß am Ende der Saison ein Unterschied deutlich erkennbar ist. Im Verlauf von wenigen Jahren summieren sich diese kleinen Änderungen, so daß die Gesangsmuster allmählich eine völlig neue Form bekommen. Außerdem unterscheidet sich der Gesang des einen Walbestandes vollkommen von dem einer anderen Gruppe.

Es soll etwa 11 völlig voneinander getrennte Bestände des Buckelwals geben: 5 in der nördlichen Hemisphäre und 6 in der südlichen. Jeder hat sein eigenes Fortpflanzungsgebiet, und auch die Wanderwege liegen so, daß die Bestände getrennt bleiben. Die Population des Westatlantiks pflanzt sich in der Karibik fort und zieht dann etwa im Juni nordwärts, um in den Gewässern bei Neu-England und Kanada nach Nahrung zu suchen. Einige der Tiere wandern sogar bis vor die Küste Grönlands. Wir filmten die Buckelwale, die nach Neufundland ziehen, weil sie im Mittelpunkt eines Streits zwischen Naturschützern und Fischern stehen, deren Lebensunterhalt durch die Buckelwale bedroht wird.

Neufundland ist ein altes Fanggebiet. Die Bewohner der Küstendörfer haben Wale in großer Zahl getötet. Ihre Hauptbeute waren freilich die kleinen Grindwale, die von den Fischern mit Booten in schmale Meeresbuchtungen getrieben und dann abgeschlachtet wurden. Einige seichte Stellen bei Neufundland sind mit den Knochen von Abertausenden von Walen übersät. Normalerweise fingen die Küstenbewohner kleine Wale und Delphine; gelegentlich wurden aber auch große Wale wie der Bukkelwal nach dieser Methode gefangen. Aber der gefährlichste Feind der Buckelwale sind die Walfangschiffe. Wegen ihrer langsamen Bewegungen und ihrer Gewohnheit, sich nahe an den Küsten zu halten, waren sie in den ersten Jahrzehnten des Jahrhunderts der von diesen Schiffen hauptsächlich gejagte Wal. Innerhalb von 50 Jahren hat sich ihre Zahl von schätzungsweise 100.000 bis auf 10.000 oder weniger vermindert. Ist eine Art erst einmal auf einen derart kleinen Bestand dezimiert, dann

besteht die Gefahr, daß sie ausgerottet wird. 1966 stellte das Internationale Walabkommen den Buckelwal völlig unter Schutz.

Seitdem ist es den Kanadiern untersagt, Buckelwale zu töten. 1973 wurde ein Gesetz verabschiedet, das den Walfang in kanadischen Gewässern oder durch kanadische Bürger gänzlich verbietet, so daß der Neufundland-Buckelwal nun doppelt geschützt ist. Trotzdem sterben jedes Jahr zwischen 10 und 20 Buckelwale in der Gegend von Neufundland, weil sie sich in Fischernetzen verfangen. Die Schäden, die sie an den Netzen verursachen, belaufen sich auf mehrere Millionen Dollar, die niemand den Fischern ersetzt. Kein Wunder also, daß diese jetzt fordern, den Walfang wieder zuzulassen, da das Fischen ihre einzige Einkommensquelle ist. Dies würde aber sicher die Ausrottung des Buckelwals bedeuten. Auf der Suche nach einer Lösung des Problems untersucht jetzt die Walforschungsgruppe der Memorial-Universität von Neufundland den Buckelwal und seine Nahrungsgewohnheiten.

GANZ OBEN: *Die langen Brustflossen wirken als Seitenruder beim Schwimmen.* OBEN: *Grindwal.*

Die Hauptbeute der Buckelwale in diesen Gewässern sind etwa 23 cm kleine Fische: die Lodden. Im Mai und Juni kommen sie in riesigen Schwärmen zur Küste, um im seichten Wasser zu laichen. Die Buckelwale fangen sie mit einer raffinierten und wirksamen Methode: Sie tauchen in einer Tiefe von etwa 15 Metern unter die Fische, ziehen in Spiralen nach oben auf sie zu und blasen dabei einen stetigen Strom von Luftblasen. Diese Blasen steigen als eine Kreisfläche mit etwa 3 Meter Durchmesser an die Wasseroberfläche, in dem die See wild zu kochen scheint. Beim Aufsteigen nehmen die Blasen die Fische mit nach oben, so daß sich der Schwarm als dicke Schicht dicht unter der Meeresoberfläche konzentriert. Der Buckelwal erscheint dann in der Mitte des Blasenkreises und verschlingt die dicht gepackte Beute. Manchmal arbeitet ein Paar zusammen und erzeugt dann zwischen sich einen Blasenhaufen, der einen Durchmesser bis zu 30 Metern haben kann.

Die einzigartige Fangtechnik ist nur schwer vom Meeresspiegel auszumachen; doch von den Klippen in Neufundland haben die Forscher einen idealen Überblick über die Wale, wenn diese ihre Beute verfolgen. So können sie ein sehr genaues Bild vom Nahrungsverhalten des Buckelwals gewinnen und die Aktivitäten der einzelnen Wale aufzeichnen.

Jeder Buckelwal hat ein schwarz-weißes Muster auf seiner Schwanzflosse, das ihn wie ein Fingerabdruck kennzeichnet. Dadurch können die Forscher bei ihren Beobachtungen herausfinden, daß Jahr für Jahr dieselben Wale an einer bestimmten Küste auftauchen.

Nun sind an den Lodden nicht nur die Wale interessiert, sondern auch der Mensch. Längs der Küsten von Neufundland werden Netze ausgespannt, mit denen die Lodden zum Land hin gezogen werden. Früher wurden diese Fische auch im offenen Meer gefangen; doch wurden die Schwärme nicht zuletzt durch Beteiligung ausländischer Fischdampfer dermaßen dezimiert, daß sich diese Fangart nicht mehr lohnte. Diese drastische Reduzierung ist nicht verwunderlich, weil die Lodden gefangen werden, bevor sie laichen können. Außerdem müssen doppelt so viele Fische gefangen werden, wie schließlich verkauft werden können, da die Männchen nicht besonders gut schmecken; sie werden aussortiert und zu Fischmehl verarbeitet, während die Weibchen für den Export vor allem nach Japan eingefroren werden.

Aber nicht nur die Fangtätigkeit verlagerte sich an die Küste. Da die Zahl der Fische im offenen Meer abnahm, verfolgen die Buckelwale heute die Lodden

GEGENÜBER: *Schwanzflossen des Buckelwals.*

UNTEN: *Ein Buckelwal bläst Luft aus.*

weiter und weiter bis zum Strand hin. Dabei geraten sie oft bis in die Brandung – und häufig auch in die Fischernetze. Je verzweifelter sie sich anstrengen, freizukommen, um so mehr verstricken sie sich. Als Säuger müssen sie regelmäßig zum Atmen an die Oberfläche kommen, und wenn das Netz sie daran hindert, ertrinken sie. Der Fischer, der keine Wale töten darf, muß hilflos zusehen, wie das kämpfende Tier die Ausrüstung im Wert von über 10.000 Dollar zerstört.

Hier sprang nun die Forschergruppe der Memorial-Universität ein; denn sie studierte nicht nur die Wale, sondern hat auch einen Notrettungsdienst eingerichtet, der den in Netzen gefangenen Tieren hilft. Nach einem Notruf der Fischer sind die Mitarbeiter der Forschungsgruppe in wenigen Stunden an Ort und Stelle und beginnen, den gefangenen Wal zu befreien. Das erfordert viel Geschick und Erfahrung; denn würde das Tier in Panik geraten, so würde durch sein heftiges Um-sich-Schlagen alles nur noch schlimmer werden.

In einer Saison bekommt das Forschungsteam bis zu 150 Anrufe. Im allgemeinen gelingt es ihm auch, den Wal zu befreien. Aber da gibt es noch die Verluste der Fischer. Der Fang im Netz ist bei einer solchen Aktion in der Regel verloren, wenn der Wal freikommt; und dann müssen die Löcher im Netz repariert werden, die der Wal gerissen hat. Das kann eine Woche lang dauern; und da die Loddensaison nur zwei Wochen lang ist, halbieren sich die Einkünfte des Fischers.

Wenn die Forscher den Forderungen der Fischer, Wale wieder töten zu dürfen, begegnen wollen, müssen sie eine wirksamere Lösung des Problems finden. Eine Möglichkeit liegt im Gebrauch von Warnsignalen, die den Walen den Standort der Netze anzeigen. Drei Typen von Geräten, die sich an den Netzen anbringen lassen, werden jetzt getestet: sie geben klappernde, piepsende oder pfeifende Geräusche von sich. Die klappernden Geräte bestehen aus zwei Metallzylindern an einem Stück Seil, die jeweils an einer Boje befestigt sind. Die beiden Bojen sind unterschiedlich groß, und wenn sie auf den Wellen auf und ab tanzen, klappern die Zylinder gegeneinander. Der Piepser ist komplizierter und teurer, weil er mit Batterien läuft; er erzeugt einen durchdringenden Ton, der sich im Wasser gut ausbreitet. Auch das pfeifende Gerät ist batteriebetrieben. Es erzeugt einen Ton im Ultraschallbereich, der nicht vom menschlichen Ohr, wohl aber von den Walen wahrgenommen werden kann. Die Erprobung der drei Geräte hat erst vor kurzem begonnen; doch scheinen die Wale die Geräusche bereits mit Gefahr zu verbinden und sich fernzuhalten. Die Lodden werden durch diese Signale nicht abgeschreckt.

Ein anderer Versuch zur Rettung der Wale besteht darin, die Buckelwale selbst zum Nutzen der Neufundland-Dörfer einzusetzen, indem man um walbeobachtende Touristen wirbt. Die Anziehungskraft der Wale ist so groß, daß auf Hawaii bereits jetzt die Leute scharenweise zusammenkommen. Ebenso ist es an der Küste Kaliforniens, wo der Grauwal sich fortpflanzt. Nun hat Neufundland zwar nicht ein derart angenehmes Klima wie Hawaii oder Kalifornien; die ersten ausdauernden Touristen ließen sich jedoch bereits „anlocken". Sie waren bereit, für die Chance zu zahlen, Buckelwale aus nächster Nähe zu beobachten. Könnten mehr Leute angeregt werden, zu kommen, so würde sich daraus eine dringend nötige Einkommensquelle für die Fischergemeinschaften ergeben. Es wäre eine glückliche Änderung der Verhältnisse, wenn nach so vielen Jahren des Abschlachtens das neu-erwachte Interesse des Menschen an diesen wundervollen Kreaturen zur Sicherung ihrer Zukunft beitragen würde.

L. G.

DAS SCHIFFSWRACK

Unser kleines Tauchboot tanzte kräftig auf der bewegten Oberfläche der Whitesands-Bucht im südlichen Cornwall. Jede Wärme, die der helle Mai-Sonnenschein hätte bringen können, wurde von einer frischen Brise fortgefegt, die quer über den Eingang des Plymouth-Sundes und über den grünen Buckel von Rame Head fuhr. Als das bitterkalte Wasser unter meinen Tauchanzug kroch, bedauerte ich es doch sehr, daß wir diesen Film nicht – wie sonst fast die Regel – in einem warmen tropischen Paradies drehten. Kameramann Rodger Jackman fror genauso. Dabei hatten wir uns bewußt darauf geeinigt, die Sendung „Schiffswrack" hier zu drehen, um zu zeigen, daß in den seichten Küstengewässern um England das Unterwasserleben genau so üppig, farbenprächtig und vielfältig sein kann wie auf einem tropischen Korallenriff. Statt auf irgend einem unbekannten Felsen zu filmen, fanden wir es reizvoller, zu zeigen, wie dieselben Pflanzen und Tiere allmählich ein Schiffswrack besiedeln und es in ein künstliches Riff verwandeln, reich an Meeresbewohnern. Das Problem bestand nun darin, ein Wrack zu finden, das unbeschädigt genug war, damit man es noch erkennen konnte, und das den verschiedenen Meereslebewesen ausreichend Platz und Schutz bietet. Unter uns in 23 Meter Wassertiefe lag der rostige Rumpf der „James Egan Layne", eines amerikanischen Frachtschiffes, das von den Deutschen gegen Ende des Zweiten Weltkrieges torpediert worden war.

Damit sich Rodger auf die Makrofotografie und das Verhalten der „Objekte" im einzelnen konzentrieren konnte, hatte ich Peter Scoones mit seiner Assistentin Gill Lythgoe gebeten, für die Weitwinkel-Szenen unter Wasser zu sorgen. Peter ist ein Taucher und Meeresfotograf mit großer Erfahrung, bekannt auch für seine nicht zu bremsende Energie und Begeisterung. Auch jetzt gelang ihm wenigstens eine schöne Impression als Kostprobe, während wir nach unten paddelten, der Linie der Ankerkette folgend, in Dunkel und Stille dieser kalten, trüben Unterwasserwelt hinein.

Das Gefühl, auf dem Meeresboden ein Wrack zu entdecken, gleicht etwa dem, wie wenn man an einem Nebeltag plötzlich auf eine wunderschöne Kathedrale stößt. Die „James Egan Layne" zeichnete sich vor unseren Augen genau wie ein solches Gebäude ab, nur daß wir hier gewissermaßen auf Dachhöhe heranschwebten. Oberdeck und Reling des Schiffes waren mit einer wogenden Masse von verschiedenen Meeresalgen geschmückt. Die Algen wachsen in verschwenderischer Fülle nur auf diesen oberen Teilen in einer Tiefe von etwa 6 Metern; denn wie die Landpflanzen brauchen sie ausreichend Licht, um mit Hilfe der Photosynthese ihre Nahrung aufzubauen.

LINKS: *Die Umrisse der „James Egan Layne" zeichnen sich in der trüben See ab.*

GEGENÜBER: *Teppiche der Seeanemone* Corynactis viridis *schmücken Teile des Wracks.*

Es dauerte nicht lange, festzustellen, daß dieser Tangwald wahrscheinlich selbst schon genügend interessantes Material zum Filmen bieten würde, ohne daß wir uns an andere Stellen des Wracks wagen mußten.

Während wir durch die zähen, ledernen Stengel drangen, flitzten um uns Fische der Lippfisch-Familie – auch als „Wrack-Fische" bekannt –, die ihre Bootreviere verteidigten. Da gab es Lippenbarsche, Goldmaiden und – von allen am farbenprächtigsten – einen hellblauen männlichen Kuckucks-Lippfisch in voller Hochzeitsfärbung. Ein gewaltiger Schellfisch blieb aufmerksam, aber augenscheinlich furchtlos an unserer Seite, während ein großer Schwarm Kleindorsche *(Trisopterus luscus)* silbrig aufblitzte und sofort im klaffenden Laderaum verschwand. Wir beobachteten eine Seenadel, die bestens getarnt zwischen den Tangstreifen saß. Sie schwimmen oft aufrecht und lassen sich von der Strömung hin und her bewegen, so daß nur das Auge hinten an dem langen Maul und die kleine pulsierende Rückenflosse anzeigen, daß es sich nicht einfach nur um ein schwimmendes, wassergetränktes Holzstück handelt. Während wir über eine seepocken-verkrustete Winde hinwegschwebten, entdeckte ich eine leichte Bewegung am Ende eines gebrochenen Rohres. Bei genauerem Hinschauen war der Kopf eines plumpen, kleinen Fisches zu erkennen, der als Gestreifter Schleimfisch bezeichnet wird und über seinen Augen seltsame, blumenartige Fäden besitzt, die ihm einen ständig beleidigten Ausdruck verleihen. Noch vier andere Rohre waren je mit einem Schleimfisch besetzt, ein erfreuliches Beispiel dafür, wie ein Wrack eine Alternative für den natürlichen Lebensraum eines Tieres bieten kann – in diesem Falle wäre dies eine Spalte im Fels.

Peter Scoones freute sich über seine letzte Aufnahme: Er war mit seiner Kamera über den Tang hinweg geschwommen, dessen breite, braune Wedel fast ganz mit einem weißen, pelzähnlichen Bewuchs aus winzigen Tieren bedeckt waren, die dort in Kolonien leben. Das sind moosartige Hydropolypen *Obelia* und die flach ausgebreiteten Moostierchen *Membranipora* (Seerinde). Das zeigte deutlich, wie größere Pflanzen und Tiere wiederum neue Flächen für Kolonien von kleinen Lebewesen bilden können. Ein anderes Beispiel dafür lag vor uns: ein großes Bündel von Muscheln, das die Reste eines Lüftungsstutzens besiedelt hatte. Auf den Schalen wuchsen Seepocken, Anemonen, Hydropolypen, Seescheiden und winzige Röhrenwürmer. Dies alles waren Anzeichen für den harten Wettbewerb um Lebensraum – ein wichtiges Thema für unseren Film.

Wir wollten mehr entdecken und schwammen jetzt durch die Bugreling an den klippenähnlichen Seiten des Schiffes hinunter. Der Schiffsboden lag weitere 18 Meter tiefer in der Dunkelheit. Weil auf die verrosteten Seiten des Schiffsrumpfes wenig Licht fällt, werden dort die Meeresalgen von einer Mischung aus festsitzenden, pflanzenähnlichen Tieren abgelöst. Sie haben federartige Arme (wie die Plumulariden), Batterien von brennenden Polypen (wie die schönen Seefächer) oder klebrige Fangarme (wie die Anemonen), die sämtlich ihre Nahrung der vorbeiziehenden Strömung entnehmen. Das ganze Gebiet sah wie ein sorgfältig bepflanzter Garten aus. Wir trieben vorüber an den flaumigen Lagern gefiederter Anemonen in rosa und cremegelb und entlang an wuchernden, weißen Korallen, die im Englischen den makabren Namen „Finger eines toten Mannes" haben und im Deutschen „Meerhand" heißen. In 23 Meter Tiefe berührten wir schließlich den Meeresboden.

Rund um das Wrack der „James Egan Layne" erstreckte sich nach allen Richtungen eine gesichtslose und anscheinend öde Ebene aus Sand und zerbrochenen Muscheln. Aber es gibt auch Tiere, die hier existieren können. Verglichen jedoch mit der flammenden Vielfalt von Arten bei und auf dem Wrack, ist der Meeresgrund dort eine Wüste.

Wie eine Unterwasser-Oase ragt das Schiff gegen das blasse Grün der Meeresoberfläche. Jetzt, da wir die Fische als Schattenriß gegen das Licht sahen, wie sie durch die Löcher an den Seiten des Rumpfes hin und her schwammen, konnten wir uns eine Vorstellung von der großen Zahl von Lebewesen machen, die das Wrack zur Nahrungssuche und zum Schutz angezogen hat. Ein riesiger Schwarm von Bastardmakrelen wirbelte träge vor uns davon, als wir uns durch eine der Luken in den Bauch des Schiffes vorwärtsbewegten. Wo der Sand in den unteren Laderaum eingedrungen war, habe ich später die bizarren Umrisse eines großen Seeteufels entdeckt, der bewegungslos auf dem Boden lag, getarnt durch fleckige Hautlappen. Er gehört zu den Anglerfischen, die so heißen, weil sie auf der Nasenspitze eine „Angelrute" mit einem fleischigen Köder besitzen. Diesen bewegen die Fische, um damit andere Fische so weit in ihre Nähe zu locken, daß sie sie mit ihrem übergroßen Maul verschlingen können. Ein anderes, ziemlich verbreitetes, aber schwer zu filmendes Tier war der Gemeine Tintenfisch. Hier wollten wir vor allem zeigen, wie dieser Jäger, der ein vergleichsweise großes Gehirn hat, seine Beute anschleicht und fängt.

Das Bild einer Unterwasserkathedrale kam mir wieder in den Sinn, als wir durch das tiefe Dunkel des „Mittelschiffs" nach oben schwammen, wo die Rippen eines zerborstenen Deckabschnittes Strahlen „sich kräuselnden" Lichtes einließ. Wenn es irgend ging, haben wir bei unseren Unterwasseraufnahmen auf Lampen verzichtet. An neun von zehn Tagen war das aber nicht möglich; Lampen haben wir bei unserer Filmarbeit nur bei Nahaufnahmen von festsitzenden Pflanzen und Tieren benutzt.

Als wir nach dem ersten Erkundungs-Tauchgang an die Oberfläche zurückkehrten, war es eine Erleichterung, Vertrauen in unsere Ortswahl zu empfinden. In der Praxis lieferte die „James Egan Layne" zweifellos eine Vielfalt von Objekten, um sie vor faszinierendem Hintergrund zu filmen. Vieles zum Verhalten und manches an Einzelarbeit mit kleineren Arten wurde von Rodger Jackman in seinem Meeres-Studio in Paignton aufgenommen. Das bedeutete, es mußte im Freien, nahe dem Hafen, ein spezielles Seewasserbecken gebaut werden, in das die vielen Wrackteile und Tiere gebracht wurden, die bei etlichen Tauchgängen gesammelt worden waren. Wenn aufgrund all dieser Anstrengungen der fertige Film etwa nicht einen guten Eindruck vermittelte von der verblüffenden Vielfalt, Farbenfülle und Schönheit des Meereslebens auf einem britischen Riff, dann kann das nur unser Fehler sein; denn sofern Sie mit der Kälte und oft dürftigen Sichtweite fertigwerden, können Sie dies alles tatsächlich dort beobachten, nicht weit entfernt von den Ferienstränden.

Oft bedeckt ein pelzartiger Bewuchs von winzigen, in Kolonien lebenden Tieren die Seetang-Wedel auf dem Oberdeck. Im Vordergrund der moosartige Hydropolyp Obelia *und dahinter die Mosaikstruktur der Moostierchen* Membranipora *(Seerinde). Diese „statischen" Tiere fangen sich ihre Nahrung aus dem vorbeiströmenden Wasser.*

OBEN: *Peter Scoones filmt das dicht-gedrängte Tierleben, von dem die steilen Seiten der „James Egan Layne" überkrustet sind. In der Mitte des beleuchteten Bereichs ragt der Seefächer* Gorgonacea *hervor.*

RECHTS: *Der starke Kampf um den Raum zum Leben wird durch diese gedrängte Ansammlung von Tieren veranschaulicht. Seerosen wachsen auf einer Muschelschicht, umgeben von Seescheiden und Meerhand-Korallen.*

GEGENÜBER, OBEN: *Die Goldmaid* (Crenilabrus melops) *gehört zu den verschiedenen farbenprächtigen Lippfisch-Arten, die am Schiff häufig waren.*

GEGENÜBER, UNTEN: *Ein weiblicher Streifen-Lippfisch* (Labrus mixtus) *schwimmt zwischen rostigen Wrackteilen. Alle Streifen-Lippfische beginnen ihr Leben als hell orangefarbene Weibchen, einige verwandeln sich nach einigen Jahren in blaugestreifte Männchen.*

UNTEN: *Das Unterwasserleben in den flachen Meeren um die Britischen Inseln kann genauso farbenprächtig und vielfältig sein wie auf tropischen Korallenriffs.*

OBEN: Tubularia indivisa *– ein reizvoller Hydropolyp, der üppig auf dem Wrack wächst. Oft sehen Meerestiere wie Pflanzen aus, mit Fächern oder Fangarmen.*

LINKS: Alcyonium digitatum, *eine weiche Koralle, die in Orange, Weiß, Rosa und Gelb vorkommen kann und im Englischen den makabren Namen „Finger eines toten Mannes" trägt („Meerhand" im Deutschen). Hier sind die Nesselpolypen zum Nahrungserwerb ausgestreckt, so daß die „Finger" einen pelzigen Umriß haben. Unter der Meerhand in der Mitte ein Männchen des Seehasen* (Cyclopterus lumpus).

OBEN: *Ein Seeskorpion* (Myoxocephalus scorpius) *gibt ein Beispiel für eine fast vollkommene Tarnung. Diese Fische sind so schwer zu erkennen, daß man sie leicht mit der Hand berührt, ohne es zu wissen. Eine plötzliche Bewegung und ein Stich durch den Taucherhandschuh mit einem scharfen Rückenstachel sind die Antwort!*

LINKS: *Eine Kolonie der Seescheide* Clavelina lepadiformis: *Diese Tiere bewegen sich nicht fort; sie filtern ihre Nahrung aus dem Meerwasser heraus, das sie durch die große Öffnung oben einsaugen und aus einer kleinen Öffnung an der Seite wieder ausstoßen.*

OBEN: *Der Gemeine Tintenfisch* (Sepia officinalis) *mit einem großen Gehirn und sehr scharfen Augen, die ähnlich wie unsere gebaut sind. Seine Schale, die wir oft in unseren Wellensittichkäfigen haben, stützt den sackähnlichen Körper von innen. Durch seinen Flossensaum, zusammen mit dem Rückstoßprinzip des Trichters, ist er in der Lage, höchst präzise vorwärts und rückwärts zu manövrieren. Er kann Muster und Farbe seiner Haut so schnell verändern wie kein Tier sonst.*

GEGENÜBER: *Sich eher langsam bewegende Fische finden in den Laderäumen des Wracks Schutz und Nahrung. Ein Beispiel sind diese Kleindorsche der Art* Trisopterus luscus.

OBEN RECHTS: *Ein Gemeiner Tintenfisch – hier in Tarnfärbung – stürzt sich auf eine Garnele. Die beiden mittleren Fangarme schießen unter den übrigen hervor, um die Beute zu ergreifen.*

OBEN: *Ein Atlantischer Seeteufel* (Lophias piscatorius) *zuckt mit seiner „Angelrute" (einem abgewandelten Rükkenstrahl auf der Oberlippe), um kleine Fische anzulocken. Kommt einer nahe genug, wird das riesengroße Maul aufgerissen und die Beute eingesogen.*

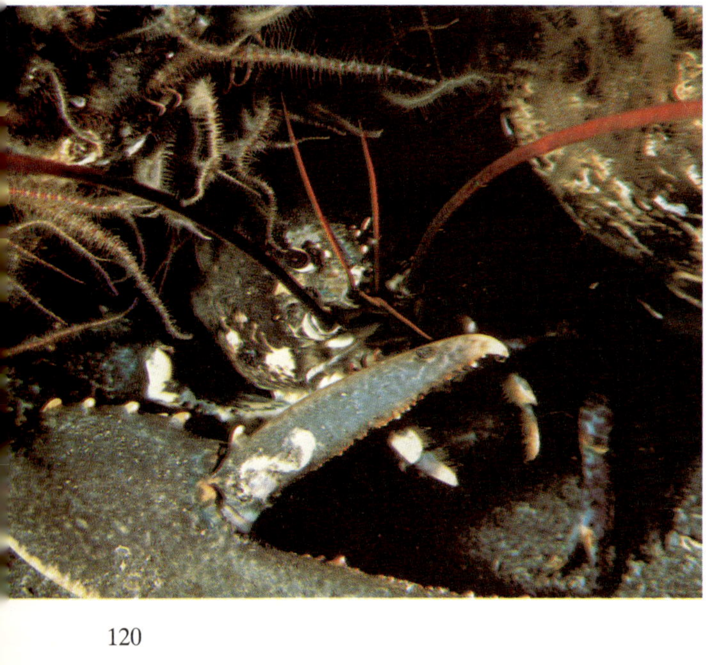

GEGENÜBER, OBEN: *Eine Gruppe von Schlangensternen* (Ophiothrix fragile) *hält ihre Arme in den Wasserstrom, um geeignete Nahrung zu entnehmen.*

GANZ LINKS: *Ein typischer Platz für einen Hummer* (Homarus gammarus), *in diesem Fall auch von Schlangensternen eingenommen. Die „James Egan Layne" bot mehrere solcher Stellen unter zerstörten Wrackteilen, wo die Hummer gerne Schutz suchen.*

LINKS: *Viele verschiedene Formen der Meeres-Nacktschnecken weiden auf den festsitzenden Tieren, die das Wrack überkrusten – hier die* Coryphella *(Fadenschnecke). Die weißen Spitzen ihrer Anhänge auf dem Rücken enthalten Nesselkapseln, die von Tieren stammen, die sie frißt – ein Verteidigungssystem aus zweiter Hand.*

OBEN: *Seesterne und Seeigel sind allgemein in britischen Gewässern verbreitete Raubtiere und Weidegänger. Hier ist der Sonnenstern* Solaster papposus *abgebildet.*

RECHTS: *Auch Unterwasserpflanzen werden gefressen. Hier raspelt eine Blaugebänderte Napfschnecke* (Patina pellucida) *an einem Tangwedel.*

Aus einem Interview mit dem Kameramann Maurice Tibbles

DER VOGEL, DER DIE US-MARINE SCHLUG

Maurice Tibbles.

Maurice Tibbles ist ein Naturkenner von besonderer Art. Er arbeitet als Kameramann in der freien Natur und gehört zu einem international bekannten Team, das an verschiedenen Programmen mitgearbeitet hat, so unter anderem an den Fernsehreihen „Das Leben auf unserer Erde" („Life on Earth") oder auch an der BBC-Reihe, die in diesem Buch dokumentiert wird. Damit gehört er zu einem kleinen und exklusiven Bereich von Spezialisten, deren Beruf hohe Kunstfertigkeit erfordert und manchmal ziemlich gefährlich ist. In seiner ruhigen, gar nicht anmaßenden, und sanften Art ist er das genaue Gegenteil dessen, was man von einem ehemaligen Zeitungs-Fotografen erwartet, der 14 Jahre für die englische Zeitung „Daily Mirror" gearbeitet hat, dabei die ganze Königliche Familie aufnahm, mit den „Red Arrows" der britischen Luftwaffe halsbrecherische Flugvorführungen mitflog, mit den Beatles auf Tournee ging und im Krieg in Vietnam war.

Er wurde 1935 geboren, sein Vater war Gärtner, seine Mutter Köchin in einem großen Haus. Er ist auf dem Lande im Westen Englands groß geworden, und das hat ihn schon früh geprägt. Das Fernsehen steckte noch in den Kinderschuhen, und die Kinder schufen sich ihre eigene Unterhaltung. Neben dem Cricketspielen war es üblich, daß man als Junge Vogeleier sammelte. Im Gegensatz zu den anderen Jungen hörte bei Tibbles das Interesse an Vögeln nicht auf, nachdem er eine Schachtel voll farbiger Eier gesammelt hatte. Die Naturkunde wurde zu einer Besessenheit.

Er verbrachte Tage damit, Moorhühner zu beobachten und Ansitze zu bauen, von denen er die Eulen auf Bauernhöfen beobachtete. Seine Freunde hielten ihn für etwas seltsam, wenn er nicht kommen wollte, um mit ihnen auf der Straße mit einer Konservendose herumzubolzen. Aber im Alter von neun Jahren zeigte er es ihnen: Er schrieb ein Buch über die Naturkunde des Dorfteiches. Später wurde es als Schulbuch veröffentlicht – mit seinen Abbildungen.

Doch bei allem Interesse gab es damals keine Möglichkeit, sich mit Naturkunde seinen Lebensunterhalt zu verdienen. Als er mit 15 die Schule verließ, wurde er deshalb zunächst einmal Wildhüter-Lehrling. Die Lehre dauerte 18 Monate. Er züchtete gern Fasanen heran, weil er dadurch viel Zeit im Freien verbringen konnte; aber als die Tiere schließlich abgeschossen werden sollten, gab er seinen Beruf auf und ging mit 17 zur Luftwaffe.

Nach seiner Zeit bei der Luftwaffe kehrte er nach England zurück und wurde Fotograf beim „Evening Telegraph". Er besaß damals bereits eine Kodak Retina sowie eine Rolleiflex, die er in einem zollfreien Hafengebiet gekauft hatte. Da er meinte, wenn er schon Fotograf sein wollte, dann müßte er auch wie einer aussehen, kaufte er sich noch eine große Profi-Kamera hinzu.

Im ungewöhnlich jungen Alter von 23 Jahren wurde er von der Londoner Zeitung „Daily Mirror" übernommen. Die meisten Journalisten mußten 10 Jahre oder noch länger an Lokalblättern verbringen, bis sie so weit kamen. Tibbles fühlte sich in seiner neuen Umgebung verunsichert; denn wenn er zu einem Fototermin in London ging, war immerhin die

Kuckuck, der sein Ei in ein Teichrohrsänger-Nest legt.

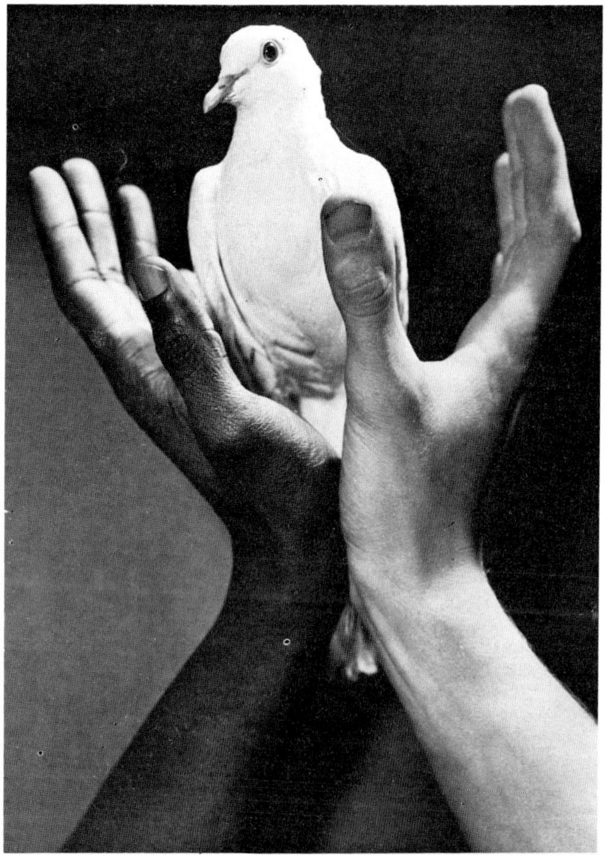

Das preisgekrönte Foto aus dem Daily Mirror.

gesamte Elite der Fotojournalisten versammelt. Aber eines bemerkte er: Bei all ihrer Erfahrung neigten diese Fotografen dazu, immer wieder dasselbe Bild aufzunehmen. Weil er noch ein bißchen naiv war und oft nicht hinterherkam, machte er seine Aufnahmen erst, wenn die anderen bereits abgezogen waren. Dabei hat er dann oft die interessantesten Fotos gemacht. Der Unterschied besteht nach seiner Meinung darin, daß er Fotograf sei, der bei der Zeitung arbeitet, während die anderen meist Zeitungsleute seien, die Bilder aufnehmen.

Aus diesem Grunde ist er auch am stolzesten auf ein Foto, für das er zwei Jahre Vorbereitung brauchte. Es zeigt einen Kuckuck, der gerade sein Ei in ein Teichrohrsänger-Nest legt. Tibbles hatte sich in der langen Vorbereitungszeit genug Wissen über diesen Vogel angeeignet, um voraussagen zu können, wie dieser sich verhalten würde. Ausgezeichnet zum Fotografen des Jahres des „Daily Mirror" wurde Tibbles verdientermaßen jedoch für ein Foto, das eine schwarze und eine weiße Hand zeigt, die eine Taube halten.

Während er als Reporter im Fernen Osten war, infizierte sich Tibbles mit dem Japanischen Flußfieber und wurde derart krank, daß er nach England zurückgeflogen werden mußte. In dieser Zeit wurde ihm klar, daß er das tun müsse, was er im Leben tun *wollte.* Als er noch Berufsfotograf war, hatte er das Filmen bereits zu seinem Hobby gemacht. Tibbles drehte sein erstes Stück Naturfilm 1961. Es war noch in schwarz/weiß. Tibbles machte auch – in seiner Freizeit – einen Film über den Kibitz, und 1972 wurde ihm schließlich eine Stelle als Leitender Kameramann bei der Naturgeschichtlichen Abteilung der BBC angeboten.

Das Drehen von Naturfilmen unterscheidet sich völlig von jeder anderen Filmarbeit. Das beginnt schon mit der Größe des Teams. Je größer die

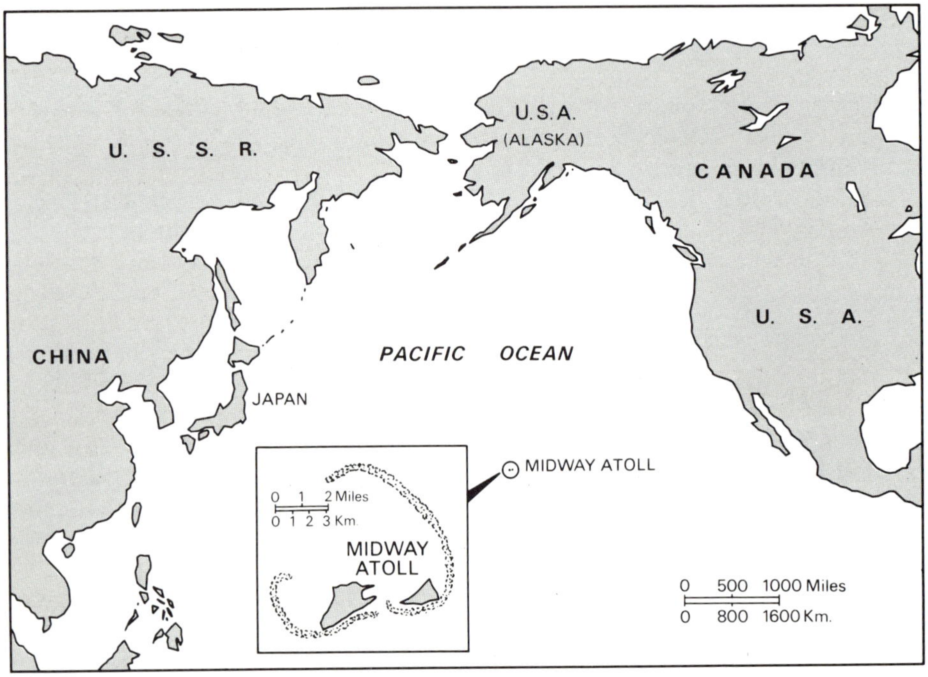

Am Midway-Atoll.

Filmmannschaft hier ist, um so weniger wird sie natürliches Verhalten von Tieren einfangen können. Deshalb arbeitet Tibbles meist allein oder nur mit einem Assistenten. Er verwendet ähnliche Kameras wie andere Dokumentarfilmer, aber mit einer größeren Auswahl an Objektiven. Tibbles erinnert sich noch, wie er einen Film in Afrika drehte, in dem Szenen mit Termiten vorkommen sollten, die die Größe eines Stecknadelkopfes haben. Diese Art von Film dreht man gewöhnlich mit einem Mikroskop unter kontrollierten Bedingungen. Tibbles aber mußte „zaubern", nämlich eine Ausrüstung dazu herrichten, mit der er eine Woche vorher Elefanten gefilmt hatte.

Spezialdarstellungen gehören zum Alltag. Für einen Film über Kaninchen stellte Tibbles einen Bau her, mit dem er eine Verfolgungsszene unter der Erde hinter einem Kaninchen filmte, die auf normalem Wege nicht zu filmen war. Sehr oft hat er vier oder fünf Projekte nebeneinanderlaufen, weil er jeweils auf die geeigneten Bedingungen wartet.

Tibbles meint, daß es Vorteile hat, wenn man auf dem Lande aufgewachsen ist und anschließend die Tricks der Pressearbeit gelernt hat. Bevor er einen Film dreht, liest er sehr viel und wird dadurch fast zu einem Experten für den jeweiligen Gegenstand. Akademisch geschult ist er hingegen nicht. Das gleicht er jedoch durch seine große Erfahrung aus. Beim Filmen in der freien Natur ist nämlich schon alles halb gewonnen, wenn man die richtigen Vorahnungen hat. Damit die Kamera zum richtigen Zeitpunkt am richtigen Ort läuft, kommt es darauf an, die Signale zu kennen, die z. B. zum Werbeverhalten bei einem Tier führen.

Eine Wiederholungsmöglichkeit hat man bei dieser Art von Filmarbeit gewöhnlich nicht. Tibbles erinnert sich, daß eines seiner ersten Pressefotos Winston Churchill beim Füttern von Hirschen in einem Park zeigt. Unerfahren wie er war, bat Tibbles ihn zu posieren. Churchill machte weiter wie bisher: „Sie müssen lernen, ihre Bilder im Sprung aufzunehmen, junger Mann."

Ein überaus erfolgreiches Beispiel für diese Devise sollte Tibbles Film über die Laysan-Albatrosse werden: „Der Vogel, der die US-Marine schlug". Er wurde auf den Midway-Inseln gedreht, einem kleinen Atoll mitten im Pazifik. Das war früher einmal ein sehr friedlicher Ort. 1942 war er Schauplatz einer der heftigsten Schlachten der USA mit der japanischen Marine, die den Verlauf des Krieges im Pazifik entscheidend veränderte. Noch heute ist das Atoll ein wichtiger US-Stützpunkt.

Als Tibbles dort ankam, war sein erster Eindruck der von einem gigantischen Vogelkäfig voll mit „Dis-

Balz des Laysan-Albatros.

LINKS: *Das Insel-Maskottchen.*

GEGENÜBER, OBEN: *Laysan-Albatros mit einer Flügelspannweite von 1,80 m.*

RECHTS: *Altvogel mit Jungtier.*

ney-Vögeln". Die ganze Inselfläche war mit Abertausenden von großen, drolligen Vögeln bedeckt. Derselbe Vogel war von den Offizieren von Midway zum Inselmaskottchen gemacht worden, mit Abzeichen, T-Shirts und Plastikfiguren. Hier waren also alle Elemente für eine Geschichte mit Humor und viel „Action" versammelt.

Korrekt wird dieser Vogel als Laysan-Albatros bezeichnet. Er ist ein eleganter Flieger mit einer Flügelspannweite von ca. 1,80 m. Ist der Albatros aber erst einmal gelandet – oft tolpatschig, zu schnell, oder sogar auf die Nase fallend – wirkt er wie ein trotteliger, plumper Clown, etwa 90 cm groß.

Im Amerikanischen wird er deshalb „Gooney" genannt, was soviel wie Einfaltspinsel oder Tolpatsch bedeutet. Dieser Tolpatsch-Vogel ist ein seltenes Tier, das nur auf der nordwestlichen Kette der Hawaii-Inseln brütet, wo es für die Jungen passende Nahrung gibt. Das Midway-Atoll teilen sich heute Zehntausende von Albatrossen und Tausende von Angehörigen der US-Marine.

Und davon handelt auch unsere Geschichte. Das Atoll liegt fast genau in der Mitte zwischen Wladiwo-

USN
NAVSTA MIDWAY
GAME WARDEN
JAMES M. BRADLEY

stok an der Ostküste Asiens und Los Angeles an der Westküste Amerikas. Die Amerikaner besitzen dort einen wichtigen Flugplatz. Die russischen Schiffe, die die Aktivitäten auf Midway beobachten, erweisen sich als weitaus geringere Gefahr für die Amerikaner als die etwa 4 kg schweren Albatrosse, die immer wieder von den Turbinen der Düsenflugzeuge angesaugt werden. Eine Zeitlang gab es pro Jahr fast 500 „Luftkämpfe" mit diesen Vögeln über Midway. Zunächst schossen die Amerikaner Leuchtkugeln ab, um die Albatrosse zu vertreiben. Dann sprengten sie mit Nägeln gefüllte Mülltonnen. Und schließlich wurde die Marineinfanterie beauftragt, Minen zu legen. Einige Albatrosse starben, einige wenige zogen davon – und um so mehr kamen zurück, um zu brüten. Midway blieb Insel der Tolpatsch-Vögel.

Heute leben die Albatrosse friedlich mit der Marine zusammen, weil diese aufgegeben und sich mit den Vögeln arrangiert hat. Jede Person, die auf Midway stationiert werden soll, bekommt im voraus ein Päckchen mit Fotos von den Vögeln und der Insel, so daß die Seeleute Bescheid wissen, was sie von den beharrlichen Vögeln zu erwarten haben. Als einmal eine Kapelle auf einem bestimmten Nistplatz der Albatrosse errichtet wurde, baute der Vogel sein Nest noch einmal „in" der Kirche, an derselben Stelle wie vorher. Midway hat den einzigen Wildhüter, der auf der Gehaltsliste der US-Marine steht. Er ist mit der Aufgabe betraut, auf die Albatrosse aufzupassen. Nur auf dem Flugplatz leben die Menschen und die Vögel noch im Konflikt. Vor dem Start sammelt die Bodenmannschaft die Albatrosse von der Piste und fährt sie in Lastwagen fort. Auf den Straßen stehen spezielle Verkehrsschilder, die zum Langsamfahren auffordern. Den Tolpatsch-Vögeln scheint ihre eigene Sicherheit völlig gleichgültig zu sein; sie rühren sich nicht von der Stelle.

Die ganze Nacht ist vom Geräusch der Albatrosse erfüllt: einem Schnabelklappern mit anschließendem Heulen. Schließlich scheint die Masse der Vögel (man denke an den berühmten Hitchcock-Film) auch ihren psychischen Zoll zu fordern. Tibbles erzählt von einem Offizier, der in Arrest kam, nachdem er durchdrehte und etwa 30 Albatrosse mit seinem Messer erstochen hatte.

Die meisten Leute auf Midway jedoch mögen die Tolpatsch-Vögel. Man hat fast den Eindruck, daß die Albatrosse das einzige seien, worum man sich auf der Insel kümmert. Wenn der erste Albatros zurückkehrt, um einen Partner zu finden – manchmal nach einer Reise von 6400 Kilometern –, geben die Besitzer des Hauses in der Nähe eine Party. Und da die Vögel bis zu 50 Jahre alt werden können, ist die Treue solcher Leute zum eigenen Albatros eine sehr

GEGENÜBER, OBEN: *James M. Bradley, der Wildhüter.*

GEGENÜBER, UNTEN: *Küken der Australischen Seeschwalbe.*

RECHTS: *Der Flugplatz, wo die „Tolpatschvögel" und der Mensch noch im Konflikt sind.*

OBEN: *Bei der Balz der Albatrosse.*

LINKS: *Abwehrangriff der Rußseeschwalben.*

GEGENÜBER: *Ein heranwachsender Laysan-Albatros.*

dauerhafte Sache. Die Kinder haben keine Teddybären, sondern spielen mit kuscheligen Spielzeug-Vögeln. Außerdem dürfte Midway die einzige Golfanlage der Welt besitzen, wo ein Albatros als Golfhindernis anerkannt wird. Die Golfbälle, die der Klub austeilt, sind mit einem Bild von dem Vogel bestempelt: dem Wahrzeichen von Midway – dem „Tolpatschvogel", der die US-Marine schlug.

Nicht alle Filme von Tibbles entstanden in solch exotischen Gegenden wie Midway. Als er um einen weiteren Beitrag zu „Wildlife on One" gebeten wurde, sagte Tibbles im Scherz, es müßte dann über ein Objekt sein, das er zwischen den Reisen zu Hause einschieben könnte, wie etwa Goldfische. Die BBC nahm das ernst, und es kam zu einem weiteren faszinierenden Film. Tibbles erzählt begeistert davon, wie er ein Mikrofon mit Gummi umgab, es in das Becken hinabließ und den Goldfisch ärgerte. „Er schrie", sagt Tibbles „wie eine Katze."

Tibbles wohnt in Devon auf einem siebeneinhalb Hektar großen Stück Land mit Füchsen, Schleiereulen, einem See und allen möglichen Arten von Wildtieren. Er meint, „man muß dicht an der Natur leben, wenn man über Naturkunde arbeiten will". Schon der Gedanke, in eine Großstadt zu fahren, treibt ihm den Schweiß auf die Stirn. Er fürchtet, daß die Welt sich in einen Beton-Dschungel verwandeln könnte, in dem die Leute ihre Sehnsucht nach der Natur mit alten Filmen befriedigen. Er ist stolz auf seinen Beitrag zu einer Sendung über Elefanten-Wilderei in Kenia, die zu einem Verbot des Verkaufs von Elfenbein führte. Im Jahr 1974 filmte er einen Vogel, der „Oo-Oo Aa-Aa" genannt wird. Damals gab es nur noch zwei Exemplare, und inzwischen ist er ausgestorben.

Tibbles Hauptziel ist natürlich, zu unterhalten. Er erkennt die Notwendigkeit an, das Publikum zu „packen." Diese Unterhalter-Funktion ist es, die Naturfilmer wie Tibbles dazu gebracht hat, nach Wegen zu suchen, ein Stück Verhalten zum ersten Mal einzufangen oder ihm noch dramatischere Filmmeter abzugewinnen. Das erklärt die Notwendigkeit der mit Argwohn betrachteten Technik beim Naturfilm, dem künstlichen oder kontrollierten Szenenaufbau. Gibt es keine Möglichkeit, z. B. die Geburt eines Wildkaninchens zu filmen, so wird ein Bau hergerichtet und dann unter kontrollierten Bedingungen gefilmt. Auf diese Weise können die Kameraleute gute Bilder bekommen, ohne die Situation im Freiland zu stören. Tibbles ist sich der Gefahren von Naturfilmen bewußt; manchmal vermitteln sie ein idealisiertes Bild vom Freilandleben, so daß Touristen in Tansania sich dann beklagen, wenn nicht genug Löwen auf Zebras springen.

Im Jahre 1979 hat die Britische Akademie für Film- und Fernseh-Kunst an Tibbles den Titel „Film-Kameramann des Jahres" verliehen, eine Entsprechung zum amerikanischen Oscar. Als er nach den großartigsten Augenblicken in seinem Leben gefragt wurde, war die Antwort: „In einem Versteck zu sitzen und zu beobachten, wie eine Schleiereule hereinkommt, ihr so nahe zu sein und zu wissen, daß es ein Privileg ist. Als ich einen Wanderfalken für die BBC filmte und das Weibchen zum ersten Mal ein Schottisches Schneehuhn als Nahrung heranbrachte, bediente ich beinahe nicht die Kamera." Seine Gabe ist es, diese Liebe und das Verständnis für die Natur Millionen von Menschen in der ganzen Welt zu vermitteln.

Sebastian Cody

ABERTAUSEND TÖLPEL

Die Geschichte des Bass-Tölpels *Sula bassana,* des größten und eindrucksvollsten Seevogels der britischen Inseln, steht in erfrischendem Gegensatz zu den vielen traurigen Berichten von der Ausrottung von Tierarten. Seit der Jahrhundertwende hat sich die Zahl der Bass-Tölpel auf unseren Meeren stark erhöht, und zwar jedes Jahr um etwa 3 Prozent. England hat den größten Anteil am Bass-Tölpel-Bestand und die größte einzelne Tölpel-Kolonie der Welt mit über 50.000 Nestern.

Bass-Tölpel sind Klippenbrüter, und nirgends sind sie in einer solchen Überfülle zu sehen wie auf den Felsenspitzen Stac Lee und Stac an Armin, die westlich von Nordengland im Ozean liegen. Diese Klippen sind ein Wallfahrtsort für alle, die von Seevögeln fasziniert sind. Ich habe eine unvergeßliche Erinnerung an Kameramann Hugh Miles, wie er in einiger Entfernung von mir an den Boreray-Klippen oben auf einem Stützpfeiler, einige hundert Meter über dem Meer, stand und filmte; er zeichnete sich gegen die weiße Felsspitze ab und schien den Abgrund unter sich vergessen zu haben. Der ungeheure Maßstab solcher Szenen widersetzt sich der Übertragung auf den kleinen Bildschirm.

Auf der Insel St. Kilda, wo diese Klippen liegen, muß man Bergsteiger sein, um zu den Tölpeln zu gelangen. Aber es gibt auch Inseln, wo die Vögel alle verfügbaren Vorsprünge und dann auch die flacheren Stellen auf den Felsen besetzt haben. Hier können sich Vogelkundler und Kameraleute etwas leichter einen Einblick in das Familienleben der Bass-Tölpel verschaffen. Der Bass-Rock (von dem der Bass-Tölpel seinen Namen hat) ist eine Insel im Firth of Forth und auch ein Ort der schottischen Geschichte. Einst war er eine Siedlung, dann Festung, schließlich Gefängnis, und heute gibt es dort ein Leuchtfeuer. Jahrhundertelang wurden die Schauspiele von Glaube, Hoffnung und Grausamkeit des Menschen hier vor dem Hintergrund der Tölpel aufgeführt, die blendend weiß auf ihren mit Guano übertünchten Felsen sitzen. Eine alte Beschreibung lautet: „Nichts gibt es auf diesem Felsen, das man nicht voller Bewunderung und Staunen wahrnimmt; dazu gehört auch eine große Fülle von Solan-Gänsen . . .“ Solan-Gans (mit ähnlichen Varianten) ist ein alter Name für den Bass-Tölpel, der im nördlichen Schottland noch verwendet wird (vgl. auch den wissenschaftlichen Namen „Sula“ – Anm. des Übers.). „Gans“ ist natürlich unpassend, weil es sich nicht um eine Gans handelt, „Solan“ aber erweckt in mir die Vorstellung der nördlichen Inseln, wo meine Shetland-Freunde den Namen stets verwenden.

LINKS: *Der Brutplatz ist der Brennpunkt des Bass-Tölpel-Lebens.*

GEGENÜBER: *Die wichtigsten Brutplätze der Bass-Tölpel.*

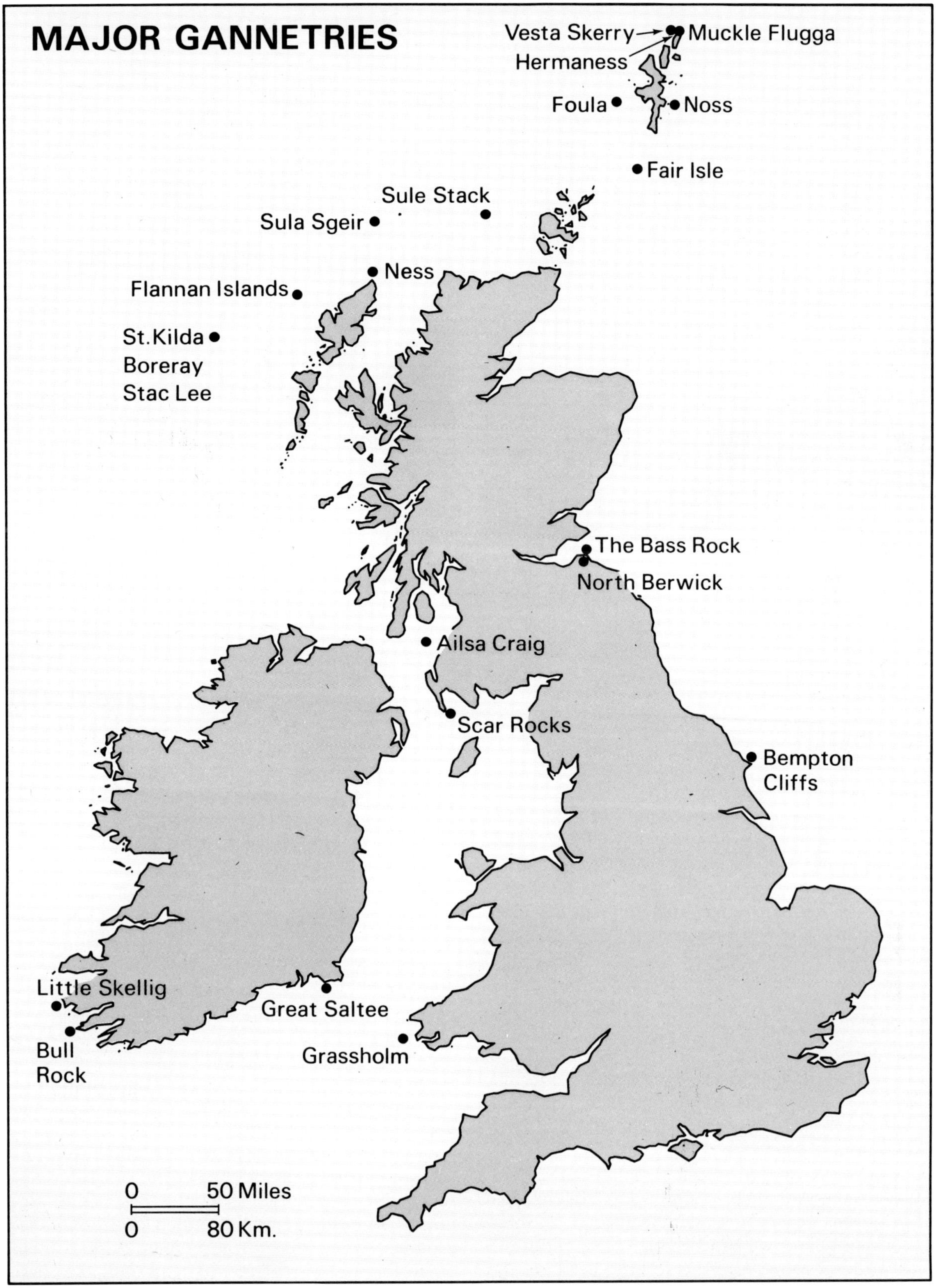
MAJOR GANNETRIES
Vesta Skerry
Muckle Flugga
Hermaness
Foula
Noss
Fair Isle
Sule Stack
Sula Sgeir
Ness
Flannan Islands
St.Kilda
Boreray
Stac Lee
The Bass Rock
North Berwick
Ailsa Craig
Scar Rocks
Bempton Cliffs
Little Skellig
Great Saltee
Bull Rock
Grassholm
0 50 Miles
0 80 Km.

Die Bass-Vogelfelsen nimmt man wahr, lange bevor das Boot sich ihnen genähert hat. Ein beißender Geruch treibt mit dem Wind heran, begleitet von einer lauten Kakophonie, die in Wogen auf- und abschwillt, je nachdem, ob die Erregung der Vögel wächst oder schwindet. Der Felsen übt eine große Anziehungskraft auf die Tölpel aus, und obgleich er im Winter mehr oder weniger leer ist, befinden sich viele von ihnen nicht weit entfernt in der Nordsee und kehren beim ersten Anzeichen des Frühlings sofort zurück. Bald ist der Vogelfelsen von seinen eigentlichen Besitzern erfüllt, die selbstsicher heranfliegen und lautstark ihre Anwesenheit verkünden.

Die meisten von ihnen halten denselben Platz über Jahre hinweg besetzt. Jeder Ankömmling, der nicht in passender Weise auf ihr auffälliges Begrüßungssignal antwortet, wird sehr ruppig empfangen. Die selbstsicheren Besitzer zögern nicht, kräftig zu hakken. Die überraschte Reaktion auf einen solchen Empfang wäre normalerweise, daß sie rückwärts von dem freien Sims herunterpurzeln und sich verwirrt in einen Gleitflug fallen lassen, doch auf den überfüllten Galerien ist eine leichte Flucht oft nicht möglich; der Angreifer stößt beharrlich nach, und die nächsten Nachbarn schließen sich womöglich an. Oft blutige Kämpfe sind kennzeichnend für die Bass-Tölpel, so ungewöhnlich sie unter den Vögeln sonst sind. Und das erschwert es den Weibchen, zu ihren Partnern zu gelangen. Ein raffiniertes wechselseitiges Begrüßungsritual ist erforderlich, bei dem das Weibchen viele Hiebe auf seinen abgewandten Kopf einsteckt, bevor ein Paar in Frieden ein Nest teilen kann. Hat es dies erst erreicht, ist das Weibchen genau so stark und engagiert bei der Verteidigung wie das Männchen.

Ein Jahr, bevor wir mit der Filmarbeit begannen, flog ich über die walisische Insel Grassholm hinweg und machte senkrecht von oben Aufnahmen von den Tölpel-Nistplätzen. Auf den Bildern konnte man die Nester zählen. In Grassholm ist das möglich, weil die Felsen flach sind und die meisten Vögel auf von oben einsehbaren Hängen nisten. Auffällig ist, wie regelmäßig die Nester verteilt sind: Reihe für Reihe im immer gleichen Abstand voneinander, und zwar mit dem kleinstmöglichen Abstand, der der Reichweite von zwei vorgestreckten Schnäbeln entspricht.

Schwärme von Heringen, Makrelen, Sprotten und ähnlichen Fischen des Atlantiks und der Nordsee bilden reiche Futterquellen für jeden Vogel, der sie erreichen kann. Für Vögel, die nur an der Wasseroberfläche fischen, schwimmen sie aber zu tief. Die Bass-Tölpel weisen nun die Körperstrukturen und Verhaltensweisen auf, mit deren Hilfe sie diese ökologische Nische nutzen können: Sie haben eine vollendete Fähigkeit im Stoßtauchen entwickelt. Es ist schon eindrucksvoll zu sehen, wie ein ruhig daherfliegender Tölpel unter sich einen Fisch entdeckt und ihn im Sturzflug aufnimmt. Noch eindrucksvoller ist es aber, wenn eine Gruppe von Bass-Tölpeln in einen Fischschwarm hineintaucht. Zunächst flattern

GEGENÜBER, LINKS: *Brutplätze auf dem Bass Rock.*

GEGENÜBER, RECHTS: *Der Biß ins Genick ist eine wichtige Form der sexuellen Anregung.*

RECHTS: *Der Grassholm-Vogelfelsen.*

UNTEN LINKS: *Die Flügelspannweite der Baßtölpel beträgt fast zwei Meter.*

UNTEN RECHTS: *Wie in Faltenwürfen und Girlanden überziehen die Baßtölpel die Klippen.*

sie hastig mit den Flügeln, um das Ziel noch genauer anzupeilen. Dann stürzen sie plötzlich senkrecht auf die Wasseroberfläche zu. Kurz bevor sie ins Wasser eindringen, legen sie die Flügel pfeilförmig nach hinten.

Vögel verbringen den größten Teil ihres Lebens damit, gegen die Schwerkraft zu arbeiten. Beim Tauchen aber wird sie vom Tölpel genutzt, um die Geschwindigkeit zu erhöhen und das Wasser möglichst weit zu durchdringen. Die Tauchgeschwindigkeit kann 100 Kilometer in der Stunde betragen. Um bei dieser hohen Geschwindigkeit Verletzungen zu vermeiden und das Vordringen in die Tiefe zu erleichtern, sind die Vögel vollendet stromlinienförmig gebildet und durch Luftsäcke abgepolstert, damit die Stoßkräfte verringert werden und das Eindringen ins Wasser möglichst sanft verläuft. Unter Wasser schwimmen sie mit halbgeschlossenen Flügeln.

Den Tauchvorgang wollte ich sowohl von oben wie auch unter Wasser filmen lassen. Dabei stellten wir uns vor allem die Frage, wie gefährlich es für Taucher und Kameramann sein könnte; man stelle sich diese stahlharten Schnäbel vor, wie sie sich auf die Kamera stürzen. Aber diese Sorge hätten wir uns gar nicht zu machen brauchen. Als Peter Scoones von Bord unseres Bootes ins Meer stieg, gaben alle Bass-Tölpel das Tauchen auf. Vorher noch hatten sie unsere Makrelen mit Begeisterung gefressen, die wir als Köder ausgesetzt hatten. Aber wenn man genauer darüber nachdenkt, ist es ja auch ganz einleuchtend: Ein Vogel, der einen Hering klar erken-

Hermaness, Shetlands.

nen kann, sieht natürlich auch einen Taucher in seinem Tauchanzug. Auch der Tölpel läßt sich nicht übertölpeln.

Das Fleisch und die Eier der Bass-Tölpel waren früher eine wichtige Nahrungsquelle für die Inselbewohner. Wo immer die Nistplätze zugänglich waren, wurden sie gejagt. Diese Tradition hat sich auf den Hebriden bis heute erhalten. Erst 1930 wurden die Bewohner von St. Kilda gezwungen, ihre Ernährungsweise zu ändern, die sich bis dahin auf Eissturmvögel, Papageientaucher und Bass-Tölpel gegründet hatte. Diese Initiative der Naturschützer hat bewirkt, daß die Tölpel prächtig gedeihen. Nur auf dem entlegenen Felsen Sula Sgeir, nordwestlich von Cape Wrath draußen im Atlantik werden Ausnahmegenehmigungen für die Jagd auf Tölpel erteilt. Die Shetland-Inseln wurden erst in neuerer Zeit von Bass-Tölpeln besiedelt. Dieser nördlichste Teil der Britischen Inseln wird allerdings auch von der Großen Raubmöwe (Skua) bewohnt, die die Einheimischen „Bonxie" nennen. Diese Raubmöwen sind durchaus fähig, für sich selbst zu sorgen; sie neigen aber dazu, zum Seeräuber zu werden. Kurz vor den Klippen von Hermaness und Vesta Skerry fliegen sie die Einflugschneisen der Tölpel ab und warten auf die Meertaucher, die ihren unersättlichen Jungen Fisch bringen. Die anschließende Verfolgungsjagd ist dann ein Schauspiel der Kunstfertigkeit im Fliegen und im Ergebnis keineswegs einseitig. Ab und zu gibt ein Tölpel dem Verfolger nach und läßt ein oder zwei Fische fallen. Nicht selten aber hat er überhaupt keinen, oder er kann mit einem leichten Fang seinem Verfolger entfliehen, bis die Raubmöwe ermüdet ist und den Angriff abbricht. Auch solche Vorgänge konnten wir filmen.

Jeder, der zum Bass-Rock fährt, kennt Fred Marr aus Nord-Berwick. Drei Generationen der Marr-Familie haben im Firth of Forth Hummer gefischt und als Bootsführer gearbeitet. Während des Sommers kutschieren sie um die Felsen Bootsladungen von Ferienbesuchern, die Freds Erläuterungen über die Seevögel lauschen, bevor man landet und über die Grasbüschel an den Rand der „Tölpel-Stadt" stolpert.

Aber das läßt sich nur durchführen, wenn die Küken schon geschlüpft sind. Es ist immer nur eines pro Nest. Ihre flauschigen Daunen wechseln später in das schwarz gesprenkelte Jugendgefieder über, das sie zu „häßlichen Entlein" macht. Sie brauchen fünf Jahre, bis sie das reine Weiß ihrer Eltern bekommen. Der Flug vom Brutfelsen ist eine Prüfungszeit. Für einige geht es nur darum, genug Entschlußkraft zum Springen aufzubringen. Andere haben nicht so viel Glück; sie müssen das Spießrutenlaufen zwischen zustechenden Schnäbeln durchstehen, bevor sie überhaupt einen Absprungplatz erreichen können. Da mag es schon wie eine Erleich-

terung sein, einfach loszufliegen. So ein junger Vogel kann nur etwa anderthalb Kilometer weit fliegen, weil er durch die angefressene Fettreserve noch zu schwer ist. Er plumpst dann herunter und kommt erst wieder nach oben, wenn er von diesem Fett etwas verbraucht hat. Er hat nicht allzu viel Zeit, sich an das Meer zu gewöhnen. Bald muß er sich wieder emporschwingen, das Fischen lernen und zu den wärmeren Gewässern bei Nordafrika davonziehen. Das eindrucksvollste Schauspiel auf dem Bass-Felsen war für mich der geballte Abflug der Vögel. Der Schwarm bestand hauptsächlich aus jungen Bass-Tölpeln und solchen, die noch keinen Nistplatz erobern konnten. Sie versammeln sich auf den äußersten Rändern der Brutfläche und fliegen von Zeit zu Zeit alle gleichzeitig los. Der Himmel ist dann voller Vögel, die über dem Meer kreisen und die Klippen umstreichen. Andere ziehen über der Brandung der Felsen ihre Runden oder drehen ab, um in einem Fischschwarm zu jagen.

DIE RÜCKKEHR DES SEEADLERS

Vor zweihundert Jahren noch war die scharfe Silhouette des weißschwänzigen Seeadlers ein vertrauter Anblick an den Küsten von Irland und Schottland. Mit seiner Flügelspannweite von über zwei Metern (sie ist damit größer als die des Steinadlers) war er Englands größter Greifvogel. Doch wo immer dieser wundervolle, kräftige Flugjäger gelebt hat – von Island bis nach Japan und von der Tundra bis an die Mittelmeerküsten – wurde er von den Bauern und den Fischern verfolgt, die in ihm immer nur den Nahrungskonkurrenten gesehen haben. In England war diese Verfolgung der Seeadler so wirksam, daß bereits 1916 nur noch ein einziges Tier übrig war. Es sah damals so aus, als würde dieser imposante Vogel für immer verschwinden. Aber zum Glück hat sich die Haltung der Menschen gegenüber den Greifvögeln gändert. Sie werden nicht mehr als Killer angesehen, die ausgerottet werden müssen. Dank der Mithilfe von Naturschützern in Norwegen und Deutschland, wo der Adler noch brütet, kann wohl demnächst der weißschwänzige Seeadler auch über Englands Küsten wieder jagen.

Die Geschichte von der Rückkehr der Seeadler beginnt in Norwegen, wo noch ihr größter Bestand der Welt existiert. An der von Fjorden durchschnittenen norwegischen Küstenlinie sind es noch 500 bis 600 Paare – etwa Dreiviertel des Gesamtbestandes in Europa. Aber auch hier mußte der Adler gegen den Menschen ums Überleben kämpfen. Im Winter sieht man dort in den hungrigen Adlern eine Gefahr für die Schafe, obgleich es nur wenige Belege dafür gibt, daß sie Nutztiere angreifen. Man glaubte früher sogar, daß kleine Kinder von ihnen bedroht seien.

Noch vor der Erfindung des Gewehrs hatten die norwegischen Bauern eine raffinierte Methode erfunden, diese großen Vögel zu fangen: Auf freier Fläche wurde eine niedrige Steinhütte gebaut und in der Nähe ein Köder ausgelegt – z. B. die Leiche eines Lamms oder Hasen. In der Nacht versteckte sich dann ein Mann in der Hütte. Im Laufe des Tages wurde der Köder dann allmählich immer mehr an eine Öffnung der Hütte herangezogen. Dies alles beobachtete der Seeadler. Nach und nach gewann aber sein Hunger die Oberhand über die natürliche Vorsicht. War der Adler nahe genug an die Hütte gelockt, konnte sein versteckter Gegner ihn am Bein packen und töten.

Bis ins 16. Jahrhundert wurden in Norwegen für das Töten von Adlern Prämien gezahlt. Ihre Klauen waren außerdem sehr begehrt als Mittel gegen Gelbsucht. Die Verfolgung verstärkte sich im 19. Jahrhundert noch. In einem Zeitraum von 23 Jahren wurden 61.000 Stein- und Seeadler geschossen. Der Seeadler verschwand völlig aus dem südlichen Teil Norwegens, und auch im Norden wurde der Bestand stark dezimiert. Heute ist die Legende vom Seeadler als Schaftöter fast vergessen, und obgleich immer noch einige Fischer die Nester zerstören, akzeptieren die meisten Leute den Adler als Nachbarn.

In seiner Hochburg in Nordnorwegen trotzt der Adler dem harten Winter; und er bleibt auch dann ortstreu, wenn viele andere Vögel südwärts in wärmere Klimazonen fliegen. Der Teil Norwegens nördlich des Polarkreises wird vom warmen Wasser des Golfstroms beeinflußt, der das Meer weitgehend von

LINKS: *Seeadler im Flug.* GEGENÜBER: *„Ständig von den Bauern und Fischern verfolgt".*

Eis freihält. Das ist für den Adler wesentlich, weil er auf diese Weise selbst in den kältesten Wintermonaten noch Fische fangen kann. Auch lassen andere fischfressende Tiere – vor allem der Otter – Beutereste zurück, von denen der Adler in der allerschwersten Zeit fressen kann. Mitten im Winter kann die Temperatur auf −20 °C und darunter fallen. Die Sonne verschwindet ganz, und es gibt nur wenige Stunden mit Zwielicht, in denen der Adler jagen oder nach Resten suchen kann, die vom Meer angespült werden. Wenn die Nahrung besonders knapp ist, sitzen die Adler stundenlang bewegungslos in niedrigen Büschen, um Kräfte zu sparen, statt sie in fruchtloser Suche nach Futter zu vergeuden.

Der Seeadler wird im allgemeinen als Fischfresser angesehen. In Wahrheit ist aber die Vielfalt seines Speisezettels recht groß. In Norwegen hat die Untersuchung ihrer Speiballen (aus unverdaulichem Material wie Federn oder Haaren, das wieder ausgewürgt wird) ergeben, daß ihre Hauptnahrung andere Vögel sind. Regelmäßig fressen sie Eider-Enten, Papageientaucher, Trottellummen und Möwen, und manchmal können so große Vögel wie Schwäne zur Beute werden. Wegen seiner riesigen Flügelspannweite ist der Adler zu unbeweglich, um Vögel im Flug zu fangen. Deshalb ergreift er sie auf dem Wasser, bevor sie die Möglichkeit haben, zu fliehen. Seeadler fressen auch Kaninchen, Hasen, Eier und alles mögliche Aas, einschließlich toter Schafe und Seehunde. Seeadler, die in Südeuropa leben, wurden sogar bei der Aufnahme von Schlangen und Schildkröten beobachtet.

GEGENÜBER, OBEN: *Die Küken fressen bis zu 340 g Fleisch am Tag.*

UNTERE REIHE: *Ein Seeadler beim Fischfang.*

Die Adler sind nicht nur ausgezeichnete Jäger, sondern auch geschickte Abfallplünderer und Seeräuber. Im Winter ist sogar der Abfall von Fischereistationen eine häufig aufgesuchte Nahrungsquelle. Jeder Vogel, der den Weg eines Adlers kreuzt und Futter mit sich führt, muß damit rechnen, daß ihm sein Fang geraubt wird. Oft genügt die bloße Anwesenheit des Adlers, daß kleinere Vögel wie Möwen, Raben oder gar Bussarde ihre Nahrung fallenlassen und fliehen.

Beim Fischen jedoch zeigt der Adler erst seine wahren Fähigkeiten. Er arbeitet mit dem Überraschungseffekt, und er schnappt den Fisch von der Wasseroberfläche in einer beinahe lässigen Art. Dabei gleitet der Adler niedrig über das Wasser, mit weit gespreizten Flügelfedern als Bremse und ausgestreckten, nach vorn zeigenden Krallen. Befindet er sich über der Beute, schwingen die kräftigen Beine nach hinten, und der Fisch wird aus der Luft gepackt, wobei die Krallen des Vogels kaum die Oberfläche kräuseln. Während er den Fisch aus dem Wasser zieht, krümmt sich der Körper des Adlers. Das Gewicht der zappelnden Beute beeinflußt kaum den sanften Flugbogen des Vogels. Kleine Fische werden im Flug gefressen, während größere an Land gebracht und dort auseinandergerupft werden. Gewöhnlich fischen die Adler einzeln.

Im Gegensatz zu anderen Greifvögeln, wie z. B. dem Fischadler, unternehmen die weißschwänzigen Seeadler keine weiten Züge. In jedem Jahr ziehen die europäischen Fischadler Tausende von Kilometern weit bis ins tropische Afrika, um zu überwintern. Die erwachsenen Seeadler aber schweifen nicht weit über ihr Territorium hinaus, das ungefähr 130 Quadratkilometer umfaßt. Weil die Seeadler so stark an ihre Stammheimat gebunden sind, ist die Wahrscheinlichkeit gering, daß ein Paar die Nordsee überquert und z. B. in England zu brüten beginnt. Während sich der Fischadler nach langer Abwesenheit wieder selbst als Brutvogel in England niedergelassen hat, sind die Seeadler immer nur kurz einmal aufgetaucht, um ohne Brutversuch wieder abzuziehen. Inzwischen hat man aber Versuche unternommen, den Vogel in Schottland erneut anzusiedeln. Seit 1975 hat der Naturschutzrat in Zusammenarbeit mit dem World Wildlife Fund und der Royal Air

GEGENÜBER: *Einige Nester im Binnenland sind riesig.*

RECHTS: *Ein Nest auf einem hohen Felsenabsatz.*

Force in jedem Sommer Seeadlerküken von Norwegen nach Schottland gebracht, um sie dort anzusiedeln.

Zu Beginn des Frühjahrs beginnt Harald Misund, der einer Mannschaft norwegischer Ornithologen angehört, mit der Untersuchung der Nistplätze nach Anzeichen der Brut des Seeadlers. Das ist eine schwierige Arbeit. Jahre der Verfolgung haben die Adler davon abgebracht, in zugänglichen Gebieten zu brüten. Viele Nester lassen sich nur mit Skiern, durch Bergsteigen oder mit dem Boot erreichen. Jedes Adlerpaar hat in seinem Revier mehrere Nistplätze, von denen in einem Jahr jeweils nur einer benutzt wird. Es können bis zu zehn Plätze sein. Dabei kann dasselbe Nest mehrere Jahre hintereinander verwendet werden, oder es wird zwischen verschiedenen Plätzen abgewechselt. Jedes Mal, wenn sie in einem Nest brüten, ergänzen sie es, verbessern mit Ästen, Zweigen, Tang und Moos den Bau, der bis zu 225 Kilo wiegen kann. Einige Nester sind riesig. Man hat eines gefunden, das mehr als 3000 Stöcke von bis zu 1,80 m Länge enthielt. Trotzdem sind solche Riesennester, die im Wald oder auf hohen Felsabsätzen verborgen sind, ziemlich unauffällig. Die Größe variiert je nach den örtlichen Gegebenheiten. Auf den kleinen Inseln, die der Küste von Nordnorwegen vorgelagert sind, ist Holz knapp, so daß hier die Nester nur aus Vertiefungen im Boden bestehen, die mit Zweigen und Moos aufgefüllt werden.

Die Seeadler haben mit ihrer Brut bereits begonnen, bevor Harald Misund die Untersuchung der etwa 35 Paare in seinem Bereich beendet hat. Die ersten Eier werden Mitte April gelegt, wobei die Küstenvögel als erste mit dem Legen beginnen. Etwas mehr als einen Monat später beginnen die Küken zu schlüpfen. Im langen Tageslicht ist das Männchen ständig auf der Jagd, um die Mutter und ihre Brut zu versorgen. Das sind gewöhnlich zwei Küken. Während die Jungen heranwachsen, wird ihr

Nahrungsbedarf so groß – bis zu 340 g Fleisch pro Tag –, daß auch der Muttervogel das Nest verlassen und seinen Partner bei der Jagd unterstützen muß. Dies ist etwa zwei Wochen nach dem Schlüpfen der Fall. Zunächst füttert die Mutter ihre Küken noch sorgfältig; bald aber wird die Nahrung am Nestrand hingeworfen, und die Jungen müssen mit ihr selbst fertig werden.

Wenn die Weibchen die Nester verlassen und die Küken ein Alter von sechs bis acht Wochen haben, tritt Harald Misund in Aktion und sammelt die Küken ein, die gemäß einer Sondergenehmigung der Regierung nach Schottland geflogen werden. Trotz ihrer Größe sind die schwarz-braunen, fast flüggen Nestlinge erstaunlich wenig aggressiv, und solange die Eltern vom Nest fernbleiben, ist das Einsammeln ziemlich einfach. Die jungen Vögel sträuben zwar die Federn und öffnen und schließen die Schnäbel gegenüber dem Eindringling, lassen sich aber kampflos aufheben. Nur eines von zwei Jungen wird mitgenommen. Da unter bestimmten Bedingungen ohnehin nur ein Jungvogel überlebt, kann das entnommene Küken als natürlicher Überschuß zur Arterhaltung gelten.

Jetzt kommt es darauf an, daß alles schnell geht. Nach einer Untersuchung in einem Gehege werden die Tiere in Kisten gesetzt und in das bereitstehende Flugzeug geladen, das sie nach Schottland fliegt. Bei der Ankunft in Kinloss gibt es eine weitere Überprüfung, und dann werden die Vögel nach Mallaig gefahren, einem Fischerhafen an Schottlands zerklüfteter Westküste. Dort wartet ein Boot, das die Vögel an ihren Bestimmungsort bringt, das Insel-Naturreservat von Rhum, einem Gebiet mit rund 10.000 Hektar aus Gebirge, Felsen und Mooren. Es ist der Lebensraum von Rothirschen, Kaninchen und über 10.000 Brutpaaren der Schwarzschnabel-Sturmtaucher, ein ideales Land also für die Seeadler. Bis der erste Adler sich in seinem neuen Quartier niederläßt – einem geräumigen Käfig auf einem schottischen Berghang – sind nur 12 Stunden seit seinem Abflug aus Norwegen vergangen.

Die jungen Adler verbringen etwa 12 Wochen in dem Käfig oder davor an einer Laufleine, die es ihnen ermöglicht, auf kurzen Strecken die Flügel zu erproben. Sobald die Vögel voll flugfähig sind und freigelassen werden sollen, wird ihnen eine Haube über den Kopf geschoben, damit sie nicht in Panik geraten, und dann wird die Leine gekappt. Man bringt das Tier zu einem günstigen Platz in der Nähe und entfernt die Haube. Nach kurzer Zeit erhebt sich der Vogel mit kräftigen Flügelschlägen in die Luft und verschwindet. Bald aber kehrt er zurück, um von dem Futter zu nehmen, das ihm noch bis zu sechs Monate lang angeboten wird, bis er sich an das wilde Leben gewöhnt.

Seit 1975 hat man 42 Seeadler auf Rhum freigelassen. Alle Anzeichen sprechen dafür, daß die Seeadler trotz ihrer kurzen Gefangenschaft Vögel der eigenen Art erkennen und zu ihnen in normalen Kontakt treten. Adler aus vorangehenden Jahren lassen sich oft auf den Käfigen nieder, um die Neu-Ankömmlinge in Augenschein zu nehmen. Damit stellen sie möglicherweise Bindungen her, die den jüngeren Vögeln über die ersten Monate ihrer Freiheit hinweghelfen.

OBEN: *Bei der Ankunft in Kinloss.*

GEGENÜBER, OBEN: *Ein Neuankömmling an der Laufleine.*

RECHTS: *John Love mit einem angeleinten Seeadler.*

5. DAS PRIVATLEBEN DER TIERE

MÄUSE-GESCHICHTEN

Wo auch immer Sie leben, in der Stadt oder auf dem Lande, in einem Kotten (einer Hütte oder Kate) mit Strohdach oder einem Hochhaus – es besteht durchaus die Möglichkeit, daß jede Ihrer Bewegungen von Dutzenden winziger Augen und Ohren beobachtet und gehört wird – den Augen und Ohren der Mäuse. Auch wenn wir sie nicht wahrnehmen: Dieses unsichtbare Publikum ist überaus zahlreich. Selbst im dichtbesiedelten England gibt es von einer einzigen Art – der Kleinen Waldmaus – mehr Exemplare als Menschen.

Warum sind Mäuse so zahlreich, und warum leben sie in so enger Verbindung mit uns Menschen? Viele Tiere teilen unsere Wohnungen oder unsere Umgebung, weil wir es so wollen. Sie bewachen unseren Besitz, bieten uns Nahrung oder Gesellschaft, und wir wiederum füttern sie und geben ihnen Obdach. Genau dies tun wir – freilich unbeabsichtigt – auch für die Mäuse. Viele unserer Wohnungen, auch die modernsten und fortschrittlichsten, bieten den Hausmäusen weitaus bessere Lebensbedingungen als die freie Natur. Und selbst im Freien bietet unsere vom Menschen gestaltete Landschaft mit Gärten und Hecken, Feldfrüchten und Wäldern den Mäusen Wohnräume, die sie sonst nicht so leicht bekommen würden.

In unserem Film „Mäuse-Geschichten" konnten wir einige dieser Mäuse näher betrachten und zeigen, wie ihre Lebensweisen mit denen des Menschen verknüpft sind. Wir suchten uns einen Ort aus, wo mehrere Mäuseformen ihre idealen Wohnplätze in enger Nachbarschaft gefunden haben: in und um den Kotten eines Landarbeiters auf einem großen Gut. Das Kornfeld vor dem Kotten bot den traditionellen Lebensraum für die Zwergmaus, während die Kleinen Waldmäuse (vom Biologen auch Feld-Waldmäuse genannt) ihr Netzwerk von Nestern und ihre Wechsel am Rande des Gartens hatten. Haselmäuse – die genaugenommen gar keine Mäuse sind – benötigen einen sehr speziellen Lebensraum, und gerade den fanden sie in einem Haselgestrüpp hinter dem Kotten. Und die Hausmäuse: es ist leicht zu erraten, wo sie lebten.

Die Gastgeber dieser vierbeinigen Gäste waren ein junger Melker und seine Frau sowie deren Baby, ein gerade geborener Junge. Mit ihnen lebten wie in einer Arche Noah verschiedene Haustiere: ein großer Schäferhund, vier Ziegen, ein schmucker Hahn mit mehreren Hennen sowie, wenn ich mich recht erinnere, acht Katzen und Kätzchen, die ein ausgeprägtes „berufliches" Interesse an unserer Mäuse-Filmarbeit zeigten.

Die meisten Teile unseres Mäuse-Films hat der Kameramann Owen Newman unter natürlichen Bedingungen im Haus und seiner Umgebung gefilmt. Doch einige der „intimsten" Teile des Mäuselebens konnten nur in störungsfreien künstlichen Szenenaufbauten gefilmt werden, die in Owens Studio eigens hergestellt wurden. In einem solchen Aufbau beobachteten wir z. B., wie sich eine Haselmaus damit abmühte, aus dem Winterschlaf aufzuwachen,

Zwergmaus.

ein offenbar schmerzhaftes und riskantes Unternehmen, bei dem man sich eines gewissen Mitgefühls nicht erwehren kann. In einem anderen Teil brachte ein Haselmaus-Weibchen seinen Wurf von vier rosafarbenen Mäusebabys zur Welt: wie wir glauben, das erste Mal, daß eine Haselmaus-Geburt gefilmt wurde.

Die Kunst beim Filmen von Mäusen – wie überhaupt bei Naturfilmen – besteht darin, daß man das Tier dazu bringt, etwas zu tun, was es in seinem normalen Lebenslauf ganz natürlicherweise tut. Manchmal hat man dabei ein bißchen Glück, meistens aber ist eine Mischung aus Geduld und vorsichtigem Eingreifen nötig. Z. B. wurde im Film Patsy, eine schmucke schwarz-weiße Katze, gezeigt, wie sie eine Maus bis zu ihrem Loch verfolgt. Nach einem halben Dutzend Aufnahmen war sie es aber leid, diese Szene zu wiederholen. Und damit wir die Schlußszene bekommen konnten, wie Patsy ihre Pfote durch das Mauseloch streckt, mußte Owens Frau sich im Schrank dahinter verstecken und ein für die Katze aufregendes Geraschel mit Silberpapier erzeugen. Es ist eigentlich mehr Zufall, daß während der Filmarbeiten keine Maus getötet wurde, wenn auch im Verlauf der 18 Monate unserer Arbeit eine Anzahl aus natürlichen Gründen starb. Für diese Mäusearten ist ein Jahr bereits ein gutes Alter.

Soviel zu den Hintergründen der Filmarbeit. Aber nun zur Frage, auf welche Weise die Mäuse Nutzen aus dem Zusammenleben mit Menschen ziehen, und wie der Mensch das Leben dieser Tiere beeinflußt.

Wir wenden uns zunächst den „Land-Mäusen" zu, zu denen die Zwergmaus gehört. Das ist ein entzückendes, rostbraunes Geschöpf, das als erwachsenes Tier nur 6 g wiegt. Es wird in der überlieferten Vorstellung mit Kornfeldern verknüpft, und tatsächlich ist die Zwergmaus an diese vom Menschen geschaffenen Klein-Dschungel vorzüglich angepaßt. Ihr Skelett ist leicht und macht nur 5 % des gesamten Körpergewichts aus. Außerdem besitzt sie einen Greifschwanz, den sie wie eine fünfte Gliedmaße benutzt. Bei der Nahrungsaufnahme verankert sie sich damit an einem Grashalm, indem sie ihn fest um den Halm ringelt. Oder sie benutzt den Schwanz als Bremse, während sie umhertollt. Die Eurasiatische Zwergmaus, wie sie wissenschaftlich genau bezeichnet wird, hat einen ausgezeichneten Gleichgewichtssinn, und sie kann mit unglaublicher Sicherheit einschätzen, inwieweit ein Kornhalm ihr Gewicht zu tragen vermag.

Ein Kornfeld erfüllt praktisch alle Bedürfnisse der Zwergmaus. Die Getreideähren liefern ihr Körner; daneben ernährt sie sich aber auch von Insekten, Früchten, Samen und Beeren, die sie in der Nähe des Feldes findet. Kornhalme bieten der Zwergmaus einen idealen Platz für ihr bewundernswertes Nest. Es hat etwa die Größe eines Tennisballs, und es bietet den jungen Mäusen, da es aus den Blättern der noch lebenden Pflanze gewoben wird, nicht nur eine bequeme Wohnung, sondern es ist auch bestens getarnt.

Aber nicht alle Zwergmäuse wohnen in Kornfeldern. Man findet sie ebenso in Riedgürteln und Binsen, in Hecken mit Graswuchs und im Brombeergestrüpp. Und tatsächlich hat ja das leichte Leben in den Getreidefeldern des 20. Jahrhunderts einen erheblichen Nachteil: die Bedrohung durch den Mähdrescher. Während ihr Lebensraum innerhalb weniger Stunden zerstört wird, können die erwachsenen Mäuse und die dem Nest entwöhnten Jungtiere davonhuschen und auf dem unbearbeiteten Boden um das Feld überwintern. Würfe im Nest aber werden sofort getötet. Die von Menschen geschaffenen Bedingungen bieten also zwar oft ideale Lebensräume, sind aber meist mit der Gefahr verbunden, immer wieder gestört oder sogar völlig zerstört zu werden.

Eine andere Mäuseart, für die der Mensch zugleich Freund wie Feind ist (durch seine Bearbeitung der Landschaft), ist die Haselmaus. Dieses Tier, das zu den Bilchen oder „Schläfern", und damit gar nicht zu den eigentlichen Mäusen, gehört, wurde von unseren Vorfahren wohl mit Zuneigung

GEGENÜBER: *Zwergmaus im Winterfell.*

RECHTS: *Ihr bewunderns-wertes Nest.*

betrachtet, und es muß früher viel weiter als heute verbreitet gewesen sein.

Die Haselmaus ist tatsächlich ein entzückendes kleines Tier, mit leuchtend orangefarbenem Fell, großen, schwarzen Augen, langen Schnauzhaaren und einem behaarten Schwanz, wodurch sie sich von allen anderen kleinen Säugetieren unserer Breiten unterscheidet.

Leider bringt es die nächtliche Lebensweise der Haselmaus mit sich, daß sie nur selten in der freien Natur zu beobachten ist. Ihre Anwesenheit verrät sich aber durch einige kleine Hinweise, wie die Schalen von Haselnüssen, die sie in bestimmter Weise öffnet. Sie dreht die Nuß mit den Vorderpfoten und durchschneidet die Schale allmählich mit den unteren Zähnen. Manchmal braucht sie für eine einzige Nuß ganze fünf Minuten. Die Schale mit ihrem glatt gemeißelten Rand ist ein unverwechselbares Indiz für die Anwesenheit der Haselmaus.

Eine weitere Spezialität dieser „Maus" ist ihr Nest – oder besser eines ihrer Nester; denn im Laufe ihres Lebens baut sie drei verschiedene Typen für verschiedene Zwecke. Das erste – auf Bodenhöhe oder kurz darüber zwischen Baumwurzeln oder in einem alten hohen Stumpf erbaute – ist das Winterschlaf-Nest. Die Haselmaus wird als Symbol der Gemütlichkeit angesehen, weil sie fünf Monate im Jahr schlafend verbringt. Tatsächlich ist der Winterschlaf eine wirksame Möglichkeit, ungünstiges Wetter und knappes Nahrungsangebot zu überstehen. Aber er ist auch eine Zerreißprobe. Während des Winterschlafs verlangsamt sich der gesamte Stoffwechsel der Haselmaus; Atmungs- und Herzfrequenz werden kleiner, die Körpertemperatur sinkt, und selbst die Blutzusammensetzung ändert sich. Die Rückkehr zum Normalen dauert bis zu 12 Stunden und kostet das kleine Tier eine enorme Anstrengung. Insgesamt sind es schätzungsweise 80 % der Haselmäuse, die aus dem einen oder anderen Grund durch den Winterschlaf sterben.

Im zweiten Nesttyp, vom trächtigen Weibchen gebaut, werden die Jungen geboren. Gewöhnlich legt sie es etwa einen Meter über dem Boden in einem Brombeerbusch oder der Astgabel eines jungen Baumes an. Dieses Nest ist groß und sieht ziemlich unordentlich aus; oft wird es aus Geißblatt-Rinde und trockenem Gras hergestellt, mit einer weichen Polsterung aus feinzerschnittenen Pfanzenteilen. Die Haselmausbabys sehen bei Geburt ziemlich wenig entwickelt aus; gewöhnlich sind es vier in einem Wurf. Ihre Augen sind geschlossen, und wo die Ohren einmal abstehen werden, haben sie nur Hautfalten. Die Zehen sind noch verwachsen. Es dauert 18 Tage, bevor sich ihre Augen öffnen, und einen Monat, bis sie das Nest verlassen.

Wenn die Jungen ihren ersten Ausflug auf der Suche nach ihrer Lieblingsnahrung (Brombeeren und Nüssen) machen, haben sie bereits einen gut entwickelten Gleichgewichtssinn. Haselmäuse sind für das Leben in Bäumen und Sträuchern hervorragend geeignet. Die Vorder- und die Hinterfüße sind für das Ergreifen von Zweigen entwickelt und mit kleinen Ballen versehen, die den festen Halt erleichtern. Die Haselmäuse turnen sicher durch das verwickelte Netzwerk von Zweigen und Ästen in einer für menschliche Augen totalen Dunkelheit, wo sie sich mit ihren großen Augen und den langen Schnurrbarthaaren noch orientieren können. Der feine, buschige Schwanz wird nicht wie bei der Zwergmaus zum Greifen verwendet, sondern zur Balance. Während die Jungen selbständig zu werden

beginnen, wird die dritte Nestart gebaut: eine lokkere „Junggesellen-Bude“, in der die Haselmaus in den Stunden des Tageslichts ruht.

Die Lebensweise der Haselmaus ist also recht spezialisiert. Ihre Bedürfnisse – sie braucht grundsätzlich Hasel- und Brombeerbüsche zur Ernährung und zum Nestbau – bringen es mit sich, daß der Rand eines Waldgebietes ihre natürliche Heimat bildet. Aber dieser Lebensraum wird immer seltener. Jahrhundertelang sorgte der Mensch künstlich für diesen Lebensraum durch eine alte Anbaufolge-Methode, bei der Haselbüsche und Edelkastanienbäume angepflanzt wurden, die das Material für Zäune, Dachsparren usw. lieferten. Heute aber gibt es für diese Buschwaldungen keinen Bedarf mehr, und so wird der Lebensraum für die Haselmaus immer enger.

Reichlich vorhanden ist hingegen der Wohnplatz für eine weitere Mäuseform: die Hausmaus. Die Vorfahren der Hausmaus sollen sich in den Steppen Zentralasiens entwickelt haben, wo sie mit den Men-

OBEN: *Haselmaus beim Öffnen einer Haselnuß.*

GEGENÜBER: *Gut angepaßt an das Leben in Bäumen.*

OBEN RECHTS: *Haselmaus beim Winterschlaf.*

RECHTS: *Das Nest der Haselmaus.*

schen weitergezogen sind. Heute ist diese Art wahrscheinlich das am weitesten verbreitete Säugetier. Sie kommt praktisch in der ganzen Welt vor und gedeiht in den Betonwüsten der Hochhäuser ebenso wie in den Tiefen der Kohleminen und sogar in Kühlhäusern, in denen die Temperatur unter dem Gefrierpunkt liegt.

Der Schutz und die regelmäßige Versorgung mit Nahrung in Gebäuden bringen es für die häuserbewohnenden Mäuse mit sich, daß sie sich, im Gegensatz zu ihren Artgenossen in der freien Natur, das ganze Jahr über fortpflanzen können. Stroh, Papier, Isoliermaterial von Stromleitungen dienen als Nest-

baustoff. Es wurde auch bekannt, daß sogar Banknoten oder höchst geheime Planpapiere zum Nestbau verwendet wurden. Ihre Fortpflanzungsfähigkeit ist erstaunlich. Wenn ein Paar sich zu Anfang des Jahres fortpflanzt und ihre Jungen überleben und sich wiederum fortpflanzen, dann kann bis zum nächsten Silvesterabend die gewaltige Menge von 2.500 Mäusen erreicht werden. Natürlich überleben nicht alle Jungtiere. Viele Mäuse werden von Beutegreifern gefressen.

Es gibt mindestens zwei Mißverständnisse in Bezug auf Hausmäuse, und eines davon lautet, sie würden wirksam durch Katzen kurz gehalten. Zu den natürlichen Feinden der Mäuse zählen zwar noch Schleiereulen, Mauswiesel und Hermeline sowie – so seltsam es klingt – die Ratten. Doch der Mensch ist mit seinen künstlichen Methoden der Mäusevernichtung immer noch erfolgreicher als alle anderen Feinde der Mäuse zusammen.

Das zweite Mißverständnis über die Hausmaus lautet, daß ihre Lieblingsnahrung der Käse sei. Natürlich fressen die Hausmäuse auch Käse, wenn sie ihn bekommen können. Sonst aber fressen sie schlicht alles, was auch die Menschen essen, und darüber hinaus noch so seltsame Dinge wie Mörtel, Seife, Klebstoff und Kerzen. Eine Maus benötigt täglich etwa ein Fünftel ihres Körpergewichtes an Nahrung, dabei aber bemerkenswerterweise kaum Wasser. So kann es nicht überraschen, daß eine Mäusekolonie z. B. in Büroblocks bequem von den Resten der Pausenbrote leben kann.

Von allen Mäusearten sind die Hausmäuse zweifellos die größten Opportunisten. Was immer die Menschen an neuer Nahrung, neuen Nistplätzen und neuen Möglichkeiten irgendwelcher Art bieten: die Mäuse stehen immer bereit, daraus ihren Nutzen zu ziehen. Ihr riesengroßer „Erfolg“ als Tierart und ihre Verbreitung über die ganze Welt sind die direkte Folge dieser Anpassungsfähigkeit. Mäuse haben bereits Astronauten auf Mondreisen Gesellschaft geleistet. Werden sie eines Tages den Menschen begleiten, wenn er den Mond besiedelt?

OBEN: *Jungtiere der Hausmaus.*
GEGENÜBER, OBEN: *Hausmaus mit Erdnüssen.*
GEGENÜBER, UNTEN: *Ihre mögliche Bevölkerungsdichte ist erstaunlich.*
RECHTS: *Sie benötigt täglich ein Fünftel ihres Körpergewichts an Nahrung.*

EINE NACHT AUF DEM LANDE

Während die **Wasserspitzmaus** kleine Fische, Insektenlarven, Lurche und Schnecken jagt, kann man sie dabei beobachten, wie sie an der Oberfläche eines Teiches oder Baches schwimmt. Manchmal jedoch taucht sie hinab und „geht" auf dem Wassergrund; dabei schimmert das Fell silbern von den vielen kleinen Luftblasen, die von den Haaren festgehalten werden. Die Wasserspitzmaus ist sowohl am Tage als auch in der Nacht aktiv; denn sie muß alle zwei bis drei Stunden Nahrung aufnehmen. Um überleben zu können, muß sie alle 24 Stunden ihr eigenes Körpergewicht an Nahrung zu sich nehmen. Wenn sie aus dem Wasser kommt, muß sie sofort ihr Fell trocknen, um nicht zu viel Körperwärme zu verlieren und den Kältetod zu sterben.

Ein Teil des Wassers wird aus dem Fell gestreift, wenn sie durch das Netzwerk ihres Baues läuft. Den Rest kämmt sie mit den Hinterpfoten heraus. Dies alles muß derart schnell vor sich gehen, daß sie sich zugleich reinigt und dabei frißt.

Der **Fuchs** ist ein wahrer Überlebenskünstler in unserer modernen Welt. Er findet sich heute in allen möglichen Lebensräumen, vom Stadtzentrum bis hin zur entlegensten ländlichen Gegend. Er ist hauptsächlich ein nachtlebendes Geschöpf. Sein scharfes Gebell und die Schreie, die manchem das Blut stokken lassen, sind am ehesten in den drei Stunden nach Sonnenuntergang zu hören, und dies vor allem in der Fortpflanzungszeit im Winter.

Der Fuchs ist sowohl ein geschickter Jäger als auch ein vielseitiger Abfallplünderer. Einige Einzeltiere spezialisieren sich auf Geflügel und Lämmer; aber

im allgemeinen bevorzugen sie Kaninchen, Igel und Vögel, aber auch Schnecken und Käfer, Aas und schließlich Früchte.

Es liegt nahe, die **Nacktschnecken** als „Schnecken ohne Gehäuse" zu beschreiben, obwohl in Wirklichkeit viele Nacktschnecken eine verkümmerte Schale besitzen, die im Inneren ihres Körpers verborgen ist. Bei den Wegschnecken ist die Schale zu einigen Kalkkörnern zurückgebildet.

Dadurch, daß ihnen ein Gehäuse fehlt, sind die Nacktschnecken ständig in Gefahr, zerteilt oder erbeutet zu werden, etwa von Igeln, Fröschen, Kröten und vielen Vogelarten. Sie versuchen sich dadurch zu schützen, daß sie Nahrung nur in der Nacht aufnehmen oder an feuchten Tagen. Sie fressen grüne und verrottende Pflanzen sowie Knollen, Aas und Dung, wobei sie sich von den Geruchsorganen an ihren Fühlern leiten lassen.

Die Bezeichnung **„Glühwurm"** (Abb. links) dürfte von den flügellosen, larvenähnlichen Weibchen angeregt sein. In Wahrheit handelt es sich aber um Käfer einer Gruppe mit dem genaueren Namen Leuchtkäfer. Bei Einbruch der Dunkelheit klettert das Weibchen auf ein herausragendes Pflanzenstück, hebt sein Hinterende und stellt dabei die Leuchtflekken zur Schau, die sich auf den letzten drei Körperabschnitten befinden. Sie lockt damit ein Männchen an, das herbeifliegt und sich mit ihr verpaart.

Die erwachsenen Leuchtkäfer fressen so gut wie gar nichts. Die Larven aber ernähren sich von Schnecken. Sie spritzen ihrer Beute eine Flüssigkeit ein, die teils der Lähmung des Opfers, teils auch schon der Verdauung dient. Anschließend saugen die Larven die dadurch entstandene „Schneckensuppe" ein. Die Glühwürmchen selbst werden wiederum von nachtlebenden Tieren wie Igeln und Kröten gefressen.

Ein möglicher Grund für die Abnahme der Leuchtkäfer in letzter Zeit ist die Irreführung der Männchen durch künstliches Licht.

Der **Waldkauz** findet sich in so unterschiedlichen Lebensräumen wie den Laubwäldern bis hin zu stark bebauten Stadtgebieten. Obgleich seine großen Augen deutlich die Anpassung an das Nachtleben verraten, jagt der Waldkauz hauptsächlich mit Hilfe seines Gehörs. In Wäldern erbeutet er vor allem kleine Säugetiere wie Waldmäuse; die Eulen in den Städten aber konzentrieren sich auf Haussperlinge und Wanderratten.

Mit ihren Großen Augen und Ohren sieht die **Kleine Waldmaus** – auch als Feld-Waldmaus bezeichnet – wie eine elegantere Ausgabe der Hausmaus aus. Und manchmal ist sie auch in Häusern anzutreffen. Ein typischerer Lebensraum für die Kleine Waldmaus sind jedoch Waldstücke, Felder und Gärten, wo sie ein verwickeltes System von unterirdischen Röhren und Wechseln anlegt. Ihre Feinde sind das Hermelin, das Mauswiesel, Füchse und Hauskatzen; hauptsächlich aber wird sie von Eulen und besonders vom Waldkauz gejagt. Tatsächlich ist sie für den Waldkauz als Nahrungsquelle so wichtig, daß dessen Brutzahlen zurückgehen, wenn es einmal wenig Mäuse gibt.

Die **Schleiereule** hat einen besonderen Ruf als Nachtjäger. Obwohl unter den Federn verborgen, sind die Ohren der Schleiereule bestens entwickelt. Und da sie unsymmetrisch angeordnet sind, kann die Eule ihre Beute mit dem Gehör ganz genau orten. Die Fähigkeit der Schleiereule, ihre Beute in absoluter Dunkelheit zu fangen, ließ sich in Versuchen eindeutig nachweisen.

Der Wert dieses scharfen Gehörs wird dadurch erhöht, daß die Schleiereule selbst fast vollkommen lautlos fliegt. Das bewirken feine Flaumfransen, mit denen die kräftigen Flugfedern gesäumt sind.

Wenn die **Braune Langohr-Fledermaus** rege und aktiv ist, sind die riesigen Ohren tatsächlich ihr hervorstechendstes Merkmal. Ihre Länge beträgt drei Viertel der von Kopf und Körper zusammen. Beim Schlafen sind die Ohren jedoch sorgfältig unter den Flügeln zusammengefaltet.

Wie die anderen Fledermausarten auch ist das Braune Langohr ein höchst raffinierter Nachtflieger. Wenn sie nicht gerade ihre „Echolot-Ortung" einsetzt, mit deren Hilfe sie Insekten im Flug fangen kann, fliegt die Langohr-Fledermaus gewöhnlich im Laubwerk hin und her und liest aus der Schwebe von den Blättern die Insekten ab. Kleine Insekten werden im Flug verzehrt; größere aber werden in einer Hauttüte hinten zwischen den Beinen „eingesackt" und mitgenommen.

Die **Schwärmer** gehören zu den prächtigsten Lebewesen und innerhalb der Insektenwelt zu den schnellsten Fliegern. Sie sind fast durchweg nachtaktiv, und am besten kann man sie beobachten, wenn sie wie Kolibris vor einer Gruppe von Blüten schweben. Der Schwärmer benutzt seinen langen, röhrenförmigen Rüssel (der bei Nichtgebrauch wie eine Uhrfeder eingerollt wird), um tief in der Blüte Nektar zu saugen. Allerdings dauert es eine Weile, bis ein so großes Insekt „startbereit" ist. Nach einer Ruhepause muß der Schwärmer eine Minute oder länger seine Flügel vibrieren lassen, um seine Körpertemperatur so weit anzuheben, daß genügend Energie für den Abflug zur Verfügung steht.

Vögel schlafen im allgmeinen in den Zeiten, da es nichts Wichtigeres zu tun gibt. Folglich schlafen sie *gewöhnlich* in der Nacht, Eulen aber z. B., die in der Nacht Nahrung suchen, schlafen am Tag. Vögel wiederum, deren Ernährungsmöglichkeiten von der Tide des Meeres beeinflußt werden, schlafen während der Zeitabschnitte, in denen eine Nahrungssuche unmöglich ist. Dazu gehören z. B. die Watvögel.

Wenn er sich zur Ruhe niedergelassen hat, entspannt sich der Vogel in einer bequemen Haltung, und er plustert sein Gefieder auf, um für bessere Wärmeisolation zu sorgen. Ein Vogel „steckt" in Wirklichkeit nicht „seinen Kopf unter den Flügel". Einige Vögel lassen ihren Kopf auf dem Rücken ruhen oder rollen sich regelrecht zusammen, wie hier der **Höckerschwan,** und stecken den Schnabel zwischen die Schulterfedern, damit der Kopf nicht abrutscht.

DAS GROSSE IGEL-GEHEIMNIS

Der Igel ist ein merkwürdig aussehendes Tier; plump und kurzsichtig und mit diesem sonderbaren Teewärmer aus Stacheln bedeckt. Andererseits aber ist er so bekannt, daß die meisten Menschen ihn mittlerweile akzeptieren und sogar mit Zuneigung betrachten. Trotz all seiner offenkundigen Nachteile – er riecht streng, ist nachtaktiv, sitzt voller Flöhe und ist das genaue Gegenteil von einem Kuscheltier – trotzdem also ist der Igel in der Tat ein ernsthafter Anwärter auf den Titel des „beliebtesten Wildsäugetieres" geworden.

Es gibt tatsächlich kaum ein Säugetier, das seine menschlichen Bewunderer so stark gefesselt und verblüfft hat wie der Igel. Im Laufe der Jahrhunderte haben sich ganze Bücher mit Legenden und Aberglauben-Geschichten über ihn angesammelt; und selbst heute noch entstehen immer wieder neue Legenden. Und so beschlossen wir, einige Legenden

auf ihren Wahrheitsgehalt und daraufhin zu untersuchen, wie sie entstanden sind. Dazu versicherten wir uns der Unterstützung durch den Igel-Liebhaber Pat Morris. Gleich zu Anfang der Filmarbeit stellten wir fest, daß der Igel auf Licht und auch auf hohe Töne normalerweise dadurch reagiert, daß er sich zusammenrollt und abwartet, bis alles vorbei ist. Für unsere Aufnahmen mußten wir also eine kleine Gruppe von Tieren allmählich an ein gewisses Maß von Licht und menschlichem Treiben gewöhnen. Ein oder zwei unserer Tiere waren sogenannte Haustier-Igel. Allerdings waren sie noch in der freien Natur geboren worden. Die meisten Igel jedoch haben wir uns für die Dauer der Filmarbeiten aus der Natur „ausgeborgt". Ein Männchen z. B. labte sich an der nächtlichen Schale mit Milch und Brot; es war so unbesonnen, laut gegen meine Milchflaschen zu stoßen, die der Milchmann nachts vor meine Tür gestellt hatte, und kam so zu Kamera-Ehren.

Welche Igel-Legenden und -Geheimnisse waren es nun, die wir untersuchen wollten? Am ältesten und besten bekannt ist wohl die Legende, daß Igel Äpfel auf ihren Stacheln tragen. Sie wurde bereits vor fast 2000 Jahren von dem Römer Plinius aufgezeichnet und ist seitdem immer wieder wiederholt und über die Jahrhunderte bis heute mit weiteren Einzelheiten angereichert worden. Nach dieser Legende soll sich der Igel über Falläpfel rollen – manchmal werden auch Trauben, Feigen oder andere Früchte genannt –, um sie mit seinen Stacheln aufzuspießen. Er soll dann die Äpfel auf seinem Rücken zum Nest tragen, um einen Wintervorrat anzulegen oder seine Jungen damit zu füttern. Ein Autor des 17. Jahrhunderts beschreibt es so: „Wenn der Igel Äpfel oder Trauben auf der Erde findet, rollt er sich darüber, bis er all seine Stacheln voll davon hat, und dann trägt er sie nach Hause zu seinem Lager, hält dabei nie mehr als eine Frucht in seinem Maul . . . und sofern sich Junge in seinem Nest befinden, ziehen sie etwas von dem herunter, womit er beladen ist, und essen soviel davon, wie sie mögen, und heben den Rest für spätere Zeiten auf."

Daraus ergeben sich zwei Fragen: Erstens: ist ein Igel körperlich überhaupt fähig, Früchte auf seinen Stacheln zu tragen? Und zweitens: wenn er es ist, würde er es tatsächlich tun? Dies wollten wir also klären.

Der Ort für unser Experiment war ein kleiner Obstgarten im Herbst. Der Boden war übersät mit leicht überreifen Äpfeln. Natürlich wäre unser Experiment wertlos gewesen, wenn wir versucht hätten, die Igel dazu zu bringen, sich über die Äpfel zu rollen und sie auf ihren Stacheln aufzuspießen, ohne daß sie eine natürliche Neigung dazu hatten. Und genau diese Neigung hatten sie nicht. Nun wollten wir nachweisen, ob sie möglicherweise dann, wenn sie absichtlich oder durch Zufall Früchte auf ihren Stacheln sammelten, diese an ihrem Platz auf dem Rücken halten und damit frei herumgehen konnten. Die Antwort scheint ja zu lauten. Mehrere Igel bewiesen uns, daß sie mit einem passenden und matschigen Apfel bequem und sogar ziemlich schnell laufen konnten, der auf ihrem Rücken aufgespießt war. Das ist nicht überraschend. Die Igelstacheln sind mit sehr kräftigen Muskeln verbunden. Es sind jene Muskeln, mit denen sich die Igel zu einer festen

Igel gibt es bereits seit 15 Millionen Jahren.

RECHTS: *Ausschnitt aus einem mittelalterlichen Bestiarium.*

Kugel zusammenrollen und vor Freßfeinden fast unüberwindlich schützen können. Sie können durchaus ohne große Schwierigkeiten ein paar Äpfel auf ihren Stacheln tragen.

Aber wozu sollten sie es absichtlich tun? Igel mögen gelegentlich Obst fressen; aber ihre Hauptnahrung ist es nicht. Sie bevorzugen Nacktschnekken, Regenwürmer und Trauben. Und was das Eintragen von Nahrung in das Nest betrifft: warum sollten sie sich damit plagen? Ein Igel braucht keinen Vorrat für den Winter anzulegen, weil er einen Winterschlaf hält. Seinen Wintervorrat hat er bereits in Form von Fett unter der Haut angesammelt. Man muß also leider sagen, daß das Bild vom äpfeltragenden Igel, das uns seit Jahrhunderten vertraut ist, nichts weiter ist als eine der vielen über ihn kursierenden netten Geschichten.

Ein anderer Aberglaube besagt, daß Igel vom Kuheuter Milch abzapfen würden. Auch hier stellen sich wieder dieselben Fragen: *Können* Igel es tun, und gibt es Gründe, *daß* sie es tun? Die zweite Frage ist in diesem Fall schnell beantwortet. Jeder, der einen Garten-Igel füttert, weiß, daß eine Schale mit Milch eine der besten Möglichkeiten ist, einen Igel bis vor die Türschwelle zu locken. Aber würde ein Igel an einem Kuheuter saugen? Angenommen, die Kuh hat sich hingelegt, kann der Igel sein Maul weit genug öffnen, um die Zitze einer Kuh zu erfassen? Wir probierten es aus.

Der Igel, der sich an dem Experiment beteiligen sollte, war ein völlig wildes Tier, das wir Elsie nannten. Ein ziemlich schlichtes, aber williges Biest, das offenbar glücklicher als wir darüber war, um vier Uhr morgens auf der Weide herumzuspazieren. Die Herde der schwarz-weißen Friesenkühe döste ruhig vor sich hin; einige käuten wider, viele lagen auf dem Boden. Sich selbst überlassen, trollte Elsie zwischen ihnen herum und war überhaupt nicht nervös. Tatsächlich achteten einige der Kühe weit aufmerksamer auf den Igel als dieser auf sie. Nach einer Weile strebte Elsie auf eine bestimmte Kuh zu, deren pralles Euter so kurz vor dem Melken einige Tropfen Milch ins Gras verlor. Elsie schnupperte und ging näher – allerdings nicht auf das Euter, sondern auf

GEGENÜBER: *Igel im Winterschlaf.*

UNTEN: *Beim Schwimmen.*

die herausgelaufene Milch zu, die sie mit der üblichen Begeisterung aufschleckte. Später erzählte uns der Besitzer dieser Kühe, er habe auf derselben Weide schon mehrere Male Igel gesehen, die sich genau so wie Elsie benahmen. Es muß also als wahrscheinlich gelten, daß dies für die Igel ein ganz normaler Weg ist, ohne irgendwelche größeren Umstände an Milch heranzukommen.

Die größte Aufmerksamkeit der alten Tierkundler hat das Paarungsverhalten der Igel auf sich gezogen. Man konnte sich nicht vorstellen, daß diese stacheligen Tiere sich in der selben Art vereinigen wie Hunde oder andere Säuger. Und so vermutete man, daß die Igel sich paaren, indem sie einander gegenüberstehen. „Wenn sie Geschlechtsverkehr miteinander haben“, schrieb Topsall 1658, „stehen sie aufrecht und vereinigen sich nicht wie andere Tiere, denn sie umarmen sich, indem sie Bauch an Bauch stehen, weil die spitzen Dornen auf ihrem Rücken es nicht zulassen würden, daß sie sich wie Hunde oder Schweine verpaaren.“ Wir wollten in unserem Igel-Programm auch dieses Geheimnis lüften.

Das Geheimnis des Paarungsverhaltens der Igel fasziniert noch immer; daher auch der alte Spaß: „Wie machen's die Igel?“ Antwort: „Ganz, ganz vorsichtig.“ Bis heute ließ sich der volle Ablauf von Paarungsvorspiel und die eigentliche Paarung selten beobachten, und – wie wir glauben – wurde auch nie zuvor gefilmt.

Viele Verpaarungsversuche der Igel führen nicht zum Erfolg. Ist das Weibchen nicht empfängnisbereit, rennt es einfach vor dem Männchen davon; und es ist erstaunlich, wie schnell Igel rennen können. Sie laufen etwa so schnell wie ein Mensch, wenn er einigermaßen flott geht.

Doch selbst wenn das Weibchen empfängnisbereit ist, ist die Hochzeit eine langwierige und geräuschvolle Prozedur. Das Männchen kreist immer wieder um das Weibchen herum, dicht an ihrem Körper, während sie ihm zugewandt bleibt und zurückweicht, um ihren Unwillen anzuzeigen. Der ganze Vorgang wird von lautem Grunzen und Schnaufen begleitet. Es wurde behauptet, daß ein bestimmtes Männchen immer nur in einer Richtung kreist – mit oder entgegen dem Uhrzeigersinn. Wir konnten aber feststellen, daß dies nicht stimmt. Dieses Vorspiel kann sich, jeweils in Abständen von etwa 20 Minuten, über mehrere Stunden hinziehen. Schließlich zeigt das Weibchen dem Männchen seine Bereitschaft an, indem es seinen Rücken krümmt, die Hinterbeine spreizt und seine Stacheln flachlegt. Das Männchen steigt auf, packt das Weibchen am Genick, und sie begatten sich. Danach trennen sich die zwei Tiere und sehen sich wahrscheinlich nie wieder. Das Männchen spielt bei der Aufzucht der Familie, die es gezeugt hat, keine Rolle. Die Igelpaarung entspricht also in keiner Weise der Legende; man könnte sogar sagen, sie ist noch viel erstaunlicher.

Wenn es schon schwer ist, sich die Paarung zwischen zwei stacheligen Tieren vorzustellen, um wie vieles schwieriger muß dann erst die Geburt sein? Auch da gibt es eine Legende, derzufolge die Geburt für die Mutter ausgesprochen schmerzhaft ist. Um sich von diesem Schmerz abzulenken, würde sie sich mit ihren Stacheln selbst stechen. Und tatsächlich scheint es, als sei die Geburt für die Igel besonders schmerzhaft. Jedenfalls könnte das langandauernde Keuchen und Sich-Mühen der Muttertiere darauf schließen lassen. Allerdings tun sie das nicht wegen der Stacheln ihrer Babys. Bei Geburt sind diese nämlich fast glatt. Der einzige Hinweis auf die späteren Stacheln ist ein Muster von kleinen Höckern auf der Haut, die ähnlich wie eine Gänsehaut aussehen, und die in zwei Streifen den Rücken entlanglaufen. Das sind die Stellen, an denen bei dem jungen Igel nur wenige Stunden nach der Geburt der erste Satz von weichen, weißen Stacheln hervorzutreten beginnt. In diesem frühen Stadium sind es nur insgesamt 90 Stacheln. Aber die Babys wachsen schnell, und bald kommen weitere Sätze von braunen Stacheln des Erwachsenen-Typs hervor, bis sie – mit etwa drei Wochen – wie eine Miniaturausgabe der Mutter aussehen. Bei Geburt jedoch sind die Jungen völlig unbestachelt, und die Legenden über die Igelgeburt scheinen mehr auf das Mitgefühl früherer Naturkundler als auf exakte Beobachtung zurückzugehen.

Tatsächlich haben durch all die Jahrhunderte die Menschen den Igeln gegenüber ein liebevolles Interesse gezeigt, verbunden mit lebhafter Neugier auf ihre Lebensweise. Unsere Vorfahren erwarteten offensichtlich, daß ein so seltsam ausehendes Tier sich auch seltsam verhalten und die gewöhnlichsten Tätigkeiten in außergewöhnlicher Weise ausführen müsse. Und diese Haltung gibt es bis heute. Nicht nur, daß die alten Igel-Mythen weiterleben; ständig entstehen neue. Ein gutes Beispiel dafür sind die Igel-Flöhe.

Nun sind die Flöhe selbst keineswegs nur eine Legende. Parasiten sind der Zoll, den ein Igel für seine ansonsten höchst wirksame Rüstung zu zahlen hat. In einem Fall wurden rund 500 Flöhe auf einem einzigen Igel gefunden. In letzter Zeit kam die Überzeugung auf, die Igel brauchten ihre Flöhe und könnten ohne sie nicht überleben. Das stimmt nicht. Manchmal sprühen wohlmeinende Leute einen verseuchten Igel mit einem Insektizid ein; sie töten damit oft den Wirt ebenso ab wie die Parasiten. Vielleicht ist die Legende auf diese Weise entstanden.

Wir brauchten dieses Experiment allerdings nicht auszuführen. Die Legende von den für die Igel lebensnotwendigen Flöhen hat sich bereits auf andere Weise widerlegt. Gegen Ende des 19. Jahrhunderts wurden britische Igel von einer Gruppe heimwehkranker Einwanderer nach Neuseeland eingeführt. Während der langen Seereise haben die Igel ihre Flöhe verloren; das hinderte sie aber nicht daran, sich in ihrer neuen Heimat auf der anderen Seite der Erdkugel freudig niederzulassen, und es scheint so, als sei die Igelbevölkerung in Neuseeland heute sogar dichter als z. B. in England. Übrigens braucht sich der Mensch keine Sorgen darum zu machen, daß Igelflöhe sich auf ihm oder auf Haustieren niederlassen könnten. Igelflöhe ziehen es vor, auf Igeln zu bleiben, und sie schaden ihnen auch recht wenig.

Eine andere, sehr seltsame Legende kam erst in diesem Jahrhundert auf: das sogenannte Selbst-Bespucken. Diese Legende ist jedoch zweifelsfrei wahr. Wird ein Igel vom Duft irgendeiner besonderen Substanz angelockt – sei es nun Leder, Zigar-

LINKS: *Fünf Tage alter Igel.*

GEGENÜBER: *Igelmutter mit Jungen.*

renstummel oder gar destilliertes Wasser – leckt er heftig daran, bis sich Speichel absondert und große Mengen von Schaum entstehen. Dann wälzt er sich darin und verbreitet den Schaum auf seinen Stacheln so weit, wie es ihm möglich ist. Oft macht er dazu die ungewöhnlichsten Verrenkungen. Dabei scheint jeder Igel seine Spezialität zu haben: Eines unserer Versuchstiere war z. B. besonders auf die Filzunterlage eines Teppichs und auf Leder aus. Es war derart fasziniert von den Sandalen des Kameramannes, daß es sogar hineinkroch, wenn dieser sie endlich abgelegt hatte.

Warum tun Igel das? Es sind viele Theorien dazu aufgestellt worden; z. B. die, es handle sich um eine Art sexuellen Gehabes. Aber das scheint nicht zu stimmen. Eine andere Theorie besagt, daß Igel sich selbst bespucken, nachdem sie Krötenhäute gefressen haben, um mit dem Krötengift die Schutzwirkung der Stacheln zu erhöhen. Und noch eine weitere Theorie besagt, daß Igel den Speichel als eine Art Insektizid benutzen, um die zahlreichen Parasiten in ihren Stacheln unter Kontrolle zu bringen. Stimmt diese letzte Theorie, dann kann das Mittel freilich nicht sonderlich wirksam sein. Wie so manches bei Igeln ist der Sinn dieses Verhaltens bis jetzt ungeklärt geblieben.

Die vielleicht am weitesten verbreitete und populärste moderne Igel-Legende befaßt sich mit seinem Verhalten im Verkehr. Der klägliche Anblick dieses harmlosen kleinen Tieres, wie es auf einer verkehrsreichen Straße zerquetscht daliegt, bedrückt wohl die meisten von uns. In den letzten paar Jahren wurde von verschiedenen Seiten behauptet, daß hier nun eine Evolution direkt vor unseren Augen am Werke sei, bei der die Igel dabei seien zu „lernen“, daß sie sich nicht vor der Gefahr des herankommenden Autos zusammenrollen, sondern fortlaufen und fliehen müßten. Das ist zwar ein erfreulicher Gedanke, aber wahrscheinlich nur ein weiteres Beispiel für Wunschdenken.

OBEN: *Zecke auf einem Igel.*

RECHTS: *Beim „Selbst-Bespucken“.*

GEGENÜBER: *Igel-Albino.*

Die Igel sind Vertreter einer sehr alten Tierform. Sie trollten sich bereits vor 15 Millionen Jahren über diese Erde, lange vor dem Mammut und dem Säbelzahn-Tiger. Im Vergleich damit hat die Entwicklung des Verbrennungsmotors nur ein Augenzwinkern lang gedauert, und so schnell kann Evolution nicht ablaufen. Zudem muß man bei genauerem Hinsehen bald darauf kommen, daß der Igel zwar vor dem einen Satz von Rädern fliehen, durchaus aber in den nächsten hineinlaufen kann. So schön es wäre, aber diese Legende scheint nicht zu stimmen. Und trifft es überhaupt zu, daß die Igelbestände vom Tod auf der Straße beeinträchtigt werden? Wir wissen es nicht sicher, aber wahrscheinlich ist es nicht. Die Tatsache, daß wir immer wieder viele Igel tot auf den Straßen sehen, bedeutet ja zunächst, daß es mit Sicherheit noch mehr gibt, die leben bleiben.

Wir sollten nicht vergessen, daß die traditionelle Stachelrüstung der Igel gegen seine herkömmlichen natürlichen Feinde überaus wirkungsvoll ist. Außer den von Menschen geschaffenen Autos haben Igel aber wenige Feinde. Es spricht also nicht alles dagegen, daß diese anheimelnden kleinen Tiere, die es bereits seit 15 Millionen Jahren gibt, auch noch in den nächsten 15 Millionen Jahren geben wird, und daß sie dabei mehr und mehr Geheimnisse hervorbringen, die wir untersuchen können. Hoffen wir es jedenfalls.

DRACHEN UND JUNGFRAUEN IN DER INSEKTENWELT

Geflügelte Drachen durchstreifen noch immer die ländlichen Gegenden unseres Landes. Verglichen mit den Bestien der Mythen und Fabeln sind sie winzig. Allerdings sind sie – nur in kleinerem Maßstab – in jeder Hinsicht genauso schrecklich. Es sind die Libellen, genauer gesagt: die Großlibellen. Ihre Verwandten, die Kleinlibellen oder Wasserjungfern, müssen wir wohl eher mit den Jungfrauen der Mythen vergleichen.

Im Englischen werden die beiden Gruppen als *dragonflies* („Drachenfliegen") und *damselflies* („Jungfernfliegen") bezeichnet.

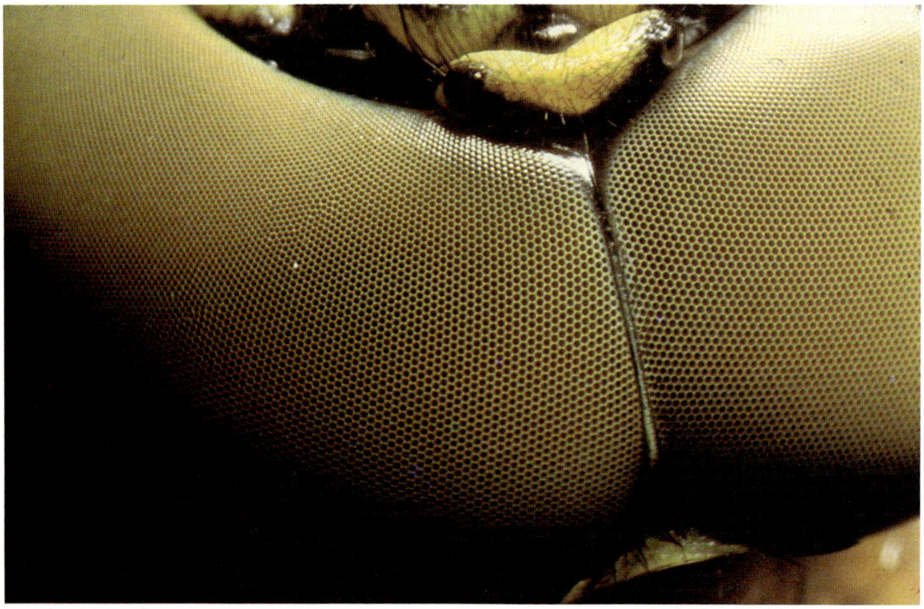

LINKS: *Eine typische Großlibelle, die Braune Mosaikjungfer. Die Großlibellen sind sehr wendig in der Luft und fangen ihre Beute (Mücken u. a. kleine Insekten) im Flug. Dabei strecken sie die behaarten Beine wie eine Art „Netz" nach vorne.*

UNTEN: *Die Facettenaugen einer Großlibelle aus der Nähe. Der Sehsinn ist das vorherrschende Sinnesorgan bei Jagd und Partnersuche; sie können Bewegungen in bis zu 12 m Entfernung wahrnehmen.*

GEGENÜBER, OBEN: *Die Zweigestreifte Quelljungfer, eine der größeren und prächtigeren Arten, findet sich an Bächen in Heide und Moor.*

GEGENÜBER, LINKS UNTEN: *Eine Kleinlibelle, die Blauflügel-Prachtlibelle. Die Kleinlibellen sind schlank; in Ruhestellung werden die Flügel nach hinten parallel zum Körper gehalten.*

GEGENÜBER, RECHTS UNTEN: *Obgleich sie langsamer fliegen als die Großlibellen, fangen auch die Kleinlibellen ihre Beute im Flug. Man beachte die großen Augen und die bestachelten Beine.*

RECHTS: *Bei der Paarung nehmen die Groß- und Kleinlibellen eindrucksvolle, außergewöhnliche Haltungen ein. Die meisten Insekten paaren sich „Schwanz-zu-Schwanz", das Männchen der Großlibelle aber besitzt dicht an der Brust sekundäre Genitalien; indem es den Hinterleib nach vorne krümmt, füllt es diese mit Samen. Während der Kopulation bildet das Paar dann das bezeichnende „Paarungsrad", wobei das Weibchen sein Hinterleibsende zur Brust des Männchens hin biegt. Bei vielen Arten findet die Paarung im Flug statt, und oft bleiben Männchen und Weibchen während der Eiablage im „Tandem" zusammen.*

UNTEN LINKS: *Trotz ihrer guten Flugfähigkeit fallen die Libellen manchmal anderen Tieren zum Opfer – oder gar einer fleischfressenden Pflanze.*

UNTEN: *Einige Arten geben ihre Eier frei ins Wasser ab, andere legen sie gezielt auf Schwimm- oder Unterwasserpflanzen ab. Einige wenige schneiden mit ihrem Legeapparat in Pflanzenstengel und führen die Eier in das Pflanzengewebe ein; sie gehen dazu teilweise sogar unter die Wasseroberfläche.*

OBEN UND LINKS: *Die Larven der Großlibellen (oben) und der Kleinlibellen (links) leben im Wasser. Die einen sind kurz und gedrungen und verbergen sich in Schlamm und verwesenden Pflanzen am Grund; die anderen sind schlank und stromlinienförmig und leben zwischen Kräutern, auch im Winter. Sie alle sind gefräßige Räuber und packen fast alles, was sich bewegt und nicht größer ist als sie selbst. Das Larvenstadium kann ein bis drei Jahre dauern, während die erwachsenen Tiere nur wenige Wochen leben.*

GEGENÜBER, OBEN LINKS: *Eine Großlibelle verläßt das Wasser. In den letzten vier Tagen haben sich die Gewebe unter ihrer harten Außenhaut zu der Gestalt des erwachsenen Tieres umgewandelt.*

GEGENÜBER, OBEN RECHTS: *Die Oberhaut ist aufgeplatzt, und die erwachsene Libelle beginnt herauszukommen.*

(INNENTITEL, SEITE 2): *Nachdem Kopf und Brust herausgekommen sind, hängt die Libelle an ihrem Hinterleib kopfunter herab und ruht sich bis zu eine Stunde lang aus.*

LINKS: *Von der Larvenhaut befreit, richtet die frisch geschlüpfte erwachsene Libelle ihre Glieder und wartet darauf, daß die Flügel sich entfalten und härten. In diesem Stadium ist sie sehr leicht verwundbar; deshalb findet das Schlüpfen gewöhnlich nachts statt.*

GEGENÜBER, UNTEN LINKS UND RECHTS: *Die Flügel werden größer. Durch das Adern-Netzwerk wird Blut in sie hineingepumpt; nach 30 Minuten sind sie entfaltet.*

UNTEN LINKS: *Die Flügel haben fast die endgültige Größe erreicht, sind aber noch weich, und die erwachsene Libelle klammert sich noch an die alte Larvenhaut.*

UNTEN RECHTS: *Das fertige Insekt wird nun zu seinem Jungfernflug zu starten. Flügel und Oberhaut sind zwar jetzt erhärtet, aber erst in einigen Tagen ist das Tier geschlechtsreif und erlangen die Farben ihre volle Leuchtkraft.*

AUF DER LAUER IM MASAI MARA

Dunkel war es über Europa, dunkel über Nordafrika. Die Boeing 707 der „Kenya Airways" war halb leer, während sie über den nächtlichen Himmel zog. Durch das zerkratzte Fensterglas hatte ich vor einer Stunde noch die hellen Lichter von Rom schimmern sehen.

Es kam mir seltsam vor, hier ausgestreckt in einem großen Düsenflugzeug zu liegen, während es über die 10.700 Meter unter uns liegenden Ruinen alter Kulturen hinwegschwebte. Irgendwo da unten befanden sich die Pyramiden, dann der mächtige Nil, der sich durch die Trockenheit der Nubischen Wüste wand; dann die zwei kleineren Quellflüsse, der Blaue Nil, der vom Abessinischen Hochland herabströmt, und der Weiße Nil, der von den Ufern des Viktoria-Sees herankommt. Wir sind schon am Äquator, nur wenige hundert Kilometer von der Stelle entfernt, an der ich bald zelten werde.

Auf meiner Uhr ging die Zeit voran; doch mir schien es, als würde ich in der Zeit rückwärts reisen, nach Afrika, zur Wiege der Menschheit. Rückwärts in der Zeit zur letzten großen Erinnerung daran, wie die Welt einmal gewesen sein muß, als die Ahnen der Menschen begannen, ihre Kräfte mit der urzeitlichen Wildnis zu messen.

Da unten in Kenia gibt es eine Welt, die noch mit riesigen Tierherden bevölkert ist, in der es noch die herrlichen mächtigen Goldkatzen gibt: *Panthera leo,* den Afrikanischen Löwen. Der König der Tiere, das Symbol der Sonne, er war der Grund für meine Reise.

Wenige Tage vorher hatte ich bei Wind, Kälte und Platzregen im Zoo von Bristol gestanden und mit Erstaunen die gefangenen Löwen lange betrachtet.

Ein paar Zeilen des berühmten Zoologen Konrad Lorenz kamen mir in den Sinn: „Es gibt bestimmte Dinge in der Natur, in denen Schönheit und Nutzen, künstlerische und technische Vollkommenheit sich in einer unbegreiflichen Weise verbinden, das Netz einer Spinne, der Flügel einer Libelle, der vorzüglich stromlinienförmige Körper von einem Schlachtroß, sowie die Bewegungen einer Katze." Aber Lorenz mag dabei an eine pirschende Löwin in Freiheit gedacht haben.

An jenem elenden Morgen stand ich einer eingesperrten und der Freiheit beraubten Legende gegenüber. Dies sollte nun also der Gegenstand der schlimmsten Furcht bei primitiven Menschen sein. Das wildeste und meist unabwendbar todbringende unter den Raubtieren; die wahre Verkörperung von Macht und Schrecken, gefangen in einem Betondschungel. Und doch, selbst hier waren die Tiere noch eindrucksvoll. Ihr Blick hatte eine vornehme, bedrängende Stärke, die die Entfernung zwischen uns überwand und in den archaischsten Winkeln meines Gehirns etwas auslöste. Die Haare in meinem Nacken sträubten sich – als würde ich mich daran erinnern, wie der Frühmensch sich gefühlt haben muß, wenn er allein und ängstlich in der Wildnis war.

Tief in unserem Innersten steckt immer noch Respekt und Furcht vor den Löwen, jenen gierigen, brüllenden Bestien der Bibel. Die Anwesenheit eines Löwen verlangt Aufmerksamkeit: seine Autorität liegt mit der unsrigen im Wettstreit. Mensch und Löwe – der eine wachsam vor bloßer körperlicher Macht, der andere vorsichtig angesichts eines überragenden Verstandes. Seit der Mensch Kriege zu führen begann, wurde die Macht in der Gestalt des Löwen symbolisiert. Der sprungbereite Löwe schmückt Banner, ziert Uniformen, dient als Quelle der Begeisterung und des Mutes.

Vor dem Löwenkäfig fragte ich mich, wie es sein müßte, freie Löwen zu sehen, unbehindert von den Stäben und Käfigen der Zivilisation. Wie würde ich reagieren, wenn ich einem wilden Löwen so nahe gegenüberstünde, mit nichts zwischen uns als den dünnen Stoffwänden eines Zeltes, in dem wir wohnen und schlafen würden, mitten im Herzen ihres Reviers im Schutzgebiet Masai Mara in Kenia? Mir schauderte bei dem Gedanken. Und jetzt war ich auf dem Weg dorthin.

Die langen Wochen der Vorbereitung und Planung waren vorüber. Es war nun nicht mehr zu tun, als den Weg zu ebnen für den Kameramann Hugh Miles und seine sich zu Bergen türmende Ausrüstung. Zu Anfang würde ich mit Hugh allein sein; und wir hatten nur allzu kurze drei Wochen, um die Filmarbeit zu Ende zu bringen.

Hugh ist ein glänzender Kameramann, dessen Geschick viel gefragt ist. Sein ausgebuchter Zeitplan

Die herrliche mächtige ‚Goldkatze'.

ließ wenig Raum für Verschiebungen. Wenige Wochen vor dem Start nach Kenia war er noch mit Eisbären zusammen auf Treibeis in der kanadischen Arktis und filmte für eine andere BBC-Serie. Er war auf den Shetlands gewesen, um nach Fischottern zu suchen, und für die Zeit nach den Kenia-Wochen freute er sich schon auf das Symposium der Naturfilmer, das Ende September in Bath stattfinden sollte. So mußte es bei drei Wochen bleiben, die aber – wie wir hofften – mit der Ankunft der riesigen Gnu-Herden im Masai Mara zusammenfallen würden.

Der Erfolg unserer Expedition hing davon ab, ob die Gnus bereits da waren. Aber es gab keine Garantie dafür, ob wir den richtigen Zeitraum auch getroffen hatten. Niemand kann genau voraussagen, wann das mächtige Heer der wandernden Gnus Masai Mara erreichen wird – ja nicht einmal, ob sie überhaupt kommen. Viele Faktoren beeinflussen die Bewegungen dieser Herden. Doch zwei der wichtigsten Bedingungen (Regen und das Vorhandensein von grünem Gras) schwanken von Jahr zu Jahr erheblich.

Ich kenne nichts Vergleichbares für das ehrfurchtgebietende Schauspiel der Wanderzüge ostafrikanischer Gnus. In jedem Jahr ziehen Hunderttausende von Tieren nordwärts von der Serengeti-Ebene aus, wo sie gekalbt haben, auf der Suche nach grünen Weiden. Das Mara-Gebiet ist der nördlichste Teil des Serengeti-Ökosystems und gleichzeitig auch Kenias großartigste Wildnis. Ein Gebiet von unvergleichlicher Schönheit und Fülle der freien Natur, enthält es wahrscheinlich ebenso viele Löwen, Geparden, Büffel und Gnus, wie sich in allen übrigen Schon- und Schutzgebieten Kenias zusammen finden. Während große Teile Afrikas Zeugnis ablegen von der traurigen Geschichte des Raubbaues an Tieren und der Überbeanspruchung der natürlichen Umwelt durch den Menschen, blieb das Mara-Gebiet weitgehend unversehrt. Ein Zufluchtsort inmitten unserer modernen Welt.

Wenn die Wanderzüge der Gnus beginnen, dann vollzieht sich im Mara-Gebiet eines der dramatischsten Naturschauspiele der Erde.

Für die Gnus ist die 800 Kilometer lange Rundreise, die sie von ihren Wurfgebieten aus unternehmen, angefüllt mit Gefahren. Viele der Tiere versagen und können den langen Marsch nicht zu Ende bringen. Wo immer sie gehen, bedrohen Löwen, Geparden, Leoparden, Hyänen die endlosen Kolonnen. Auf ihrem Pfad liegen schäumende Flüsse,

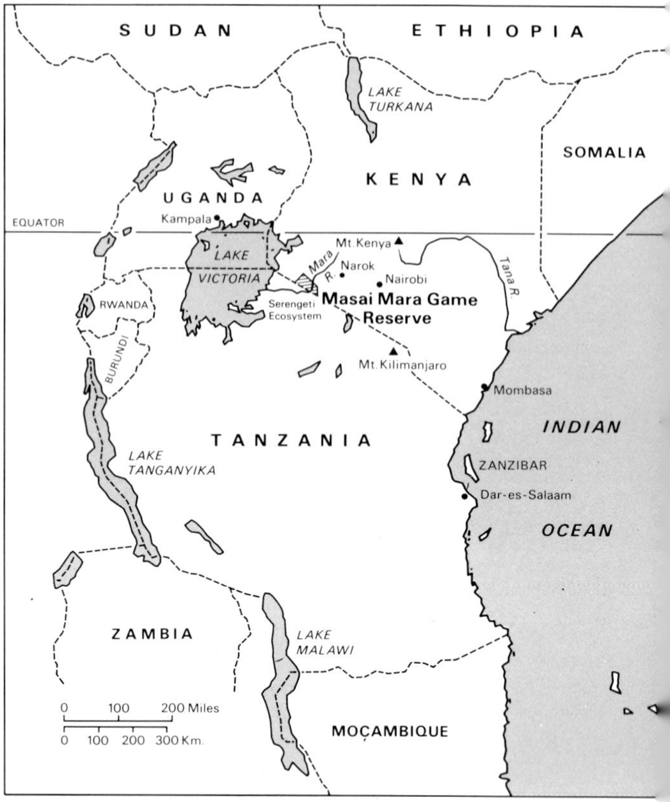

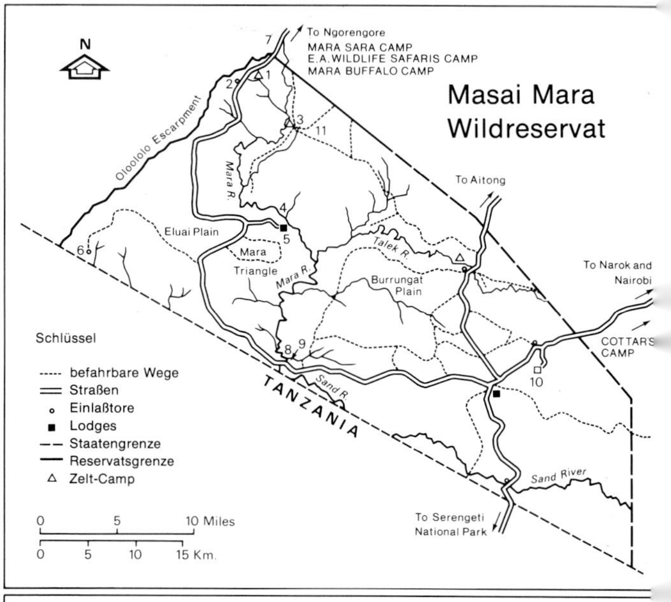

1 Kichwa-Tembo-Camp
2 Oloololo-Tor
3 Zeltplatz
4 Flußüberquerung der Gnus
5 Mara-Serena-Lodge
6 Ngiro-Are-Posten gegen Wilderei
7 Nord-Mara-Brücke
8 Süd-Mara-Brücke
9 Flußpferd-Tümpel
10 Mara-Forschungsstation
11 Sumpf-Revier der Löwenrudel

belebt von Krokodilen. Tausende ertrinken in den reißenden Gewässern oder werden auf dem glitschigen Schlamm der Flußufer niedergetrampelt, wenn eine von Panik ergriffene Herde zu überqueren versucht. Der Mara-Fluß ist vielleicht das gewaltigste Hindernis. Die Überlebenden der riskanten Flußüberquerungen müssen durch die Löwenrudel Spießruten laufen, die die Musiara-Sümpfe in der Nähe besetzt halten.

Die Musiara-Sümpfe liegen mitten im Herzen von Masai Mara. Gespeist von einer Quelle, die nie austrocknet, sind sie ein Zufluchtsort für Wasservögel und ernähren das artenreiche Leben der umgebenden Ebenen; die Steppentiere müssen hierher kommen, um zu trinken. Für die Sumpflöwenrudel und ihre Jungen sind sie das begehrteste Revier im Mara – ein Tummelplatz und ein Jägerparadies. Für die Löwen bedeutet die Ankunft der Gnus eine Zeit der Fülle; vorbei sind die mageren Zeiten der Trokkenheit, in denen sie am besten an ein Mahl herankommen, indem sie Warzenschweine aus ihrem Bau ausgraben.

Wir wollten der Geschichte eines Tages im Leben eines solchen Löwenrudels nachgehen – eines Tages auf dem Höhepunkt der Wanderzüge der Gnus. Die Geschichte, wie zwei der gewaltigsten Kräfte der Natur aufeinanderprallen: der majestätische Löwe und die wandernde Masse der Gnus.

Eine Vielzahl von Löwenrudeln verteilt sich über die 1800 Quadratkilometer großen Jagdgründe des Mara. Unser Sumpflöwenrudel war aber kein gewöhnliches Rudel. Seit 1975 werden ihre „Personalien“, Streitigkeiten und Familiengeschichten in den Tagebüchern von Jonathan Scott aufgezeichnet, einem jungen Natur-Künstler und -Fotografen, der im Mara lebt und arbeitet. Zusammen mit Brian Jackman, dem Naturkorrespondenten der „Sunday Times“, bereitete Scott das Material für ein Buch über diese Löwen vor.

Ich wußte, die Löwen würden dort irgendwo sein, in der Umgebung der Sümpfe. Wir brauchten sie bloß zu finden. Aber mit den Gnus war es eine ganz andere Sache. Es gab ja keine Garantie dafür, daß die großen Herden schon angekommen waren.

Es war noch immer stockdunkel, als die Boeing ihren Abstieg auf Nairobis Flughafen begann. Ich sah wieder auf meine Uhr: fünf Uhr morgens. Bald wird es dämmern. In den nächsten drei Wochen werde ich jeden Morgen um diese Zeit aufstehen und mit Hugh zusammen wie wild arbeiten, um genügend Material für die Geschichte eines langen afrikanischen Tages zu bekommen, von der Morgen- bis zur Abenddämmerung. Selbst die Taxifahrt vom Flughafen nach Nairobi hinein war ein Traum für einen Naturfreund. Ein wahres Kaleidoskop von leuchtend gefärbten Vögeln vertrieb meine Müdigkeit. Und als ich meine erste Giraffe entdeckte, die längs der Straße gravitätisch daherschritt, war ich vor Erregung hellwach, waren alle Gedanken an Schlaf verbannt.

Ich war zwei Tage vor Hugh angekommen. Die nächsten 48 Stunden mußte ich zwischen den zahllosen Regierungsbüros hin und her eilen, um die endgültigen Genehmigungs- und Zulassungspapiere zu bekommen, die uns eine Filmarbeit ohne Behinderung ermöglichen sollten. Denn Kenias Bürokratie ist, wie in den meisten Ländern, gut ausgebaut, und die zahlreichen Parkhüter und Polizisten verlangen nach den offiziellen Dokumenten.

Hughs Flugzeug kam mehrere Stunden verspätet an; doch obgleich er erschöpft war, war er genau so versessen darauf wie ich, möglichst rasch ins Mara zu kommen. Wir beluden den abgenutzten Landrover, den ich in Nairobi gemietet hatte, und ich fragte mich, was für Fahrbedingungen wir vorfinden würden, wenn erst die Teerstraße zwei Stunden später bei Narok zu Ende sein wird.

Ich hatte schon einen Miet-Landrover wegen technischer Mängel zurückgegeben. Aber dieser war kaum besser. Die Türen ließen sich nicht schließen, die Treibstoff- und Temperaturanzeige war defekt, und der Motor gab unheildrohende Geräusche und schwarze Qualmwolken von sich.

Die Reifen sahen aus, als seien Stücke von in Streifen geschnittenen Gummistiefeln auf die alten Laufflächen geklebt. Auf den nur 20 Kilometern Fahrt zum Flughafen, von dem ich Hugh abholte, hatte ich das sichere Gefühl, sie würden sich abschälen. Alle paar Kilometer hielt ich an, um mir die Räder anzuschauen. Erstaunlicherweise hielt das Profil, und das sogar im Verlauf von Tausenden von Kilometern, die wir über die rauhesten Pisten und felsenübersäten Pfade zurücklegen mußten. Nur einmal kamen wir in Schwierigkeiten, als wir mitten in der Verfolgung eines Gepards waren, dessen Leistung auf dem holprigen Gelände der unseren bei weitem überlegen war. In rasender Fahrt gerieten wir in ein verstecktes Hyänenloch, und die Kardanwelle brach. Zum Glück konnten wir sie aber selbst reparieren.

Mehrere Stunden hinter Nairobi kamen wir also durch Narok, und von da ab rumpelten und rüttelten wir über staubige Pfade ins Masai-Mara-Reservat.

Das Mara-Gebiet ist eine sanft gewellte Ebene, die auf allen Seiten von Hochebenen und Böschungen begrenzt wird. „Mara" ist das Wort des einheimischen Massai-Stammes für diese Art von Landschaft. Obwohl das Gebiet fast am Äquator liegt, ist die Hitze bei einer durchschnittlichen Höhe von 1500 Metern erträglicher als im Tiefland Kenias.

Verteilt über das Schutzgebiet finden sich kleine Waldflecken und Akaziengruppen. Anstehendes Felsgestein durchstößt das Gras und bietet hervorragende Verstecke für Leoparden und Löwen und

zugleich alptraumhafte Verhältnisse für jeden, der sie zu verfolgen versucht.

Mit einfallender Dunkelheit erreichten wir unser Lager im flußnahen Wald zwischen den Musiara-Sümpfen und dem Mara-Fluß.

Jonathan Scott sollte mit uns im Lager leben; er begrüßte uns dort. Und das taten auch die Löwen. Fast im selben Augenblick, in dem wir aus dem Landrover kletterten, nahmen wir sie wahr. Es gibt wenige Laute in der Natur, die so beeindruckend sind wie das Gebrüll eines Löwen. Nachts gibt es in diesem Gebiet ständig ein markerschütterndes, wildes Gemisch von Lauten der verschiedensten Tiere. Aber immer herrscht das Gebrüll der Löwen vor. Der Lautstärke nach waren die Löwen in der Nähe. Zu nahe, als daß wir uns wohlfühlen konnten. Außer Reichweite des flackernden Lichtscheins unseres Lagerfeuers umschlichen sie uns in der Dunkelheit. Auch Elefanten und Büffel wanderten unter den Bäumen herum, und das aufregende Schnaufen der Flußpferde ließ sich aus der Richtung des Flusses hören. Paviane kreischten von den Bäumen, und ab und zu stachen laute Geräusche wie Pistolenschüsse aus dem Stimmengewirr hervor, wenn ein schweres Tier einen herabfallenden Ast unter den Füßen zerknackte.

Jonathan sagte uns, daß die Flußpferde bald das Wasser verlassen würden für ihre nächtlichen Wanderungen auf der Suche nach Gras in der Gegend der Sümpfe. Unser Lager befinde sich dicht an dem Wechsel, den sie vom Fluß her einschlagen, fügte er hinzu. Sollten sie von ihrem gewohnten Weg abweichen oder wegen unserer Lichter in Panik geraten, dann könnten sie durchaus die Zelte zertreten. Auch bei den Büffeln könnte man sich etwas ähnliches vorstellen, und selbst die Elefanten könnten über die Spannseile stolpern. „Seid auf alles gefaßt", warnte er uns beim ersten Abendessen.

Was dagegen zu tun sei, konnte er uns freilich nicht sagen. „Du kannst ziemlich wenig tun, wenn ein drei-Tonnen-Flußpferd sich entschließt, über ein Zelt hinwegzurollen, in dem du gerade fest schläfst."

GEGENÜBER, LINKS: *Das Lager.* GEGENÜBER, RECHTS: *Die folgende Morgendämmerung war überwältigend.*

LINKS: *Schreiseeadler, von Jonathan Scott gezeichnet.*

UNTEN: *Die Linien der Gnus liefen im Zickzack bis an den Horizont.*

Wir hatten gerade unsere Mahlzeit beendet, als Löwengebrüll und gleich darauf ein furchterregender, zweifellos menschlicher Schrei uns entsetzt auf die Füße brachte. Das Eßzelt war groß und dreiseitig geschlossen, offen nur zum Lagerfeuer hin. Wir ergriffen alle drei unsere Stühle und richteten sie gegen den Eingang. Gebrüll und Rufe kamen von der anderen Seite des Lagers, wo unsere einheimischen Camp-Gehilfen ihr Quartier hatten. Alles deutete darauf hin, daß ein Löwe im Lager war und unter den Afrikanern Panik verbreitete. Jetzt kam etwas auf uns zu gerannt. Wir stießen einen Seufzer der Erleichterung aus, als der zitternde David, der Chef der Afrikaner, in das Zelt gelaufen kam und laut in Suaheli rief: „Simba, Simba!" (Löwe, Löwe!). Beim ersten Anblick des Löwen hatten sich Davids Kollegen vor Entsetzen auf die nächsten Bäume geflüchtet, wo sie noch lange blieben, nachdem das Tier in der Nacht verschwunden war. Alles deutete darauf hin, daß es eine aufregende Filmreise werden würde. Die Sumpflöwen hielten ihren Herrschersitz zweifellos besetzt. Wir hofften, auch die Gnus würden uns einen eindrucksvollen Empfang bereiten. Wir sollten nicht enttäuscht werden.

Der Anblick in der folgenden Morgendämmerung war überwältigend. Der morgendliche Dämmerungs-Chor in Afrika enthält ein Element der Drohung. Aus der Richtung der Sümpfe brüllte ein Löwe eine furchterregende Herausforderung an die aufgehende Sonne. Im besonderen Licht des frühen Morgens erhob sich langsam ein goldener Nebel. Gelbkehlpiper (Safrangroßsporne) sangen im Gras. Ketten von Nilgänsen und Nimmersatt-Störchen flogen geräuschvoll zum Sumpf hinüber. Die wundervollen Laute eines afrikanischen Schreiseeadlers wetteiferten mit dem lauten Pfeifen von Fröschen. Ein schöner Graufischer schwebte mühelos über der Quelle, bevor er hinabstürzte und einen zappelnden Wels aus dem kristallklaren Wasser zog. Silberreiher und Stelzenläufer und seltsam aussehende Hammerköpfe wateten in den Untiefen um den Rand des Sumpfes und störten dabei die riesigen Taumelkäfer

Weißbartgnus.

auf, die auf der ruhigen Wasserfläche hin und her tanzten.

Alles war neu und frisch. Die afrikanische Morgendämmerung vermittelt einem das Gefühl des ersten Schöpfungstages. Während die Sonne höher stieg und die fernen Hänge beleuchtete, belebte sie eine unvergeßliche Szene.

Jenseits des Sumpfes – die Ebene bedeckend, soweit das Auge sehen konnte – standen die Weißbartgnus. Tausende und Abertausende waren zu endlosen Kolonnen versammelt; ihre langen, dunklen Reihen liefen im Zickzack bis an den Horizont. Wie ein gigantischer Über-Organismus wirbelten die unermäßlichen Herden hin und her –; es wirkte nahezu wie eine ungeheure schwarze Dünung auf einem Ozean von Gras.

Seit Urzeiten sind die Gnus über die Mara-Ebenen gekommen und gegangen, ihren alten Wanderwegen folgend, geführt von einem unstillbaren Hunger nach saftigem Gras. Wo immer sie laufen, begleiten sie einander mit einem ständigen Chor aus seltsamen Grunzlauten. Die Gnus sind die am wenigsten elegant aussehenden Antilopen. Diese bärtigen Eigenbrötler innerhalb einer Tiergruppe, die sonst für Schönheit und Anmut berühmt ist, trotten auf zerbrechlich wirkenden Beinen daher in einem komischen, unbeholfenen, kopflastigen Gang, mit vorwärtsplumpsendem Schulterteil und Kopf. Doch dieser linkisch wirkende Trott kann sie jeden Tag mehr als 50 Kilometer weiterbringen.

Auch Zebras nehmen an den Wanderungen teil. Sie begleiten die Gnu-Kolonnen aber in viel kleineren Zahlen, und sie ziehen es vor, in getrennten Familiengruppen zu bleiben. Im Gegensatz dazu sind die Gnuherden eine formlose, locker gemischte Ansammlung von Einzeltieren.

Mit Hilfe von Peilsendern hat man herausbekommen, daß Tiere, die an einem Tag im selben Trupp zu finden waren, eine Woche später 40 Kilometer voneinander entfernt sein können. Obwohl die Bewegungen der einzelnen Kolonnen im großen und ganzen parallel verlaufen und offensichtlich miteinander synchronisiert sind, geht der Marsch über die Ebenen also nicht in strenger Formation vor sich. George Schaller, dessen Studie über die Löwenökologie zu den Klassikern unter derartigen Arbeiten zählt, beschrieb die Serengeti als „ein grenzenloses Gebiet, mit einem dermaßen weiten Gesichtsfeld, daß man die Wolken zwischen den Beinen eines einzelnen Straußes sehen kann". Im Verlauf ihrer Reise sehen die Gnus wahrscheinlich mehr von der ungeheuer großen Wildnis als irgendein anderes Lebewesen – den Menschen und die Geier einmal ausgenommen.

Die Gnus kommen zum Sumpf, um zu trinken und dann den Weg zu einer ihrer traditionellen Flußüberquerungs-Stellen einzuschlagen. Wir beschlossen, den Rand des Sumpfes zu umfahren und den Herden zum Fluß zu folgen. Es war erst sieben Uhr morgens, und das wunderschöne, goldene Frühlicht hob noch die glitzernden, tau-besprenkelten Spinnennetze hervor, die im langen Gras ausgespannt waren.

Weniger als zwei Kilometer vom Lager entfernt begegneten wir unserem Sumpflöwenrudel. Es waren vier erwachsene Löwinnen mit zehn Jungtieren. Von Männchen aber war nichts zu sehen. Die Jungtiere spielten miteinander und mit den Löwinnen. Die Löwen schienen die Gnus in der Nähe gar nicht zu beachten. Dieser Mangel an Interesse wurde aber durch den halb aufgefressenen Kadaver erklärt, der seitwärts von ihnen lag. Sie hatten also in der Nacht gejagt, wahrscheinlich mehrmals, und waren nun satt. Ihre dicken Bäuche zeugten davon.

Spielverhalten ist ein hervorstechendes Merkmal der Löwenaktivität und lebenswichtig für die Jungtiere. Scheinkämpfe, ähnlich dem Boxen und Ringen bei uns, helfen die Muskeln stärken, die eines Tages gebraucht werden. Außerdem werden im Spiel die Fertigkeiten beim Pirschen entwickelt. Löwen sind die einzigen wirklich sozial lebenden Katzen; und das Spiel hilft die freundschaftlichen Bindungen zu formen, die im späteren Leben den Jagderfolg

sichern. Spielerische Übungen und Kämpfe gibt es aber nur, wenn das Rudel von Zwängen frei ist. Hungrige Löwen spielen nicht, und es können Wochen vergehen ohne irgendwelche freundlichen Kontakte. Dieses Rudel aber hatte in der Nacht Nahrung aufgenommen. Im Augenblick hatten die wachsamen Gnus nichts zu befürchten.

Das Leben in einem Rudel ist von Zuneigung und Zärtlichkeit erfüllt. Besonders die Löwinnen und die Jungtiere bleiben eng zusammen und haben häufige freundliche Kontakte.

Während wir die Löwen beobachteten, erschien eines der Männchen des Rudels, das unter einem Busch gelegen hatte, und schlenderte in den Schatten eines Akaziendickichts. Die Männchen scheinen nur widerwillig von den Weibchen toleriert zu wer-

GANZ OBEN: *„Unser Sumpflöwenrudel“.*

OBEN: *Männlicher Löwe mit den Überresten eines Gnus.*

den. Trotz ihrer prächtigen Mähne und ihres aristokratischen Gehabes sind die männlichen Löwen in Wirklichkeit nicht viel mehr als Schmarotzer der Löwinnen ihres Rudels. Wenn sie auch zum Töten fähig sind, falls die Umstände es verlangen, so jagen sie doch selten und überlassen diese anstrengende Arbeit den Weibchen. Die Hauptaufgabe der Männchen besteht darin, die Sicherheit im Revier des Rudels zu gewährleisten, indem sie Eindringlinge vertreiben.

Das Gesicht eines Löwen ist ein sich ständig ändernder Spiegel seiner Seelenlage. Furcht, Neugier, Wut und Wärme drücken sich in ihm aus. Das Gesicht dieses Männchens schien seine Rolle im Leben widerzuspiegeln. Stolz und gleichgültig schlenderte er hinter dem Rudel her, mit einer Spur von Hochmut, seiner Macht sicher. Vor kurzem noch mußte er in einen Kampf verwickelt gewesen sein; seine Nase war aufgerissen.

Tödlich endende Kämpfe kommen in der Löwengesellschaft häufig vor. Die Männchen gewinnen ihr Rudel durch Tapferkeit in diesen Kämpfen, und außerdem müssen sie es dann gegen Neulinge verteidigen. Ständig dringen Rivalen in das Revier des Rudels ein und verwickeln die Männchen in Kämpfe. Auch die Löwinnen streiten sich untereinander, besonders an der getöteten Beute, wo sie sich oft ihren Weg hauen und beißen, um beim Fressen als erste an die Reihe zu kommen. Alle Löwinnen, die wir sahen, waren auf irgendeine Weise gezeichnet. Zerrissene Ohren, Bißwunden, Narben im Gesicht und am Körper zeugten von der anderen, gewalttägigen Seite ihres Lebens. Das Wesen der einzelnen Löwen unterscheidet sich erheblich voneinander. Das sollte während der folgenden Wochen deutlich werden, in denen wir unser Rudel näher kennenlernten.

Einige Löwen waren spielerisch veranlagt, andere reizbar und nervös. Wieder andere waren eher schläfrig und schienen unfähig, selbst für die Jagd genügend Begeisterung aufzubringen. Diese Sorte tat nichts anderes, als das Jagdverhalten der eifrigeren Gefährten im Auge zu behalten in der Hoffnung, ohne Mühe mit Fleisch versorgt zu werden. Eine Löwin aber, der wir an diesem Morgen begegneten, erwies sich als ein wahrer Star unseres Films. Eine unbändige Jägerin, schien sie immerzu auf der Lauer zu sein. Ihr Blick schien sich ständig auf eine noch so ferne Möglichkeit einer Mahlzeit zu konzentrieren. Sobald ein Gnu oder auch eine Leier- oder Kuhantilope in eine annehmbare Pirsch-Distanz geriet, brach sie auf und schlich durch das trockene Gras auf die erhoffte Beute zu.

Wir stießen zum ersten Mal auf sie, als sie in Begleitung zweier anderer Löwinnen war. Das Rudel war im kühlen Schatten einer Akaziengruppe verschwunden, wo sie den Rest des Tages verdösen würden. Wir waren gerade auf dem Weg zum Fluß hinüber und kaum über die Brüll-Distanz des schlafenden Rudels hinaus, als wir die drei Löwinnen

GEGENÜBER, OBEN: *„Looney“.*

GEGENÜBER, UNTEN: *Auf der Pirsch.*

RECHTS: *Löwin während der Verfolgungsjagd.*

entdeckten, wie sie dicht beieinander in Richtung Sumpf gingen.

Jonathan erzählte uns, daß sie Geschwister seien, die aus dem Rudel ausgestoßen wurden, als ihr Vater den jetzigen „Rudelinhabern“ die Führung überlassen mußte. Ins „Exil“ gezwungen, führten die Löwinnen jetzt ein Nomadenleben in der umliegenden Ebene. Die Ankunft der Gnus hatte sie zu ihrem alten Stammplatz zurückgeführt.

„Loony“, wie wir schließlich die anführende Löwin nannten, war die bei weitem tatkräftigste und abenteuerlustigste Raubkatze im Mara, die wir filmten.

Mehrere Male sahen wir, wie sie die frischgetötete Beute verließ und sofort wieder auf Pirsch ging, ohne auch nur einen Bissen zu nehmen. Hier hatten wir wirklich einen „Killer“ vor uns. Mehrfaches Töten hintereinander spricht dafür, daß das Jagdverhalten nicht notwendigerweise vom Hunger gesteuert wird. Doch die beiden Schwestern dieser Löwin profitierten von der überschüssigen Beute. Löwen ersticken ein großes Beutetier. Ihre Zähne sind nicht lang genug, um die dicken Muskeln und Halswirbel eines ausgewachsenen Gnus zu durchdringen.

Wann immer wir eine Störung zwischen den Gnus in der Nähe der Sümpfe feststellen konnten, war gewöhnlich Loony mittendrin. Eines Morgens entdeckten wir sie in einiger Entfernung von uns auf einer Bodenwelle oberhalb des Sumpfes. Sie sah wie gewöhnlich nach Jagdlaune aus, und wir folgten ihr in angemessenem Abstand. Nach anderthalb Stunden tötete sie drei Kilometer weiter ein Gnu, nach einer sehr langen Pirsch und einer großartigen Jagd. Während ihrer langen Wanderung von drei Kilometern wich sie kaum von dem Vorhaben ab, etwas zur Jagd zu finden. Sie hielt nur an, um probeweise Brüllaute auszustoßen, als wollte sie ihre Anwesenheit anzeigen und prüfen, ob sie das Revier ihrer alten Gefährten betreten durfte. Das schlummernde Rudel kümmerte sich jedoch nicht um sie und antwortete nicht. Ihre Bäuche waren voll. Das Rudel tötete hautpsächlich in der Nacht, und vielleicht war das der Grund dafür, daß die ausgestoßenen Schwestern so unbehelligt während des Tages kommen und gehen konnten.

Nicht weit von der Stelle, wo wir Loony und ihre Schwestern zum ersten Mal gesehen hatten, fanden wir ihren Vater in Gesellschaft eines anderen Männchens. Dieses Männchen war von Jonathan „Old Man“ genannt worden. Es war eines der drei Männchen, die das Sumpfrudel vor Jahren geleitet hatten. Die beiden anderen alten Männchen waren inzwischen tot. Der übriggebliebene Alte hatte seinen Höhepunkt längst überschritten und sah recht mitge-

nommen und übel zugerichtet aus. Einst der unbesiegbare König der Sümpfe, hatte er nur noch ein Auge, und überdies hatte er sein Rudel an die Klauen seines jetzigen Gefährten verloren. Und so waren diese einstmals unerbittlichen Feinde inzwischen enge Freunde geworden.

In der Löwengesellschaft ist ein ständiges Kommen und Gehen der Mitglieder üblich. Das Herz ihres Sozialsystems ist das Rudel mit dem geschlossenen Kreis erwachsener Weibchen und ihrer Jungen. Viele Löwinnen verbringen ihr ganzes Leben im Rudel, in dem sie geboren sind, und sie leben in einem festgelegten Revier, das von einer Generation an die nächste weitergegeben wird. Einige Weibchen werden jedoch ausgestoßen, gewöhnlich wenn ein neues Männchen die Bühne betritt. Ein neuer Löwe, der ein Rudel übernimmt, kann sogar Jungtiere töten, die nicht von ihm abstammen.

Die jungen Männchen müssen das Rudel verlassen und entweder allein oder in einer Gruppe ein Nomadenleben führen, bis sie die Gelegenheit erhalten, sich einem neuen Rudel anzuschließen, indem sie sich entweder bei dem herrschenden Männchen einschmeicheln oder die Herrschaft mit Gewalt übernehmen.

Die Weibchen arbeiten bei der Betreuung der Jungen zusammen. Die Jungen dürfen von jedem milchgebenden Weibchen saugen und gehen mitunter zu drei oder vier Weibchen.

Das Kopfreiben ist die Hauptform der Begrüßung innerhalb des Rudels. Die noch sehr kleinen Jungen reiben mit ihrem Kopf an irgend einem Körperteil der Erwachsenen, den sie erreichen können. Durch Ausscheidungen der Gesichtshaut, die beim Kopfreiben übertragen werden, entsteht ein Familiengeruch, der das Zusammengehörigkeitsempfinden steigert.

Auch beim Jagen arbeiten die Löwinnen gemeinsam und erhöhen damit die Chance erheblich, die Beute zur Strecke zu bringen. Gemeinsame Jagden sind doppelt so erfolgreich wie Einzeljagden. Ist die Beute erst getötet, setzen die Männchen ihre überlegene Größe und Stärke ein, drängen die Löwinnen beiseite und schlingen selbst als erste.

Jeder Löwe sorgt nur für sich selbst, wenn es etwas zu fressen gibt. Bei großer Beute hat das ganze Rudel genug. Doch wenn die Beute knapp wird und nur noch Futter von Gazellengröße erreichbar ist, haben die Jungtiere Hunger zu leiden, und sie können sogar verhungern. Erwachsene Tiere sind Meister einer ungeheuren Völlerei, und sie können mehr als 27 Kilogramm Fleisch innerhalb von fünf Stunden verschlingen. Die schon zitierten Studien Schallers haben gezeigt, daß Löwinnen durchschnittlich fünf Kilogramm Nahrung täglich zu sich nehmen. Aber vieles von dem, was sie töten, ist ungenießbar. Man hat errechnet, daß jeder Löwe 12 erwachsene Gnus in einem Jahr braucht, um am Leben zu bleiben.

GEGENÜBER: *Das Kopfreiben ist die Hauptform der Begrüßung innerhalb des Rudels.*

RECHTS: *Geparden-Mutter mit Jungtier.*

UNTEN: *Einige Löwen lagen auf dem Rücken und strahlten die Körperhitze von ihrem weißen Bauch ab.*

Ungefähr 6000 Tonnen Beute verschwinden jährlich allein in der Serengeti im Bauch der Löwen.

An unserem ersten Tag im Mara-Gebiet stieg die Spannung bis zur Mittagszeit. Dann aber machte die stickige Hitze des Mittags die Tiere träge. Wir beobachteten und warteten. Libellen lagen regungslos, das zarte Filigran ihrer Flügel ausgestreckt, auf der braunen, trockenen Erde. Geparden dösten auf den Termitenhügeln, ihre schweren Augenlider blinzelnd über den wachsamen Augen. Zebras standen ruhig in Gruppen beieinander, die Köpfe zusammengesteckt. Und selbst die Pieper japsten, die Schnäbel weit geöffnet, zwischen den Grasstengeln.

Das Löwenrudel schlummerte weiter im Schatten, ein Bündel von Beinen und verflochtenen Schwänzen. Einige lagen auf dem Rücken und strahlten Körperhitze von ihrem weißen Bauch ab.

Nur die Gnus blieben in Bewegung, trieben in der heißen, faden Windstille. Es war. als sei das Leben unterbrochen worden. Aber dies dauerte nicht lange. Bald begannen kühlende Brisen das Gras zu bewegen, sanft bliesen sie der toten Mittagslandschaft wieder Leben ein.

Wieder formierten sich die langen Linien der Gnus und begannen auf den Fluß zuzuströmen, immer weiter und weiter getrieben von einem vereinten Willen. Staubwolken begannen die eilig ziehenden Herden nach und nach ganz einzuhüllen. Zu Hunderten und bald zu Tausenden näherten sich die Gnus dem Fluß. Bald aber stauten sie sich auf an den hohen Schlammbänken, die das getrübte Wasser überragten.

OBEN: *Wie die zusammengezogenen Linien eines riesigen mittelalterlichen Heeres versammelten sich die Gnus.*

RECHTS: *Gnus bei der Überquerung des Mara-Flusses.*

Wie die zusammengezogenen Reihen eines riesigen mittelalterlichen Heeres versammelten sie sich, schwankten vor dem Wasserrand, zögerten, die wirbelnden Stromschnellen zu betreten. Im Wasser trieben Flußpferde; riesige Mäuler und die enorme Masse ihrer Köpfe durchbrachen gerade eben die Oberfläche. Die lauten Schnaufer, die sie beim Untertauchen von sich gaben, vermischten sich mit dem unheimlichen Stöhnen und Grunzen der zusammengescharten Gnus.

Der Lärm war ohrenbetäubend. Riesenhafte Krokodile glitten am Wasserrand entlang oder lauerten in den Untiefen. Hunderte von gewaltigen Sperbergeiern standen auf dem Erdboden, einige kauerten schlaff auf den Ästen der Bäume neben dem Flußufer, andere wieder hockten mitten zwischen den nervösen Herden, die großen Schwingen ausgebreitet. Wie Todesengel wachten sie über die Menge – Vorzeichen einer drohenden Katastrophe.

Zunächst sträubten sich die Gnus, den Fluß zu überqueren. Bald aber gaben die vorderen ihre Vorsicht auf und tauchten in das schnellfließende Wasser ein, getrieben durch den Druck der hinter ihnen stehenden Tiere. Die anderen folgten.

In der tükisch raschen Strömung mühten sich die schlechteren Schwimmer ab, hinüberzukommen. Die Vorhut hatte es noch am leichtesten mit der Überquerung; doch während es mehr und mehr Tiere schafften, wurde das gegenüberliegende Ufer zu einem steilen, schlüpfrigen Hang aus Schlamm, auf dem die Gnus nun ausrutschten. Bald war das andere Ufer angefüllt mit einer wogenden, sich drängenden Masse von Tieren; die zappelnden Körper türmten sich wild aufeinander. Es war ein unglaublicher und hoffnungslos trauriger Anblick.

Inmitten der dichten, von Panik ergriffenen Herden brachen Kämpfe aus, und wir sahen, wie viele Tiere niedergetrampelt wurden. Erschöpft rutschten einige wieder das steile Ufer herab, ins Wasser zurück. Vor unseren Augen ertranken viele. Tote

RECHTS: *Binnen kurzem begannen tote Körper den Fluß hinabzutreiben.*

UNTEN: *Es war ein unglaublicher und hoffnungslos trauriger Anblick.*

Körper begannen den Fluß hinabzutreiben, einige auf der Seite, andere mit nach oben ragenden Beinen. Schnell waren die zur Stelle, die aus diesem makabren Schauspiel ihren Nutzen ziehen: die Krokodile und die Geier, für die die Kadaver zu einem dahintreibenden gedeckten Tisch wurden. Selbst die Nilwarane versuchten, sich ohne Mühe einen Schmaus zu verschaffen. Warane sind ausgezeichnete Schwimmer und benutzen ihre abgeflachten Schwänze, um sich durch das Wasser voranzutreiben. Normalerweise fressen sie Schnecken, Insekten und Krabben; allerdings ergänzen sie ihren Speiseplan durch Aas.

Diese Tragödie, die wir hier beobachten konnten, führen die Gnus seit unzähligen Jahren am Marafluß vor. Warum sie dieses Risiko auf sich nehmen, bleibt ein Geheimnis.

Die große Mehrheit der Gnus aber überlebt die Gefahren dieses Flusses. Denn trotz dieser schrecklichen Opfer bei den Flußüberquerungen und durch die Jagd der Löwen hat sich der Bestand der Weißbartgnus in der Serengeti kräftig vermehrt: von 2000 Tieren Anfang der 60er Jahre auf bis zu über 2 Millionen heute. Sollten die Regenfälle ausbleiben und die Gräser verdorren, dann würden die Gnus verhungern, und das wäre eine weitaus verheerendere Tragödie als die der Flußüberquerungen. Ich wandte mich vom Fluß ab, tief erschüttert von dem, was ich gesehen hatte.

Einen Film, der einen Tageslauf der Tiere in dieser Landschaft zeigt, kann man natürlich nicht an einem Tag drehen. Drei Wochen mit 12-Stunden-Tagen sollten folgen, an denen wir in der Hitze kochten und das Rudel der Löwen umkreisten.

Als wir uns bei der Rückkehr vom Fluß dem Sumpf näherten, entdeckten wir das Löwenrudel wieder. In der Kühle des Nachmittags hatten sich die Löwen mit den Jungen aus der Deckung herausbewegt. Im Gegensatz zu ihrer Teilnahmslosigkeit am frühen Morgen zeigten sie jetzt großes Interesse an den Gnu-Herden.

Die sinkende Sonne wurde teilweise von gigantischen Gewitterwolken verdeckt, die den Himmel verdunkelten. In solchen Augenblicken beginnt das Licht in Afrika eine ätherische, fast mystische Qualität zu entfalten. Bald fielen aus den Wolken kühle Regenschauer, die sowohl die Gnus als auch die Löwen erfrischten. Wach und lauernd verließen die Löwinnen ihre Jungen, um wieder einmal auf die Jagd zu gehen.

6. SELTSAMER ALS JEDE ERFINDUNG

EIN UNMÖGLICHER VOGEL

Mit einer Höhe von ungefähr 2,75 m und einem Gewicht von über 135 kg ist der Strauß einer der seltsamsten Vögel der Erde. Ausgestattet mit kurzen, fächerartigen Flügeln, mit denen er sich nie in die Luft erheben könnte, gleicht der Strauß seine Flugunfähigkeit dadurch aus, daß er mit einer Geschwindigkeit von bis zu 65 km in der Stunde laufen kann – schneller als jeder andere Vogel. Seine stumpfen Füße besitzen nur zwei Zehen, von denen der eine den anderen weit überragt und vorn mit einer breiten Klaue versehen ist, die wie ein Pferdehuf wirkt. Diese Klaue ist auch eine sehr

LINKS: *Straußenpaar mit zwei Wochen alten Küken.*

OBEN: *Schneller als jeder andere Vogel.*

GEGENÜBER: *Balzritual.*

UNTEN: *Der größte Vogel der Welt.*

GANZ UNTEN: *Ein Straußenweibchen beim Fressen.*

wirksame Waffe. Ein einziger Schlag genügt, um einen Menschen zu verletzen oder gar zu töten. Selbst der Löwe ist auf der Hut vor ihm.

Der Strauß, dessen wissenschaftlicher Name *Struthio camelus* lautet, ist die einzige überlebende Art aus einer Vogelfamilie, die vor rund 50 Millionen Jahren bis nach Griechenland, Syrien und in die Mongolei verbreitet war. Veränderungen im Klima, wie auch später jahrhundertelange Jagd durch den Menschen, haben den Strauß dezimiert. Eischalenfunde im Mittleren Osten und in Nordafrika beweisen, daß der Strauß erst in neuerer Zeit aus diesen Gegenden verschwunden ist; wahrscheinlich erst innerhalb der letzten 50 Jahre. Heute findet er sich nur noch in der tropischen Savanne Afrikas. Dieses spärlich bewaldete Gras- und Buschland versorgt ihn reichlich mit Nahrung in Form von Samen, Blättern und Insektenlarven. Außerdem hat das Land den Vorteil der offenen Weite, so daß der Strauß Feinde, wie Löwen und Leoparden, schon früh sieht.

Vor allem in Ostafrika gedeiht der Strauß noch immer, und in Kenia ist es möglich, das außergewöhnliche Fortpflanzungsverhalten und die Brutpflege kennenzulernen, die diesem Vogel helfen, seine Küken in der offenen Ebene zu schützen. Der Strauß brütet normalerweise nur einmal im Jahr zwischen Oktober und Februar. Bis zu 5 Monate vor der Eiablage erobern und bewachen die männlichen

Strauße ein Revier, das ihnen zum Anlocken von Partnerinnen dient. Ein Revier ist die Voraussetzung für den Bruterfolg. Jedes Männchen, dem es nicht gelingt, ein Stück Land zu erobern, wird mit Sicherheit von den Weibchen gemieden und muß ein weiteres Jahr mit der Fortpflanzung warten. Nähert sich die Zeit zum Anlegen des Nestes, stimmen die Männchen einen dröhnenden Gesang an.

Dabei stellen sie ihr Gefieder zur Schau: die pechschwarzen Federn mit weißen Spitzen an Flügeln und Schwanz. Jeder Rivale, der hier nach Land sucht, wird rasch abgewehrt. Oft genügt eine Drohgeste mit ausgestreckten Flügeln, um das andere Männchen abzuschrecken. Wirkt dies nicht, wird nach ihm gepickt und getreten, bis der Eindringling sich zurückzieht. Die Monate vor dem Brüten sind ein Stärketest für die Männchen; und sie fressen begierig, bis sich genug in ihrem Kropf angesammelt hat, so daß er als kompakter Ball (sogenannter *Bolus)* hinuntergeschluckt werden kann.

Nach Beginn der Brutperiode wandern die Straußenweibchen durch die Reviere von zahlreichen Freiern und begutachten nicht nur die Männchen selbst, sondern auch die Qualität des Landes, das diese erobern konnten. Ein Revier mit vielen Futterpflanzen ist besonders begehrt, und ein Männchen, dem es gelang, einen solchen Platz zu erobern, wird sicher ein gesunder Partner sein.

Betritt ein Weibchen das Revier, geht das Männchen sofort auf es zu und ermuntert es durch Balzverhalten. Während das schlichtbraune Weibchen das Männchen anblickt, dessen leuchtend rote Farbe an Kehle und Beinen einen starken Kontrast zu seinen schwarzen Federn bildet, „kniet" er sich hin zu einem bizarren Balzritual: Mit gespreizten Flügeln am Boden kauernd, schwingt der Hahn seinen langen Hals hin und her, wobei er jedesmal gegen den Rücken schlägt, abwechselnd auf der einen und auf der anderen Seite. Gleichzeitig gibt er einen tiefen, dröhnenden Balzgesang von sich. Wenn er wieder aufsteht, läßt sein leuchtend roter Penis keinen Zweifel an seinen Absichten. Das Weibchen muß nun entscheiden, ob es dieses Männchen für einen passenden Partner hält oder nicht. Hat er sie aus irgendeinem Grunde nicht genügend beeindruckt, verläßt sie sein Revier und zieht weiter. War jedoch das Balzritual erfolgreich, zeigen die zitternden Flügel der Henne ihre Bereitschaft an, und das Männchen folgt ihr zu einer abgesonderten Stelle im Revier, wo sie sich paaren. Wie bei allen Vögeln ist die Paarung selbst nur eine kurze Angelegenheit: Die Henne läßt sich auf den Boden fallen, und der Hahn, der dabei einen leisen Paarungsruf ausstößt, besteigt sie. In einer Minute ist alles vorbei, und gleich darauf kann das Paar mit einer rituellen (scheinbaren) Nahrungsaufnahme beginnen, durch die die Bindung zwischen ihnen verstärkt wird. Dabei picken sie rasch auf den Boden, die Köpfe dicht beieinander.

Nun beginnt die Suche nach einem Nestplatz. Die Henne braucht dazu nur ein kleines Stück Boden, das von Vegetation freigekratzt wird. Trotzdem gibt sich der Hahn bei der Auswahl der Stelle große Mühe und markiert sie mit den Klauen am Boden.

Für das Männchen ist jetzt die jährliche Balzsaison aber noch nicht zu Ende. Während der Brutperiode kann es sich mit vielleicht einem halben Dutzend Hennen paaren, wenn auch die erste Partnerin – die Haupthenne – einen dauerhaften Rang als dominantes Weibchen erhält. Oft ist es die Partnerin der vorigen Brutsaison, und sie nimmt aktiven Anteil an jeder Henne, die in das Revier ihres Partners kommt. Seltsamerweise erlaubt die Haupthenne diesen Nebenhennen, ihre Eier in ihr Nest zu legen. Auf diese Weise kann das Gelege von einem Dutzend Eier, die von ihr selbst stammen, auf 50 Eier

oder mehr anwachsen – sie alle sind vom selben Hahn befruchtet. Die brütenden Strauße haben Schwierigkeiten, derart viele Eier zu bedecken. Deshalb bleiben nur etwa 20 im Nest; die anderen rollen beiseite, aus denen keine Küken schlüpfen.

Die Eier der Haupthenne leiden dabei am wenigsten Schaden, weil sie als die zuerst gelegten in der Mitte des Geleges liegen. Es ist auch ein Vorteil für ihre Eier, daß sie von den Eiern der Nebenhennen geschützt werden; denn die Eier am Rande des Nestes sind am ehesten von Feinden bedroht. Die Eier des Straußes sind mit einem Gewicht von bis zu 1,4 kg die größten, die es bei einem Vogel gibt. Und doch gehören sie überraschenderweise im Verhältnis zu ihrer Körpergröße zu den kleinsten.

Straußenpaare teilen sich die Aufgabe des Brütens. Das Weibchen sitzt gewöhnlich am Tage auf dem Nest, wenn sein braunes Gefieder die beste Tarnung bietet, während das Männchen die Nacht übernimmt. Um noch besser getarnt zu sein, strekken die Hennen beim Brüten oft ihren Hals am Boden aus. Vielleicht ist dies der Ursprung der Legende, Strauße würden ihren Kopf in den Sand stecken.

Die Vögel haben gute Gründe, ihren Nestplatz verborgen zu halten. Während der sechs Brutwochen müssen sie das Nest öfter für längere Zeit unbewacht lassen, um nach Nahrung zu suchen. Obwohl die Eier teilweise mit Erde bedeckt werden, können Feinde sie leicht finden. Der Schmutzgeier ist ein spezialisierter Eierräuber, der die außergewöhnliche Fähigkeit entwickelt hat, mit Steinen die bis zu 13 mm dicken Schalen zu zerbrechen. Er nimmt einen Stein in seinen Schnabel und läßt ihn auf das Ei fallen. Mit dem Inhalt eines Eies ist ein solcher Geier für mehrere Tage ausreichend ernährt. Andere Feinde, wie zum Beispiel der Gepard, sind nicht so geschickt beim Aufbrechen der Eier. Sie versuchen, die Schale zu zerbeißen, oder sie rollen das Ei solange auf dem Boden, bis es zerbricht.

Wenige Tage vor dem Schlüpfen hört man die Küken aus den Eiern rufen. Im Gegensatz zu vielen anderen Vögeln haben die Straußenküken keinen scharfen Eizahn an der Spitze ihres Schnabels, der ihnen die Schale aufbrechen hilft. Aus einem Ei mit einer so dicken Schale herauszukommen, daß es das Gewicht eines darauf stehenden Menschen tragen kann, ist ohnehin eine mühsame Aufgabe. Sind die

GEGENÜBER: *Hals und Beine des Straußenhahns sind während der Balzzeit leuchtend rot gefärbt.*

RECHTS: *Die Henne streckt ihren Hals beim Brüten auf dem Boden aus, um die Tarnung zu verbessern.*

Küken aber erst einmal geschlüpft, dann zeigt sich, daß sie weit entwickelt sind. Für Straußenküken ist eine schnelle Entwicklung ebenso notwendig wie für die Jungen von Gnus, Zebras und anderen Savannen-Tieren. Nur so können sie den Feinden entkommen. Wenige Minuten, nachdem sie die Schale verlassen haben, picken die Straußenküken instinktiv nach Futter. Nach kurzer Zeit hat sich das zunächst noch sehr uneffektive Picken zu einer ganz normalen Nahrungsaufnahme entwickelt. Bis sie das gelernt haben, können sie aber noch drei oder vier Tage von dem Eidottervorrat leben, den sie sich noch im Ei einverleibt haben.

Ein Straußenpaar mit mehrjähriger Bruterfahrung kann alle 20 bebrüteten Eier auch wirklich ausbrüten. Bei den meisten Paaren aber schlüpft nur die Hälfte. Die frisch geschlüpften Küken haben ein völlig anderes Aussehen als ihre Eltern. Ihr Daunengefieder hat eine rehbraune Grundfarbe und acht dunkelbraune Streifen – eine wirkungsvolle Tarnfarbe in trockenem Gras und ausgedorrter Erde (vgl. das Foto auf Seite 194 unten). Sie sind etwa 30 cm hoch und wachsen anfangs pro Monat um 30 cm.

Bald nach dem Schlüpfen verlassen die Eltern und ihre Küken das Nest auf der Suche nach Nahrung. Die Küken lernen die Auswahl der Nahrung von ihren Eltern, die die grünsten Blätter, Knospen, Blüten und Samen auswählen. Sie fressen von den verschiedensten Pflanzen, und sie nehmen außerdem Kiesel- oder größere Steine auf, die sich im Kropf ablagern und dort die Nahrung zermahlen.

GEGENÜBER, OBEN: *Frisch geschlüpfte Küken.*

GEGENÜBER, UNTEN: *Straußenhenne und Küken in Angriffshaltung.*

RECHTS: *Der „Kinderhort“.*

Die Savanne ist ein gefährlicher Ort für die jungen Vögel, obgleich auch sie schon bis zu 55 km in der Stunde schnell laufen können. Der Anblick eines Greifvogels läßt sie sich dicht zusammendrängen, während die Eltern alarmiert mit den Flügeln schlagen. Am Ende des ersten Jahres sind nur noch etwa 15 % der Küken am Leben.

Die Brutzeit ist auf die jährlichen Regenfälle abgestimmt, so daß die heranwachsenden Küken die durch den Regen hervorgebrachte Überfülle der Pflanzen nutzen können. Mit dem Regen kommen aber auch weitere Gefahren. Die Strahlen der Straußenfedern haften nämlich nicht zusammen wie bei den flugfähigen Vögeln; sie wirken also nicht wasserabweisend, sondern saugen sich voll. Außerdem haben die Strauße keine Fettdrüsen zum Schutz gegen Wasser. Ein Regenschauer kann also die Küken vollkommen durchnässen und sie lebensgefährlich abkühlen lassen. Deshalb duckt sich der Elternvogel beim ersten Anzeichen von Regen auf den Boden, und die Küken drängen sich unter seinem Körper zusammen.

Wenn die Straußenfamilien von ihren verstreut liegenden Nistplätzen zusammenkommen, werden sogenannte Kinderhorte gebildet – ein erstaunliches Verhalten. Nähern sich zwei solcher Familien, reagieren die erwachsenen Tiere zunächst mit Spannung und Neugier. Plötzlich eilt ein Vatervogel von seiner Brut fort, um die anderen Küken zu besichtigen. Er geht dabei nicht langsam auf sie zu, sondern läuft mit tiefhängenden Flügeln fast drohend zu ihnen hinüber. Hat er die fremde Brut gründlich untersucht, so kehrt er zur eigenen zurück. Anschließend läuft der Vorgang umgekehrt ab: Das Männchen der anderen Brut kommt in derselben Weise angelaufen. Ohne Vorwarnung bricht ein Kampf aus, in dem die Erwachsenen um die Vorherrschaft streiten. Sie umrunden die beiden Brutgruppen, springen gewandt über die aufgeschreckten Küken hinweg und prallen in einem Wettkampf aufeinander, bei dem mit den Klauen aufeinander losgedroschen und mit den Flügeln geschlagen wird. Innerhalb weniger Minuten hat das stärkere Männchen seine Rangstellung klargestellt, und das unterlegene Männchen zieht ab, oft gefolgt von der Henne des Siegers. Während die Alten sich stritten, haben die Küken einander kennengelernt, und ohne Zögern laufen die beiden Gruppen nun durcheinander und verschmelzen zu einer Gesamtgruppe, die aber ausschließlich von dem einen, rangüberlegenen Männchen behütet wird. Die enteigneten Elterntiere haben nun keine weiteren Elternpflichten mehr und können jetzt ihre ganze Zeit der Nahrungssuche widmen.

Solche Kinderhorte mit Jungen aus mehreren Familien bestehen oft aus Küken unterschiedlicher Größe, weil die einen vielleicht eine Woche früher geschlüpft sind als die anderen. Ein Kinderhort kann schließlich aus einem halben Dutzend verschiedener Bruten zusammengesetzt sein. Dieses besondere System der Elternfürsorge bedeutet einen Schutz vor Feinden. Herdenbildung ist in der offenen Ebene eine gute Form der Verteidigung.

SKORPIONE

„Skorpione?“ Die Kollegen schnappten nach Luft. „Du willst einen Film über *Skorpione* drehen?“

So oder ähnlich war die Reaktion während meiner viermonatigen Beschäftigung mit diesen „schrecklichen“ Lebewesen. Skorpione scheinen bei jedem Menschen die gleiche Mischung aus Angst, Widerwillen und Scheu hervorzurufen; obwohl doch die wenigsten von uns je einen gesehen haben.

Ich arbeitete mich durch den entsprechenden Artikel im Lexikon *„Encyclopaedia Britannica“:*

„Skorpion. Ein giftiges Spinnentier aus der Ordnung der *Scorpionida* (etwa 800 Arten) mit einer Länge von 125 bis 175 mm. [Später entdeckte ich, daß dies falsch war: es gibt in Wirklichkeit 280 mm lange Skorpione!] . . . und mit 6 Paar Gliedmaßen. Die Cheliceren, das kleine erste Paar, werden benutzt, um die Beute zu zerreißen. Die Pedipalpen, das zweite Paar, sind groß und bestehen aus kräftigen scherenähnlichen Zangen, die waagerecht nach vorn gehalten werden und als Fühler und zum Ergreifen der Beute dienen. Die letzten vier Paare, jeweils mit einer Zange ausgestattet, sind Laufbeine. Das segmentierte Abdomen (Hinterteil) verjüngt sich zu einem „Schwanz“ mit einem Stachel an der Spitze. Skorpione sind nachtlebend und ernähren sich hauptsächlich von Insekten und Spinnen. Sie ergreifen ihre Beute mit den großen, kräftigen Pedipalpen, reißen sie in Stücke und saugen anschließend die Gewebeflüssigkeit aus; große Beute wird gewöhnlich mit dem Stachel gelähmt, bevor sie verzehrt wird.“

Zur Ergänzung las ich auch noch die Angaben unter dem Stichwort „Astrologie“: Scorpio gilt dem-

Dickschwanz-Skorpion.

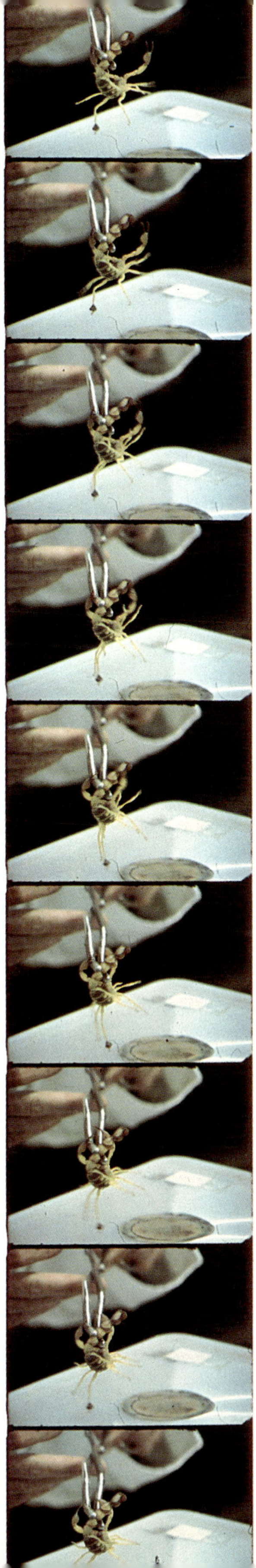

nach als Symbol für Geheimnis, sexuelle Lust, Dunkelheit und Tod.

Meinen ersten lebenden Skorpion sah ich allerdings nicht an irgendeinem exotischen tropischen Ort, sondern in der Nähe von Ongar in Essex. Dort hat eine große Firma für landwirtschaftliche und pharmazeutische Chemie ein Forschungslabor, und in diesem arbeitet Englands „Mr. Skorpion", der Entomologe Bernard Betts. Er hält und züchtet eine Menge tropisches Krabbelzeug. Sein Labor ist belebt mit einer schrecklichen Sammlung von Riesenmotten, Todesspinnen und giftigen Ameisen. Bernards Stolz und Freude aber sind seine Skorpione. Und wenn er über sie spricht, merkt man ihm seine Faszination, seinen Respekt an – ja, seine Zuneigung zu diesen Tieren.

„Die Leute haben eine völlig irrationale Angst vor Skorpionen. Sie meinen, die Tiere seien lebensgefährlich und müßten ausgerottet werden. Doch in Wirklichkeit sind die meisten Skorpione völlig harmlos. Sehen Sie sich einige aus meiner Sammlung an." Plötzlich stieß er mit seiner Hand in eine Kiste und zog einen furchterregend aussehenden schwarzen Skorpion von 23 cm Länge heraus. Er hielt ihn an seinem Schwanz mit bloßen Händen. „Dies ist der größte Skorpion, den es gibt: der Kaiser-Skorpion aus Sierra Leone. Er hat vorn zwei große Scheren zur Verteidigung, mit denen er durchaus einen Bleistift zerbrechen kann. Und doch ist er sehr fügsam; sein Stachel am Schwanzende ist so milde wie ein Bienenstich. Wenn Sie ihn zum Angriff reizen wollen, müssen Sie ihn schon stark provozieren." Er stieß spielerisch mit einem Finger nach ihm, doch er reagierte kaum.

Als nächstes holte Bernard einen *Palamneus* hervor, einen etwas kleineren Skorpion aus Thailand, der nicht ganz so freundlich wirkte. Er schnappte mit einer großen, braunen Klaue nach Bernards Finger, gebrauchte aber seltsamerweise nicht seinen Stachel. „Er verwendet seinen Schwanz nur, wenn ich ihn wirklich provoziere, und das will ich nicht tun", sagte Bernard. *Palamneus* ließ sich sanft wieder in seiner Kiste nieder. Ich begann mich zu entspannen. Der lebensgefährliche Skorpion war offensichtlich ein Mythos. Beim nächsten Skorpion ging Bernard

GANZ LINKS: *Bernard Betts mit* Palamneus.

LINKS: *Die einzige Möglichkeit, mit einem Dickschwanz-Skorpion umzugehen.*

anders vor. „Diesen Skorpion würde ich nicht mit den Fingern anfassen." Behutsam streckte er eine große Stahlzange in eine andere Kiste. Kurz darauf hielt er eine um sich schlagende, sich sträubende, zappelnde Masse von Klauen und Beinen darin. Das Tier war hellgelb, ungefähr 7,5 cm lang, und es war böse. „Dies ist einer der gefährlichsten Skorpione der Welt."

Bernard hielt ihn mit gestrecktem Arm von sich fort. „Er wird als Dickschwanz-Skorpion bezeichnet und ist sehr aggressiv. Er sticht bei der geringsten Provokation, und sein Stich ist sehr gefährlich. Das Gift ist ein Neurotoxin, es beeinflußt also das Nervensystem. Es kann zu Krämpfen und Lähmungen führen und schließlich bewirken, daß die Atmung aufhört. Schon viele Leute sind durch diese Skorpionart gestorben."

Das Dickschwanz-Gift kann einen Menschen in sieben Stunden töten, einen Hund in sieben Minuten und eine Maus in nur wenigen Sekunden. Dankbar sah ich, wie Bernard die gelbe Gefahr wieder einschloß.

Nun sprudelte Bernard eine gewaltige Flut von Fakten und Zahlen über Skorpione hervor, die mich überzeugten, daß sich daraus eine faszinierende Fernsehsendung machen ließe, und daß er der Mann war, sie als fachlicher Partner mitzugestalten. Er erzählte mir von der Fähigkeit der Skorpione, den extremsten Temperaturen zu widerstehen; sie überleben Eiseskälte ebenso wie das heißeste Wüstenklima. Sie können sogar radioaktive Strahlungen überleben; bei französischen Atomtests in der Sahara waren die Skorpione diejenigen Tiere, die die meiste Strahlung vertrugen. Sie können drei Monate lang ohne Wasser leben und fast ein Jahr lang ohne Nahrung. Sie sind also sehr ausdauernde Wesen – und doch haben sie auch eine sanfte Seite (wie Bernard sagte), die sich in ihrem berühmten Paarungsvorspiel und Fortpflanzungsverhalten zeigt. Leicht zu filmen ist das freilich nicht. Bernard: „Zunächst einmal sind Skorpione nachtlebend, und dann sind sie sehr empfindlich. Kaum nähert man sich ihnen, verschwinden sie unter einem Stein oder in einem Bau. Versuchen sollte man es trotzdem."

Gemeinsam erarbeiteten wir den Plan, den Skorpionen einen künstlichen Wohnraum zu bauen. Darin wollten wir sie an unsere Filmlampen gewöhnen, wobei wir darauf hofften, daß sie, sozusagen in der Öffentlichkeit, trotzdem ihr ganz normales Leben führen würden. Wir füllten eine riesige, tiefe Holzkiste mit einer Tonne Erde, Sand und Steinen. Bernard meinte, daß wir mindestens zwei Dutzend Männchen und Weibchen brauchten, um in einer solchen „Landschaft" die Chance zu haben, daß sich ein Paar zusammenfindet. Und woher sollten diese Tiere kommen? Aus Marokko.

Und so kam es, daß wir uns wenige Wochen später an einem der unfruchtbarsten und ödesten Flecken der Erde befanden. Eine völlig flache, trockene Landschaft, in der fußballgroße Gesteinsbrocken verstreut lagen, mit Temperaturen über 40 °C. „Ein ideales Skorpion-Land", meint Bernard, als er zwischen den Steinbrocken losmarschierte. Immer wieder hielt er an und drehte einen Stein mit seinem Stiefel um. Schon nach 30 Steinbrocken rief er: „Hier ist einer!" Unter den Felsen geschmiegt, lag ein winziger Skorpion, und bevor er davonflitzen konnte, hatte ihn Bernard mit einer Zange am Schwanz ergriffen und in einen Plastikbehälter gesetzt. Es war ein *Buthus occitanus,* sehr verbreitet in Nordafrika und mäßig gefährlich. Bernard schloß den Deckel: „Unser erstes Männchen."

Es war orangefarben, etwa 5 cm lang und sah wirklich recht ansprechend aus. Das strahlend helle Sonnenlicht ließ faszinierende Einzelheiten auf seinem Körper hervortreten. Sehr klar erkennbar waren die feinen Haare auf seinen Scheren; sie dienen dazu, auch noch die schwächste Luftbewegung wahrzunehmen, die vielleicht auf eine Beute hinweist. Unter seinem Hinterleib konnten wir noch eine andere „Antenne" entdecken, die dem Skorpion hilft, seine Beute zu entdecken. Es sind kammförmige Gebilde, die der Skorpion beim Laufen über den Boden schleift. Sie sind höchst empfindlich, und der Skorpion kann mit ihnen die geringste Erschütterung wahrnehmen, möglicherweise kann er damit sogar die chemische Spur einer Beute erkennen, die sich in der Nähe befindet.

Bis zum Abend hatten wir die ersten fünf Tiere gesammelt. Trotzdem war Bernard nicht enttäuscht. Am Tage sind Skorpione schwer zu finden; sie verbergen sich dann vor der Wüstenhitze unter Steinen oder in Höhlen. Die günstigste Zeit, sie zu suchen, ist die Nacht, wenn sie hervorkommen, um Nahrung zu suchen.

Seit kurzem ist man darauf gekommen, daß sich die nächtliche Jagd auf Skorpione durch ultraviolettes Licht erleichtern läßt. In diesem Licht beginnen die Skorpione in der Dunkelheit regelrecht zu glühen.

Wir hatten eine starke Ultraviolett-Lampe mitgebracht, und es war ein eindrucksvoller Anblick, in der Dunkelheit der Wüste plötzlich eine Menge leuchtender Gestalten über den Boden huschen zu sehen. Skorpione können glücklicherweise das ultraviolette Licht nicht wahrnehmen, und so konnten wir dicht an sie herangehen und sie beim Beutefang filmen. Ein Bärenspinner, der dieses Licht sehen kann und von ihm angezogen wurde, flatterte kurz über einen Skorpion. Er wurde blitzschnell aus der Luft geholt – eine Schere hatte zugeschnappt. Als wir später das Filmstück Bild für Bild betrachteten, konnten wir feststellen, daß der Skorpion den Spinner in sage und schreibe weniger als einer 25stel Sekunde gepackt hatte.

Ein Weibchen des Skorpions Buthus occitanus *fordert ein Männchen zum Tanz auf.*

Wir kehrten mit mehr als 30 Skorpionen nach England zurück, und unsere erste Aufgabe bestand darin, sie beim Königlichen Zoll anzumelden.

„Es wäre mir lieber, wenn sie ihn in die Kiste zurücksetzen", meinte der Zollbeamte, als Bernard ein besonders kräftiges Exemplar von seinen Fingern baumeln ließ. „Machen Sie sich keine Sorgen", antwortete er, „er ist ganz zahm." Der Skorpion zuckte bedrohlich mit seinen Scheren. „Ich sehe, was Sie meinen", sagte der Zöllner mit gequältem Lächeln.

In Bernards Labor wurden die Skorpione dann in ihr neues Heim eingesetzt, in eine Kiste von 90 cm im Quadrat mit der schönsten Ausstattung: lockerer Sandboden zum Eingraben, eine Menge Steine zum Verstecken, und das Ganze temperiert auf eine gleichmäßige Mittelmeertemperatur. Der Rand war mit einer 30 cm hohen verglasten Einfassung versehen.

Während der nächsten drei Monate richteten sich die Tiere ein, gingen auf Beutefang, tanzten ihr berühmtes Paarungsritual und brachten Nachwuchs hervor – all dies unbeeinflußt von den Lampen und Kameras.

In derselben Zeit sammelte ein anderer Kameramann unseres Teams, Martin Saunders, 8000 Kilometer entfernt in Westindien ebenfalls Erfahrungen mit Skorpionen. Wir hatten Trinidad ausgewählt, weil auf dieser Insel bis zu 400 Menschen pro Jahr von dem einheimischen Skorpion *Tityus trinitatis* angegriffen werden. Es handelt sich um ein 5 cm langes, dunkelbraunes, spindelförmiges Schreckenstier mit einem bösartigen Stich. Zum Glück sterben sehr wenige Menschen an diesem Stich; doch die Symptome können sehr lästig sein: Erbrechen, Magenkrämpfe und zeitweise Lähmung.

Wie bei den meisten Skorpiongiften kennt die moderne Medizin kein spezifisches Gegenmittel; und so kann nicht erstaunen, daß die Trinidad-

LINKS UND UNTEN: *Die Skorpion-Weibchen tragen ihre Jungen auf dem Rücken.*

GEGENÜBER: *Beim Klettern in den „Pantoffel".*

Bewohner sich auf ihre Volksheilmittel verlassen. Die Zuckerrohrschnitter haben ein besonders wunderliches Rezept: Das gestochene Opfer muß den Skorpion fangen, seinen Schwanz abschneiden, das Fleisch braten und dann essen.

Ein anderes Mittel ist, einen Trank aus Rum und Kräutern zu sich zu nehmen, in den man vorher einen lebenden Skorpion geworfen hat: Der Patient braucht einen starken Magen und sollte nicht zu Kopfschmerzen neigen – der Rum hat 80 Prozent Alkohol!

Skorpione sind nicht von sich aus aggressiv. Sie greifen gewöhnlich nur an, wenn sie überrascht werden. Eine der häufigsten Unfallursachen ergibt sich, wenn ein Skorpion zufällig bei Nacht ins Haus gerät. Bleibt er bis zum Morgen, wird er seinem Instinkt folgen und nach etwas Dunklem suchen, in dem er sich tagsüber verstecken kann. Schuhe sind besonders beliebt – mit bösen Folgen für den Eigentümer. Wir wollten das bei dem Film aus Trinidad aus Gründen der Warnung zeigen. Das Drehbuch sah vor, daß ein Skorpion in ein altes Plantagenhaus eindringt, in das Schlafzimmer einer jungen Frau krabbelt und in ihre Pantoffeln klettert. Hollywood hätte mit Sicherheit einen mechanischen Skorpion gebaut; aber unser Budget war dafür nicht groß genug. Und natürliche Skorpione waren absolut nicht dazu zu bewegen, dem Drehbuch zu folgen;

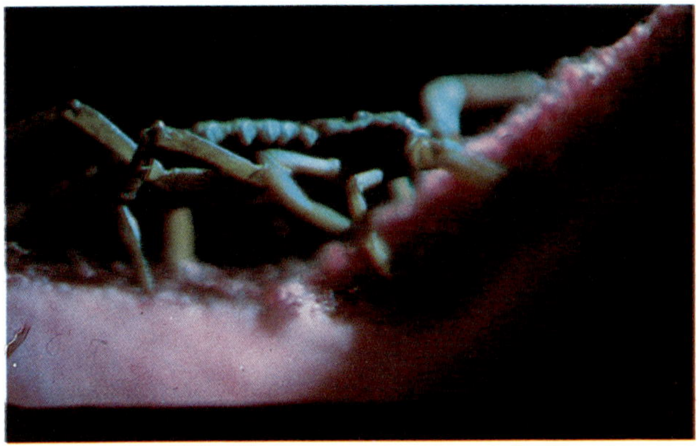

man kann sie auch nicht mit den sonst üblichen Methoden der Futterbelohnung zu irgendetwas dressieren.

Aber zurück nach England. Ausgerechnet bei einem Film, der ohnehin voller Überraschungen war, passierte uns eine erstaunliche Geschichte an einem ebenso erstaunlichen Ort – im letzten Bahnhof der Londoner Untergrundbahn bei Ongar. Bernard hatte gerade Berichte über exotische Lebewesen gelesen, die sich an einem verlassenen Güterbahnhof in der Nähe aufhalten sollten. Während wir nun über den Bahnsteig von Ongar gingen, huschte plötzlich ein uns vertrautes Tier über den Weg. Es war 25 cm lang und hatte ein Scherenpaar vorn und einen Stachel am Schwanzende. „Ach du meine Güte“, rief der Stationsvorsteher, als Bernard es ihm zeigte. „Ich wußte gar nicht, daß wir hier Skorpione haben. Sagen Sie es aber lieber nicht den Fahrgästen hier, sonst bleiben die wenigen auch noch weg, die wir hier haben.”

Bernard bestimmte den Skorpion als einen *Euscorpius flavicaudatus* (das heißt: Skorpion mit dem gelben Schwanz), eine Mittelmeerart. Aber was taten Skorpione in England? Der Güterbahnhof war die Erklärung. Sie waren wahrscheinlich in einer Importlieferung mit dem Schiff gekommen.

Es war nicht das erste Mal, daß sie in England entdeckt wurden. Das Naturgeschichtliche Museum besitzt ein Exemplar derselben Art, das vor hundert Jahren in einem Hafen in Kent gefunden wurde. Man dachte, diese Skorpione seien ausgestorben, aber in den siebziger Jahren wurde in derselben Gegend eine blühende Kolonie wiederentdeckt.

Die Hafenarbeiter kennen natürlich derlei, und sie sind daran gewöhnt, sie über die Mauern am Kai klettern zu sehen. Wir fuhren zu einem solchen Hafen. „Diese Skorpione sind wirklich erstaunlich. Sie finden sich hier in großen Zahlen – es sind Tausende –, und es ist unglaublich, daß sie sich an unser englisches Klima angepaßt haben.“ Bernard hob einen Skorpion auf und ließ ihn über seine Hand laufen. „Wie die meisten Skorpione hier sind sie völlig harmlos. Aber ich möchte nicht, daß die Leute sie finden. Irgend ein Bürokrat der ordentlichen Behörden könnte davon hören und auf die Idee kommen, das Gebiet mit Insektiziden zu besprühen. Die Leute haben eine irrationale Angst vor Skorpionen. . . “ Er wiegte den *Euscorpius flavicaudatus* in seinem Handteller und sah ihn mit echter Zuneigung an.

Seltsamerweise konnte ich am Ende meiner viermonatigen Beschäftigung mit Skorpionen recht gut nachempfinden, wie er sich dabei fühlte.

VAMPIRE

In der ganzen Welt gibt es Legenden über blutsaugende Vampire. Sie lassen sich bis zu den Ägyptern und Römern der Antike zurückverfolgen und sind aus der Beschäftigung des Menschen mit dem Tod und dem Übernatürlichen erwachsen. In Mittel- und Südamerika aber, viele tausend Kilometer von Draculas Schloß in Transsylvanien entfernt, gibt es Fledermäuse, die die gräßlichen Legenden zur nackten Tatsache werden lassen. In Teilen Westindiens glauben die Leute auf dem Lande, sie könnten sich gegen übernatürliche Wesen, die Blut saugen, dadurch schützen, daß sie vor Fenstern und Türen Reiskörner ausstreuen. Der Legende zufolge muß das Tier, bevor es angreifen kann, sämtliche Körner gefressen haben. Bis es aber so weit ist, kommt die Morgendämmerung, und bekanntlich müssen alle Vampire beim ersten Hahnenschrei in ihr sicheres Lager zurückgekehrt sein. Nach westindischer Legende sind diese Vampire gewöhnlich alte Frauen, die sich nachts in eine Fledermaus verwandeln. Die eigentliche Bedeutung des alten Wortes „Vamp“ ist die einer Abenteurerin, die Männer ausbeutet.

Der Gemeine Vampir.

Die westindischen Legenden dürften durch Ereignisse beglaubigt worden sein, bei denen Menschen tatsächlich von einem echten Vampir gebissen wurden; und zwar von einer kleinen, braunen Fledermaus von etwa 10 cm Länge, die sich ausschließlich von Blut ernährt. Allerdings eher vom Blut der Tiere als des Menschen. Diese kleinen Fledermäuse sind nicht – wie allgemein vermutet wird – das Modell für die Dracula-Geschichte. Es war vielmehr umgekehrt. Als die ersten europäischen Entdecker in Südamerika ankamen, waren sie fasziniert vom Blutsaugerverhalten dieser Fledermäuse. Sie tauften sie „Vampire“ nach jenen ruhelosen Seelen in Transsylvanien, die sich in dunklen Nächten aus ihren Gräbern erheben. Seitdem haben alle Fledermäuse für das Dracula-Stigma büßen müssen. Es stimmt, sie sind mager und zäh und hängen mit dem Kopf nach unten, und die meisten von ihnen kommen nur bei Nacht hervor. Andererseits sind die Fledermäuse überwiegend harmlos. Darüber hinaus haben sie eine wichtige Bedeutung für uns, weil sie Schadinsekten vertilgen und in einigen Teilen der Welt auch deshalb, weil sie Blüten bestäuben. Als das Blutsaugerverhalten in Südamerika zum ersten Mal mit Fledermäusen in Verbindung gebracht wurde, hat man das falsche Tier für schuldig erklärt, nämlich die Große Spießblattnase (Falsche Vampirfledermaus genannt) *Vampyrum spectrum.* Das verwundert nicht, weil sie die größte Fledermaus Südamerikas ist, mit einer Flügelspannweite von fast 90 cm. In Wirklichkeit ernährt sich die Große Spießblattnase aber von Fleisch, manchmal auch von kleineren Fledermausarten, die sie im Fluge fängt. Sie trinkt also kein Blut.

Es gibt drei verschiedene Arten echter Vampir-Fledermäuse. Weitaus am verbreitetsten ist der Gemeine Vampir *Desmodus rotundus,* der hauptsächlich Säugetierblut trinkt. *Diaemus youngi* ist etwas seltener und zieht Vogelblut vor. Und schließlich gibt es noch *Diphylla ecaudata,* eine seltene Fledermaus, über die man kaum etwas weiß, und die sich von den beiden anderen fast nur durch starkbehaarte Oberschenkel unterscheidet. Gemeinsam ist ihnen allen, daß sie auf dem Boden ebenso zu Hause sind wie in der Luft. Die meisten anderen Fledermausarten stolpern nämlich auf dem Erdboden unbeholfen herum, mit halb gespreizten Flügeln, und haben Schwierigkeiten zu starten. Die Vampir-Fledermäuse jedoch haben verlängerte Unterarme und sind äußerst muskulös. Mit sorgfältig eingefalteten Flügeln können sie mühelos und mit hoher Geschwindigkeit über den Erdboden laufen. Beim Start springen sie hoch in die Luft, bevor sie die Flügel ausbreiten. Die Fähigkeit, auf dem Boden zu laufen, ist für die Vampir-Fledermäuse sehr wichtig. Sie orten ihre Beute im Flug, landen dann in einiger Entfernung und pirschen sich schließlich über den Boden an. Außerdem ist es ihnen, weil sie gut laufen können, möglich, nach dem Blutsaugen auch dann noch schnell die Flucht zu ergreifen, wenn sie durch das Blut zum Fliegen schon zu schwer geworden sind.

Unter der Voraussetzung, daß diese Fledermäuse nur in den dunkelsten Nächten aktiv werden, in dunklen Höhlen leben und gefährliche Krankheiten wie die Tollwut übertragen können, war eine Filmstudie über das „Privatleben“ der Vampire keine einfache Aufgabe. Als die Idee vorgebracht wurde, stieß sie verständlicherweise auf Skepsis und Unsicherheit; andererseits aber auch auf soviel Begeisterung, daß wir Gelegenheit zu einer Reise für das Filmen von Vampiren bekamen. In diesem Stadium der Vorplanung machte sich noch niemand Gedanken über das Problem, wie man ein derart gräßliches Schauspiel auch über den Fernsehschirm bringen könnte. Wir wußten ja noch nicht einmal, ob wir überhaupt etwas filmen würden.

Trinidad schien uns die besten Möglichkeiten zu bieten, nicht weil es dort unbedingt mehr Vampire gibt als anderswo, sondern weil nach einigen schlimmen Tollwut-Epidemien in den fünfziger und sechziger Jahren eine Gruppe gebildet worden war, die sämtliche Vampirbestände und Angriffe auf Nutzvieh kontrollierte und registrierte. Deshalb sind dort heute die wichtigsten Schlafplätze der Vampir-Fledermaus bekannt.

Als Ausgangspunkt für unsere Expedition benutzten wir eine Forschungsstation im Arima-Tal im nördlichen Bereich eines reizvoll bewaldeten Gebirges. Die Station wurde in den dreißiger Jahren von Dr. William Beebe für die New Yorker Zoologische Gesellschaft errichtet, und sie besaß gute Anlagen zur Haltung von Fledermäusen zu Forschungszwecken.

In dieser Station ist ein großer Teil der originalen Forschungsarbeiten über Fledermaus-„Radar“ und Echo-Ortung entstanden. Das Gebäude hatte viele Jahre lang leergestanden, war dann aber renoviert worden. Noch immer aber wirkte es auf charmante Art baufällig mit seinen knarrenden Türen, den

Spinnweben, alten Betten und einer Kolonie von Flughunden, die morgens und abends in der Dämmerung durch die Haupthalle segelten. Eine herrliche Kulisse für einen Film über Vampire.

Das nächste Problem bestand darin, einen freundlichen Farmer zu finden, dessen Tiere von Vampir-Fledermäusen angegriffen wurden. Erschwert wurde es noch dadurch, daß die Vampir-Fledermäuse wie ihre übernatürlichen Verwandten nur bestimmte Tiere heimsuchen, während sie andere aus geheimnisvollen Gründen in Ruhe lassen. Farmer mit vielen Rindern und anderen Nutztieren waren für uns uninteressant, weil es viel zu schwierig gewesen wäre, ein einzelnes Tier während eines Angriffs zu filmen. Von den Farmern mit kleinerer Viehhaltung aber wurden die kostbaren Tiere in der Nacht derart sorgfältig eingeschlossen, daß wir auch hier Schwierigkeiten hatten. Schließlich gelang es uns, einen Esel zu finden, der fast jede Nacht in einem offenen Stall angegriffen wurde. Mehrere Nächte lang

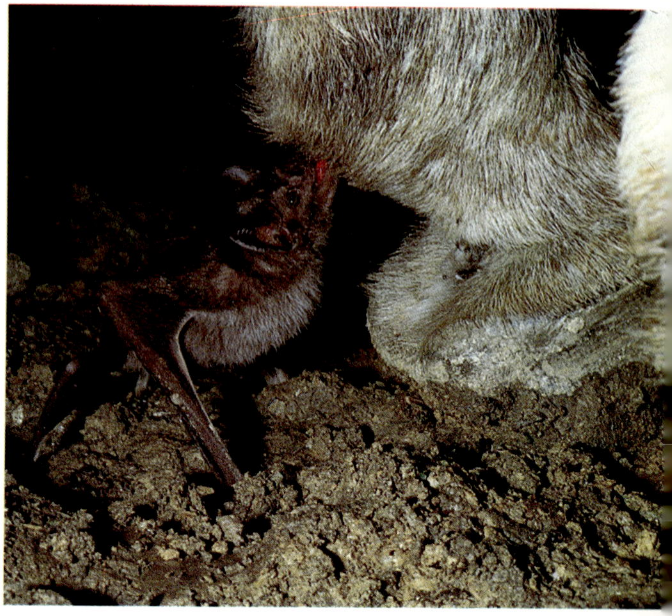

Im Fluge.

geschah nichts. Während der Esel offenkundig von unserer Anwesenheit profitierte, schwand unsere Hoffnung, die Vampire jemals filmen zu können. Während unserer Nachtwachen hatten wir ab und zu die Lampen eingeschaltet, um zu sehen, ob es irgendetwas zu filmen gäbe. Wir vermuteten, daß diese Störung ausreichte, um die Vampire fernzuhalten. Wir hatten freilich nicht den Mond berücksichtigt. Bisher waren die Nächte klar und mondhell gewesen, und in solchen Nächten halten sich die Vampire versteckt oder suchen sich ihre Beute im dunklen Wald. In der ersten bedeckten Nacht jedoch lief im Eselsstall alles so ab, wie wir es uns vorgestellt hatten. Und es kam trotzdem völlig überraschend.

Ein dunkler Schatten kam in den Stall hereingeschwebt, auf einen Huf des Esels zu. Als wir die Lampen einschalteten, huschte das Tier in die Dunkelheit zurück. Aber zu unserer Freude kam es zurück, erst langsam und vorsichtig, dann eher gezielt. Wir arbeiteten mit sehr niedrigen Lichtstärken, und unserer Kameramann konnte nur mit völlig offener Blende arbeiten. Sobald die Fledermaus sich wieder hereinbewegte, ließ er die Kamera laufen. Später in derselben Nacht konnten wir einen zweiten Vampir filmen, der das Ohr des Esels angriff. Um vier Uhr morgens kehrten wir in das knarrende alte Haus in den Bergen zurück und platzten fast vor Freude, daß wir diese Szenen auf dem Film hatten. In der Nacht darauf versuchten wir es noch einmal,

GEGENÜBER UND RECHTS: *Hufe und Ohren sind bevorzugte Ziele der Nahrungsaufnahme.*

UNTEN: *Ein Esel müßte schon viele Male gebissen werden, um unter dem Blutverlust zu leiden.*

und wieder kamen die Fledermäuse. Diesmal konnten wir ihre Technik genauer beobachten.

Bevor sie wirklich zubeißt, verbringt die Vampir-Fledermaus mehrere Minuten auf einer bestimmten Stelle des Opfers mit Schnüffeln und Lecken. Ihr Speichel muß ein leichtes Betäubungsmittel enthalten, so daß der Biß wohl relativ schmerzlos ist. Die langen Eckzähne, die für den erfundenen Dracula so kennzeichnend sind, ermöglichen es der Fledermaus offensichtlich, die Haare an der ausgesuchten Bißstelle abzurasieren. Dann beißt sie zu, benutzt die rasiermesserscharfen Schneidezähne, um eine flache Vertiefung in das Fleisch zu nagen, über der sie die Haut entfernt. Der Esel schien den Biß zwar wahrzunehmen, kümmerte sich aber nicht besonders darum. Er bewegte den Huf, als wenn er ein lästiges Insekt abschütteln wollte. Die Fledermaus sprang zurück, näherte sich dann wieder, um das Blut aufzulecken, das aus der Wunde sickerte.

Wegen unserer jetzt ständig eingeschalteten Lampen konnte der Esel ab und zu die Vampire sogar hereinhuschen sehen. Er bewegte sich dann nervös, stand aber sonst meistens ruhig. Als die Fledermaus dann das Blut saugte, konnte Martin langsam mit der Kamera näherkriechen, bis er schließlich sogar nur wenige Zentimeter von der Fledermaus entfernt war und sogar Vorsätze für Nahaufnahmen auf das Objektiv stecken mußte. Das Blutsaugen dauert oft volle 40 Minuten. Durch ein Anti-Gerinnungsmittel

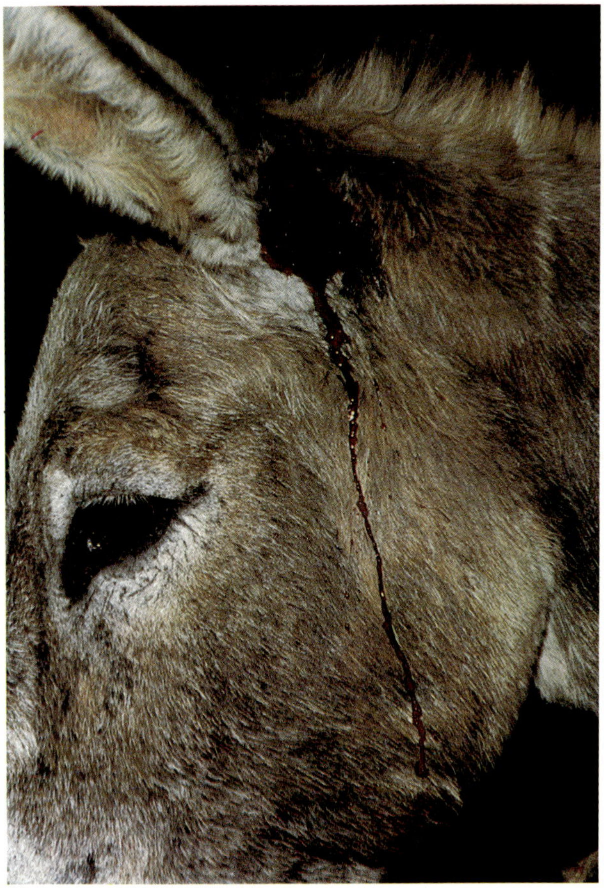

Eine Vampirhöhle, in der Stalaktiten herabhängen.

im Speichel der Fledermaus fließt das Blut ständig weiter. Selbst eine ganze Weile, nachdem die Fledermaus mit vollem Bauch davongekrochen war, floß das Blut immer noch. Trotz der relativ kleinen Wunde ist der Blutverlust groß; und für kleinere Tiere kann dies ernstliche gesundheitliche Folgen haben. Ein so großes Tier wie ein Esel muß aber schon viele Male gebissen werden, bis er unter dem Blutverlust leidet. Die Gefahr der Tollwut ist hingegen recht groß, da der Virus mit dem Speichel der Fledermaus übertragen wird.

Die Arbeit der Fledermaus-Überwachungsgruppe auf Trinidad besteht darin, den Vampirbestand in kontrollierbaren Grenzen zu halten, Schlafplätze zu zerstören, von denen aus besonders großer Schaden angerichtet wird, und die Bestände auf Tollwut zu untersuchen. Nach den Statistiken dürfte heute nur einer von 200 Vampiren ein Überträger von Krankheiten sein.

Bei unserer Arbeit fiel es uns tatsächlich schwer, ein Tier zu bewundern, das vom Blut eines anderen trinkt. Aber das ist vielleicht gar nicht besonders logisch. Wie viel mehr Grund hätten wir gehabt, uns über andere grausame Raubtiere zu entrüsten, über die Löwen zum Beispiel.

Im Verlauf der Wochen, in denen wir unsere Aufnahmen von den Vampir-Fledermäusen machten, begannen wir diese ganz anders zu betrachten – ja wir empfanden sogar einen merkwürdigen Respekt vor ihnen. Die Überwachungsgruppe zeigte uns mehrere Schlafplätze, zwischen denen wir wählen konnten, um die Fledermäuse gewissermaßen „zu Hause" zu filmen. Einer befand sich in einer Kalksteinhöhle, in der Stalaktiten herabhingen und die Decke tiefe Schlote aufwies. In den dunklen Tiefen dieser Schächte lebten die Vampire, hingen sie in dichten Trauben kopfunter vom Felsen herab. Anderen Tieren das Blut auszusaugen, mag eine brutale Angelegenheit sein; aber die Vampire sind, wie die meisten Fledermäuse, gesellige Tiere, und sie halten sich peinlich sauber, indem sie mit den scharfen Krallen der Füße ihr feines Fell durchkämmen. Dieses Fell ist dermaßen fein, daß der Inka-Kaiser Atahualpa im 16. Jahrhundert einen Umhang getragen haben soll, der nur aus Vampirhäuten bestand. Selbst bei der Kotausscheidung stoßen die Vampire ihren Körper so von der Höhlenwand ab, daß sie einander nicht beschmutzen. Wir hingegen standen in der Höhle unter einem ständigen „Regen" von Fledermaus-Exkrementen, die sich in Pfützen auf dem Höhlenboden sammelten. Der Kot dieser Fledermausart ist im Gegensatz zu anderen Arten schwarz und riecht streng nach Ammoniak. Man könnte meinen, daß in diesen schwarzen Pfützen, die wie klebriger Sirup aussehen, nichts leben kann. Wir fanden aber kleine Lebewesen.

Obwohl die Augen der Vampire größer sind als bei vielen anderen südamerikanischen Fledermäusen, nützen sie in den dunklen Höhlen wenig. Deshalb verwenden die Tiere eine Art Radar und Echolot, um sich in ihrer Umgebung zu orientieren. Sie können auch andere Mitglieder der Kolonie individuell erkennen und sich mit ihnen durch eine Reihe verschiedener Laute in so hohem Frequenzbereich verständigen, daß sie für den Menschen nicht wahrnehmbar sind. Außer durch akustische Mitteilung entstehen Bindungen zwischen den Einzeltieren auch über den Geruchssinn und durch gegenseitige Pflege. Die Partnerwerbung verläuft praktisch ohne ein Ritual, und oft behandelt das Männchen die Partnerin recht aggressiv während der Paarung. Danach spielen die Männchen keine weitere Rolle mehr im Familienleben. Nach einer Tragzeit von etwa 200 Tagen – also fast sieben Monaten – wird ein einzelnes Junges geboren. Bei der Geburt ist es nur spärlich behaart und blind. Mit Hilfe der hakenähnlichen Milchzähne klammert es sich fest an die Zitze der Mutter; denn wenn es fallen würde, müßte es wohl auf dem Höhlenboden zugrunde gehen. Geht sie auf Nahrungssuche, läßt die Mutter ihr Kind gewöhnlich in der Höhle zurück, wo ältere Jungtiere oder andere Weibchen wie in einem Kinderhort sich um das Junge kümmern. Sie geben ihm Wärme und Sicherheit, und es darf sogar bei einem anderen Weibchen saugen, das auch Junge hat. Der junge Vampir wird bis zu einem Alter von neun Monaten gesäugt, in dieser Zeit aber auch von der Mutter in die Ernährung durch Blut eingeführt – zunächst durch Mund-zu-Mund-Fütterung und später, indem es die Mutter begleitet.

Da die Vampir-Fledermäuse für die Farmer zur Plage werden, hat man sie zum Teil durch Anwendung von Gift zu dezimieren versucht. Es ist jedoch eine Tatsache, daß die Vampir-Schlafplätze weitaus weniger zahlreich waren, bevor die Europäer Südamerika besiedelt haben und Rinder, Pferde und Hühner mitbrachten. Die Haustierbestände sind für die Vampire eine leichte Beute und erlauben es ihnen, sich fast unbeschränkt zu vermehren. Unter natürlichen Verhältnissen gäbe es wahrscheinlich weniger Vampire weit verstreut, und sie müßten sich von wildlebenden Eseln, Pekaris, Tapiren, Ameisenbären und größeren Wildvögeln wie den Hokkohühnern ernähren. Die Lebensweise der Vampir-Fledermäuse könnte man als ein Wunder an Spezialisierung in der Evolution bezeichnen. Sie haben wenige Feinde, und sie reißen nicht ihre lebende Beute in Stücke wie viele Fleischfresser. Sie leben mit einem höchst ökonomischen Wirkungsgrad, indem sie nur selten ihre Wirtstiere töten. Und würden sie nicht ab und zu Tollwut übertragen – ähnlich wie unsere vielgeliebten Hunde –, könnte man sie fast harmlos nennen.

Doch ihr überlieferter Name sorgt dafür, daß diese kleinen, peinlich sauberen Lebewesen in den Augen der Menschen für immer dazu verdammt sind, als übernatürliche Vorboten des Todes Abscheu zu erregen.

Auch Hühnern droht Gefahr von Vampiren.

ORINOCO-SCHWEINE

In den legendären Tagen der Erforschung Südamerikas durch die Europäer, von der Mitte des 15. bis zum Anfang des 19. Jahrhunderts, drangen viele wunderliche Geschichten zu uns: Von gefährlichen Abenteuern; von der grünen, wuchernden Hölle des Dschungels; von Faultieren, so groß wie ein Rind; von der Anakonda, einer Schlange, die einen Menschen fressen kann; von Fledermäusen, die sich von Blut ernähren; von großen Ameisenbären mit langer, rüsselförmiger Schnauze, mit riesigen, sichelförmigen Krallen und einem Schwanz wie ein Sonnenschirm. Doch das merkwürdigste Tier in dieser Menagerie war ein Riesen-Meerschweinchen von der Größe eines Schafes, mit Schwimmhäuten an den Füßen und einem Gebell wie ein Hund: Eine aus den seltsamsten Teilen zusammengesetzte Bestie also, die man fast schon als einen Fehler der Schöpfung einstufen müßte? Charles Darwins erster Eindruck von diesem Lebewesen – dem Capybara oder Wasserschwein – war geringschätzig: „Ein kurioses Tier von lächerlichem Anblick". Alexander von Humboldt bezeichnete es als „Orinoco-Schwein". In

Das „Orinoco-Schwein".

OBEN: *Kaimane beim Sonnenbad an dem schrumpfenden Tümpel während der Trockenzeit.*

RECHTS: *Die Llanos während der Regenzeit.*

Wirklichkeit ist das Capybara überhaupt kein Schwein. Es ist vielmehr das größte Nagetier der Welt, ein wasserlebendes, geselliges Tier, das in Rudeln lebt und sich im ganzen tropischen Südamerika findet, im Wald wie in der Savanne.

Humboldt kam bei seinen Forschungsreisen im März 1800 von den Bergen Nord-Venezuelas herunter in die ausgedehnten Llanos Südamerikas, die gewaltigen Überflutungsflächen des Orinoco, die sich ohne Unterbrechung von den Anden im Westen bis zum Atlantischen Ozean im Osten erstreckten. Insgesamt ein Gebiet so groß wie Spanien. Aber der deutsche Naturforscher und Entdecker war von diesem Land keineswegs beeindruckt. Unter dem brennenden Himmel war die ausgedörrte Erde von Rissen in ein Mosaik verwandelt; die Luft darüber erschien eingedickt vor Hitze; nichts rührte sich außer dem teuflischen Staub, der über die öden, ausgetrockneten Weiten wirbelte. Die Flachheit der Llanos wirkte auf Humboldt deprimierend. Riesengroße Herden von Rindern und Pferden schweiften über diese Landschaft der Extreme; viele von ihnen verdursteten in der langen Trockenzeit oder ertranken in den Fluten, die den Regenfällen folgten.

Nun sind Capybaras ausgesprochene Wassertiere. Es muß also wie ein Wunder erscheinen, sie in dieser Landschaft zu finden. Und doch halten sich selbst mitten in der Trockenzeit auch hier noch einige Schlammtümpel. Wenn die Wasservorräte zurückgehen, bilden die Wasserschweine kleine Herden bis zu 50 Tieren. Den größten Teil des Tages verbringen sie in schläfriger Starre. Ab und zu aber wankt eines der Tiere in einem plötzlichen Ausbruch von Aktivität davon, um ein paar Halme von einem der dürftigen Grasbüschel zu rupfen oder zur Abkühlung ins trübe Wasser zu plumpsen. Als Filmemacher hatten wir also nicht gerade besonders spannende Szenen zu erwarten. Allerdings haben diese bizarren Tiere doch noch mehr zu bieten.

Unter dem gläsernen Himmel der Trockenzeit ist das Überleben der Tiere der Llanos an die dann schrumpfenden Wassertümpel gebunden. Während das Wasser durch Verdunstung immer weiter zurückgeht, sind die Tümpel und ihre Schlammränder von Kaimanen und Schildkröten übervölkert, die im Gedränge um einen Platz sogar übereinanderkriechen. In sehr flachen Tümpeln werden die Rükkenflossen der Fische über dem Wasser sichtbar, die nun nicht mehr untertauchen können. Ihre Tage sind gezählt. Störche und Reiher schreiten beharrlich an den Wasserrändern entlang und erdolchen fast wie beiläufig die leichte Beute.

In der Ferne, weit über die Ebenen hinweg, schimmerte eine Baumreihe als Fata Morgana neben einer vorgetäuschten Lagune. Wir rollten mit unserem Jeep einen staubigen Pfad entlang und erforschten für uns die Llanos, machten gemeinsam Beobachtungen und entwarfen den Aufbau des Films, der von den Capybaras handeln sollte.

Für unsere Filmaufnahmen hielten wir an einem Tümpel, an dem etwa 20 Capybaras auf dem Schlamm ausgestreckt lagen. Einige erhoben sich und bewegten sich träge aufs Wasser zu, ihr mahagonibraunes Fell mit trockenem Schlamm überkrustet. Fünf große Männchen, von denen jedes bis zu 60 Kilogramm wiegt, schliefen in Gesellschaft von etwa doppelt so vielen erwachsenen Weibchen weiter. Auch Junge der verschiedensten Größen waren darunter, mit einem helleren, glänzenderen Fell. In der Mitte der Gruppe döste ein Knäuel von sechs Babys,

GEGENÜBER: *Junge Wasserschweine.*

UNTEN: *Beim Erkunden der Llanos.*

von denen drei nicht länger als 20 cm waren, die anderen sogar nur halb so groß. Ohne Zweifel stammte dieser schläfrige Haufen von Wasserschweinkindern aus zwei verschiedenen Würfen. Die Weibchen gebären durchschnittlich vier Junge je Wurf, und zwar im allgemeinen einmal im Jahr. Die Geburtstermine sind über das Jahr verteilt, mit einem leichten Anstieg ihrer Anzahl zwischen April und Juni, wenn die Regenzeit beginnt. Jetzt war es Februar und mitten in der Trockenzeit.

Die Capybara-Babys begannen jetzt eine Art Tanz, indem sie in die Luft hüpften und mit dem Hinterteil seitwärts ausschlugen. Nach jedem Sprung warf das Tier einen schnellen Blick auf die anderen, als wollte es sich des allgemeinen Beifalls versichern. Die verspielten Babys schnurrten leise, wenn sie einander begrüßten. Schließlich versuchten sie die Aufmerksamkeit eines Weibchens zu erregen, das in der Nähe döste. Sie stießen ihm mit den Köpfen in die Flanke. Aber die Jungen konnten bei der reichlich beleibten Erwachsenen keinerlei Bewegung provozieren, und so unterbrachen sie ihr Schnurren

durch betrübte flötenartige Pfeiflaute und wandten sich einem anderen Weibchen zu. Das war etwas bereitwilliger, stand sogar auf und ließ alle sechs Babys Milch saugen.

Zusätzlich zu den Zitzen an den Flanken haben Wasserschweinweibchen in jeder Achselhöhle jeweils eine weitere Zitze. Und so schmiegten sich zwei Jungtiere zum Trinken in die Achselhöhlen des Weibchens. Wenige Minuten später zog das Muttertier zum Wasser hinüber. Das Weibchen, das vorher die Jungen abgewiesen hatte, erhob sich ebenfalls und folgte ihr. Und obwohl es versuchte, die ihr jetzt nachlaufenden Jungen abzuschütteln, brachten die Kleinen es bald durch ihren vereinten Griff nach den Zitzen zum Stehen.

Hier konnte man eine Menge über das Sozialverhalten der Capybaras lernen. Die gemeinsame Fürsorge für die Jungen steigert die Überlebenschancen dieser Tiere und nützt folglich auch jedem Muttertier, das zu einer solchen Kinderhort-Gemeinschaft gehört. Dies ist wohl die Antwort auf die Frage, weshalb die Capybaras so gesellig sind.

Die männlichen und weiblichen Capybaras sind leicht auseinanderzuhalten. Die erwachsenen Männchen haben ein Merkmal, das auf den ersten Blick wie eine Mißbildung aussieht: Auf ihren Schnauzen befinden sich große, lederne Blasen. In Wirklichkeit sind diese glänzenden Gebilde Duftdrüsen. Bei den Weibchen sind sie zwar auch vorhanden, aber sehr viel weniger stark entwickelt als bei den Männchen. Die Drüse wird als *„Morrillo“* bezeichnet, nach dem spanischen Wort *morro,* mit dem ein würfelförmiger kleiner Hügel benannt wird. Wenn die Wasserschweinmännchen durch ihr Gebiet ziehen, reiben sie mit ihrem Morrillo immer wieder an irgendeinem Pflanzenstengel. Beim Andrücken der Drüse an den Strunk wird eine weiße, zähe Flüssigkeit ausgeschieden. Danach stellt sich das Männchen rittlings über den Strauch und gibt Urin ab; und während es sich vorwärts bewegt, streift es mit seinen Hinterbeinen über den mit Riechstoffen behafteten Busch und senkt sein Hinterteil darauf, wobei es wahrscheinlich aus seinen Analdrüsen noch ein Sekret abgibt. Durch all dies werden die Markierungsstellen reich-

lich mit Düften imprägniert, die ganz ohne Zweifel eine wichtige soziale Bedeutung haben. Welche „Nachricht" diese Riechstoffe genau übermitteln, wissen wir noch nicht. Bekannt ist aber, daß verschiedene Männchen dieselben Stellen markieren und vielleicht versuchen, den Duft des anderen Männchens durch den eigenen zu überdecken und dadurch eine dominante Stellung in der Sozialhierarchie abzusichern.

Ab und zu kämpfen die erwachsenen Männchen einer Gruppe miteinander. Für die Capybaras bedeutet das zweifellos eine starke soziale Unruhe; auf uns aber wirken diese Kämpfe wie ein sanftes Rempeln in Zeitlupe. Da erhebt sich z. B. ein Männchen und geht ein paar Schritte. Ein anderes auf der anderen Seite der Herde reagiert dadurch, daß es seinen Kopf hebt. Das erste geht einen Schritt weiter, und das zweite hebt seinen Kopf um weitere zehn Grad. Noch ein Schritt des Angreifers, und auch das zweite Capybara-Männchen steht auf. Wieder ein Schritt, und der Gegner macht einen Schritt in der Gegenrichtung. Dann schieben sich die beiden in schwankendem Gang zwischen den übrigen Capybaras hindurch, wobei sie etwa den gleichen Abstand voneinander einhalten und auch die anderen Männchen allmählich in träge Bewegung bringen, wenn diese ihnen ausweichen. Häufig endet diese Szene damit, daß das siegreiche Tier das andere an den äußeren Rand der Herde treibt oder sogar ein Stückchen darüber hinaus.

Ähnliche Verhaltensformen lassen sich zwischen Männchen und Weibchen in den ersten Stadien des Werbeverhaltens beobachten. Einige Weibchen können sich mit mehreren Männchen der Herde verbinden; aber das dominante Männchen hat das Vorrecht der ersten Wahl. Wurde ein Weibchen erst einmal von einem Männchen ausgewählt, wird es beharrlich verfolgt. Dabei spielt das Weibchen zunächst die Unzugängliche, aber das Männchen bleibt dicht hinter ihrem Schwanz und hebt häufig den Kopf, um ihren Duft einzuschnuppern. Sein Ziel ist, sie ins Wasser zu treiben; denn bei den Capybaras findet die Paarung stets im Wasser statt. Selbst dort kann sie das Männchen noch narren, indem sie sich ihm durch plötzliches Untertauchen entzieht. Unter Wasser schwimmt sie weiter und taucht an unerwarteter Stelle wieder auf. Das Männchen bleibt mit erhobenem Kopf zurück und mustert den Wasserspiegel, bis sie wieder sichtbar wird. Das geht eine Weile so weiter, bis sie ihm das Aufsteigen erlaubt. Wie bei anderen Nagetieren auch, paaren sich die Wasserschweine mehrmals in rascher Folge. Aber die Liebesbeziehung dauert gewöhnlich nicht lange.

Die Capybaras bewegen sich nie weit vom Wasser fort.

Man kann nur darüber spekulieren, warum die Paarung im Wasser stattfindet. Grundsätzlich brauchen die Capybaras aber den Zugang zum Wasser. Nur mit seiner Hilfe können sie ihre Körpertemperatur steuern und vermeiden, daß ihre Haut durch die ständige heiße Sonneneinstrahlung aufplatzt. Andere große, schwerfällige Tiere – wie die Flußpferde –vermeiden anstrengende Aktivitäten an Land, wo sie schnell erschöpft wären. In der sengenden Hitze der Llanos würde eine Paarung an Land die Tiere wahrscheinlich erschöpfen oder zumindest ihre Kraft einschränken, vor einem Gegner zu fliehen.

Für den Beobachter ist es im offenen Grasland nicht möglich, sich an eine Capybara-Herde heranzupirschen, ohne gesehen zu werden. Und da die Gruppen trotz aller Trägheit ziemlich mobil sind und von einem Tümpel zum anderen wandern, ist auch ein festes Versteck ziemlich nutzlos. So bauten wir uns einen tragbaren Schirm aus Palmblättern, den wir mit zwei diagonalen Stützen umherschleppten. In dessen Schutz konnten wir uns selbst und unsere Ausrüstung näher an die Herde heranbringen, ohne von ihr bemerkt zu werden.

Einmal jedoch hatten wir nicht nur unglaubliches Glück; wir brauchten sogar nicht einmal unser tragbares Versteck zu benutzen. Als wir im Jeep über die Ebene rumpelten, entdeckten wir eine Gruppe von Wasserschweinen, die sich auf einer Schlamminsel in einer kleinen Lagune zusammengeschart hatten. Durch die Ferngläser konnten wir sehen, daß die Capybaras beunruhigt waren. Bald hatten wir auch herausgefunden, daß drei streunende Hunde durch das Wasser wateten und zwischen den dichtwachsenden Wasserhyazinthen etwas suchten. Die Capybaras waren durch die Hunde abgelenkt, und so schnappten wir uns unsere Ausrüstung und pirschten durch einen Graben näher an sie heran. Was wir sahen, war sehr aufschlußreich. Die bis zum Bauch im Wasser stehenden Hunde machten wiederholt Ausfälle in Richtung auf die Capybaras. Doch bei jedem Angriff richtete der eine oder andere der erwachsenen Capybaras seinerseits einen Ausfall

Streunender Hund beim Verzehr eines Wasserschweins.

gegen die vorrückenden Hunde und stieß dabei einen lauten, wie ein Husten klingenden Alarmruf aus. Daraufhin zogen sich die Hunde jedesmal zurück. Währenddessen krochen die jungen Capybaras zwischen die Erwachsenen, die mit ihren schützenden Körpern eine kreisförmige Wand bildeten.

Allmählich gaben die Hunde den Angriff auf und zogen sich zurück, während die Wasserschweine ihnen ihre hustenden Laute nachschickten. Aber die Hunde gaben noch nicht auf, sondern entschieden sich für eine neue Taktik. Sie begannen vor und zurück durch die Hyazinthen zu planschen und das Gebiet gründlich zu durchstöbern. Plötzlich ein lautes Platschen: ein Capybara-Jungtier hatte sich nicht in die Obhut der Gruppe begeben, sondern war allein durch die langen Hyazinthenblätter gekrochen. Es war den Hunden jetzt ohne Deckung ausgeliefert. In einer Reihe wilder Sprünge versuchte es zu fliehen; doch sehr bald war einer der Hunde über dem Jungtier und zog es schließlich als totes Opfer an Land. Die Hunde fraßen es gemeinsam auf. Es waren keine wilden Hunde, sondern frei herumlaufende Hunde und verwilderte Haustiere, die in den Llanos ziemlich verbreitet sind. Diese halbwilden Hunde sind die hauptsächlichen Feinde der Capybaras. Ihre natürlichen Feinde sind jedoch der Jaguar, der Kaiman und – bezogen auf die Jungen – der Fuchs und möglicherweise das Opossum.

Die Capybaras bilden zwar feste Gruppen zu ihrem Schutz, hauptsächlich verteidigen sie sich gegen Raubtiere jedoch einzeln, indem sie einfach ins Wasser springen. Sie streifen selten weit vom Wasser entfernt, und wenn Gefahr droht, stoßen sie zunächst ihren hustenden Alarmruf aus, der alle Tiere in der Nähe ins Wasser treibt. Trotzdem schwimmen die jungen Capybaras in den ersten Lebenstagen eher widerwillig, und selbst größere Jungtiere können beim Schwimmen über eine weite Lagune schnell ermüden. Auch hier zeigt sich wieder, wie hilfsbereit die Capybaras sind. Müde Jungtiere werden von einem Erwachsenen auf den Rükken genommen. Kleinere Tiere können sogar über weite Entfernungen ganz auf dem Rücken eines Alttieres reisen, da sie im Gegensatz zu den größe-

LINKS: *Die erwachsenen Tiere nehmen die Jungen oft auf dem Rücken mit.*

RECHTS: *Roter Sichler und weiße Reiher.*

GANZ RECHTS: *Jabiru-Störche am Nistplatz.*

Können sie zu Haustieren werden?

ren Jungtieren noch weniger Probleme mit dem Gleichgewichthalten haben.

Wie überall in der freien Natur ist inzwischen der Mensch ein weiterer bedeutender Feind der Wasserschweine. Das trifft zumindest auf Venezuela zu, wo man aus Tradition während der Osterwoche Capybara-Fleisch ißt. Die Bevölkerung dieses Landes ist vorwiegend katholisch; und der Glaubensüberlieferung nach darf in jener Zeit kein Fleisch gegessen werden. Da das Capybara aber ein Wassertier ist, wird es einfach zu den Fischen gezählt und als Fastenspeise zugelassen. Das jährliche Abschlachten findet an bestimmten ausgewählten Stellen statt, wo die Capybarabestände noch hoch sind. Alles wird sorgfältig von Venezuelas Umweltministerium kontrolliert, das öfter eine Erhebung über den Gesamtbestand der Tiere durchführt.

Das Einfangen erstreckt sich über etwa drei Wochen. In diesem Zeitraum wird etwa ein Drittel des Bestandes getötet. Männer auf Pferden treiben die Capybaras in Gruppen zusammen, suchen vor allem die Männchen heraus und töten sie mit Schlaghölzern.

Inzwischen versucht man auch, Capybaras zu zähmen und zu züchten. Allerdings scheint es nicht einfach zu sein, das wilde Tier, das an unbegrenzte Räume gewöhnt ist, als Haustier zu halten.

Das wäre ein wunderliches Schicksal für dieses außergewöhnliche Tier der Llanos, das dort auch seine Bedeutung für andere Tiere hat. Wenn die Capybaras am Wasserrand entlangtrotten, folgen Blatthühnchen, Sichler und weiße Reiher ihren Spuren und jagen die kleinen Tiere, die durch den Nager aufgestöbert werden. Die endlosen Ebenen der Llanos sind nämlich von erstaunlich vielen Tieren bevölkert. In Lagunen kann man Tausende von Pfeifgänsen finden oder auch Gruppen von leuchtenden, farbenprächtigen Roten Sichlern (Scharlach-Ibissen). An einer anderen Lagune haben wir die großen Jabiru-Störche gesehen. Und die Liste ließe sich noch lange fortführen. Doch in unserer Erinnerung verbinden sich die Llanos mit nichts stärker als mit den Capybaras, wie sie ihre seltsam rechteckigen Köpfe aus einem Tümpel erheben, der mit einer großen Menge von Watvögeln besprenkelt ist.

DIE GEHEIMNISVOLLEN SCHLANGEN

„Auf deinem Bauche sollst du kriechen und Erde essen dein Leben lang.“

Verflucht im Buch der Genesis, weil sie Eva in Versuchung geführt hatte, mußte die Schlange ein viel schlimmeres Schicksal erleiden, als nur ihre Beine zu verlieren. Sie wurde in die Rolle des am meisten gefürchteten und gehaßten Tieres gezwungen. Von der frühen Geschichte bis zum heutigen Tage haben die Menschen die Schlangen verachtet und ihren Abscheu dadurch gerechtfertigt, daß sie das Tier mit einer Mythologie ohnegleichen umgaben.

In alter Zeit setzte sich das Wissen über Schlangen aus einer Mischung von Zufallsbeobachtungen, Weitergabe vom Hörensagen und Erfindung zusammen. Vor diesem Hintergrund bot sich ein Tier, das sich ohne Beine fortbewegen und seine Beute mit einem einzigen Biß töten kann und das zudem noch von der Bibel für böse erklärt wurde, für eine solche Mythologie geradezu an. Erst heute sind wir in der Lage, die Fakten von der Fiktion zu trennen; und was sich dabei herausstellte, ist ebenso faszinierend wie die alten Legenden.

Auch wenn wir in unseren Breiten selten eine Schlange zu Gesicht bekommen, beherbergen sie doch die „erfolgreichste“ Schlange der Welt: die giftige Kreuzotter. Sie ist weiter verbreitet als jede andere Schlange: von Südeuropa bis nach China und hinauf zum Polarkreis. Schließlich gibt es bei uns noch die harmlose Ringelnatter und die ebenfalls ungefährliche Glattnatter. Diese drei Schlangen können die Legenden kaum verständlich machen; aber selbst dafür, daß es bei uns so wenige Schlangen gibt, halten die alten Geschichten eine Erklärung bereit. Der römische Schriftsteller Plinius glaubte nämlich, daß die Zahl der Schlangen bei uns durch die Eberesche so niedrig gehalten wird, einen magischen Baum, der sie töten soll. Der wirkliche Grund aber ist die letzte Eiszeit. Sie hat für die englische Insel bewirkt, daß nur diese drei Schlangenarten nach England kommen konnten, bevor die Landbrücke zum Kontinent verschwand.

Nun sind die nördlicheren Breiten für ein Reptil ohnehin kein einfacher Ort. Da ihre Körpertemperatur von der Sonnenbestrahlung abhängt, besteht ihr Leben aus einer ständigen Suche nach wärmender Bestrahlung. Im Winter ziehen sie sich zur Überwinterung unter die Erde zurück. Sie verbringen ihn in einem Starrezustand, der freilich nicht ohne Risiko ist. Der Platz muß frostfrei und vor feindlichen anderen Tieren sicher sein. Solche Plätze sind knapp, und so kann es durchaus vorkommen, daß mehrere Schlangen denselben unbewohnten Mäusebau oder faulenden Baumstumpf benutzen.

Die männlichen Kreuzottern kommen im Frühjahr als erste Schlangen hervor, und man kann sie beim Sonnenbad beobachten. Genau wie wir Menschen auch ziehen sie einen windgeschützten Fleck mit direkter Sonneneinstrahlung vor, wobei sie sich

LINKS: *Die Schlange führt Eva in Versuchung.*

GEGENÜBER: *Kreuzottern, links ein Männchen, rechts ein Weibchen.*

LINKS: *Kreuzotter beim Sonnenbad.*

GEGENÜBER: *Kommentkampf der Männchen.*

UNTEN: *Ringelnatter, die sich totstellt.*

kaum darum kümmern, mit wem sie zusammenliegen. An besonders geeigneten Plätzen kann man also viele Schlangen finden, und die seltsamen Schlangen-Kugeln, von denen die Leute berichtet haben, sind nichts anderes als besonders große Ansammlungen sonnenbadender Kreuzottern. Dieses Sonnenbaden ist für die Kreuzottern lebenswichtig. Sie wechseln im Verlauf des Tages entsprechend der Wanderung der Sonne ihren Platz, und um auch wirklich jeden Strahl zu absorbieren, können sie ihren Körper außerordentlich flach drücken. Da sie „Kaltblütler" sind, können die Kreuzottern von sich aus keine hohe Körpertemperatur aufrechterhalten. Zu Beginn des Frühjahrs brauchen sie aber ein Minimum an Wärme, um ihre Sexualentwicklung abzuschließen und sich zu häuten. Die Kreuzotter häutet sich mehrmals im Jahr. Die alte Haut wird durch Ausscheidungen der neuen Haut darunter abgelöst und von der Schlange abgestreift, indem sie durch Pflanzenwuchs kriecht und sich gegen Steine schiebt. Dabei löst sich die Haut in einem Stück ab. Zuerst platzt sie am Kopf ab, dann schält sie sich nach hinten über den ganzen Körper ab, wie wenn man einen Socken auszieht. Auch das ständige Häuten wird in den alten Legenden als Beweis für die Unsterblichkeit der Schlangen angesehen. Die alte Haut wird abgeworfen, aber die Schlange lebt weiter. Seltsamerweise erweckt eine unserer heimischen Schlangen tatsächlich den Eindruck der Unsterblichkeit: Wenn eine Ringelnatter von einem Feind angegriffen (oder vom Menschen in die Hand genommen) wird, rollt sie sich auf den Rücken, läßt die Zunge aus dem aufgesperrten Maul heraushängen und stellt sich damit in überzeugender Weise tot. Überläßt man sie sich wenige Minuten selbst, kehrt sie wie durch ein Wunder ins Leben zurück und kriecht davon. Daran ist überhaupt nichts Übernatürliches; aber es ist ein ganz nützlicher Verteidigungs-Trick gegenüber Tieren, deren Tötungstrieb durch Bewegungen ausgelöst wird.

Die Farben des Kreuzotter-Männchens sind nach der Häutung am prächtigsten. Ihr silbriges Grau oder Cremegelb mit einem schwarzen Zickzackband steht im scharfen Gegensatz zu dem roten oder braunen Farbton der größeren Weibchen, die ein weniger deutliches Zickzackband haben. Die Weibchen kommen aus der Überwinterung zwei Wochen nach den Männchen hervor; und wenige Wochen später im April beginnt eines der seltsamsten Schauspiele, das man bei Reptilien beobachten kann: der sogenannte Schlangentanz. Zwei Schlangen bäumen sich plötzlich gegeneinander auf und beginnen mit schlängelnden und abgestimmten Bewegungen sich umeinander zu winden. Beide versuchen, höher und höher zu kommen, bis sie sich mit einer heftigen Bewegung wieder entwinden und von vorn begin-

nen. Lange Zeit hat man dies als eine Art Paarungsritual gedeutet; aber in Wirklichkeit sind die beiden Teilnehmer dieses „Schlangenballetts" Männchen. Es handelt sich also um eine ritualisierte Form des Kampfes zwischen Männchen, die sich um den Besitz eines Weibchens bewerben. Das Ziel des Tanzes besteht offenbar darin, den Rivalen auf den Boden zu stoßen. Aber kaum ist einer an der Spitze, so erhebt der andere schon seinen Körper ein Stück höher und wird damit wieder zum dominanten Männchen. Dieser Tanz kann über eine Stunde andauern. Aber schließlich begibt sich eine der Schlangen rasch auf die Flucht, kurz verfolgt vom Sieger, normalerweise dem größeren und lebenstüchtigeren Tier.

Sexualität und Schlange wurden schon lange vor Sigmund Freud in Verbindung miteinander gebracht. Auch das mag zum problematischen Ruf dieses Tieres beigetragen haben. Als Phallus-Symbol wurde die Schlange immer wieder zum Bild für den Verführer der Frau. Der Teufel wurde nicht nur mit einem Schlangen-Schwanz gemalt, sondern oft auch mit einem stark gewundenen Schlangen-Penis.

In der Natur beginnt bei den Kreuzottern die Partnerwerbung damit, daß das Männchen seinen Körper an dem des Weibchens reibt und es gleichzeitig mit raschem Züngeln beleckt. Dabei wird die Zunge mehrfach über ihren ganzen Körper hinweggeführt. Seine Bereitschaft zur Paarung zeigt das Weibchen dadurch an, daß es den Schwanz hebt und langsam hin und her schwenkt – eine Bewegung, die man fast als Winken bezeichnen möchte. Das Männchen muß nun eine außergewöhnliche Wahl treffen: welchen seiner Penisse es benutzen soll; es besitzt nämlich zwei. Normalerweise sind sie im Körper verborgen; aber vor der Paarung werden sie wie Finger bei einem Handschuh umgestülpt und aus einer einzigen Öffnung vorgestreckt. Nur ein Penis wird dann bei der Paarung eingesetzt. Es handelt sich um ein stacheliges Organ, und nach der Vereinigung scheinen die Männchen Schwierigkeiten zu haben, sich wieder zu lösen. Die Paarung kann bis zu zwei Stunden dauern, wobei die weibliche Schlange oft eher das Interesse verliert als das Männchen, das dann noch eine Weile mitgezogen wird, solange die beiden Tiere noch vereinigt sind.

Alle Schlangen bringen Eier hervor. In den warmen Klimagebieten wird das Ausbrüten einfach der Sonnenhitze überlassen. In unseren Klimazonen mit ihren unzuverlässigen Wetterverhältnissen könnten

LINKS: *Kreuzottern, die sich vor der Paarung umeinander gewunden haben.*

GEGENÜBER: *Daß die Kreuzottern ihre Jungen zum Schutz verschlucken, ist eine Sage.*

sich solche Zufallsmethoden jedoch verheerend auswirken. Die Kreuzotter und die Glattnatter lösen das Problem dadurch, daß sie die Eier bis zur Schlupfzeit im Körper behalten. Das bedeutet nicht nur einen erhöhten Schutz vor Feinden; das Weibchen kann die Eier auch dadurch warmhalten, daß es besonnte Plätze aufsucht.

Die Ringelnatter legt die Eier zwar ab, sie sorgt aber durch einen überraschenden Trick dafür, daß ihnen ausreichend Wärme zugeführt wird. Sie legt die Eier in Komposthaufen oder verrottende Pflanzen, so daß der Brutvorgang durch die Fäulniswärme beschleunigt wird.

Von jedem Weibchen können bis zu 50 Eier gelegt werden. Da die geeigneten Plätze selten sind, kommt es vor, daß viele Weibchen an derselben Stelle legen. Deshalb kann man manchmal über tausend Eier am selben Ort finden. Das Schlüpfen in solchen Ansammlungen dürfte der Ursprung für gelegentliche Berichte über Schlangennester und Schlangenplagen sein. Die Bevorzugung von Dunghaufen für den Brutvorgang dürfte auch noch den anderen Aberglauben gefördert haben, daß Schlangen spontan erschaffen werden, wenn Pferdehaare in Jauche fallen.

Selbst bei Nutzung der Fäulniswärme ist es der Ringelnatter nicht möglich, sich weiter im Norden Europas fortzupflanzen. Die Kreuzotter hingegen, die ihre Eier im Körper behält, ist auf äußere Wärme weniger angewiesen und noch im äußersten Norden sogar jenseits des Polarkreises zu finden.

Ende August oder im September bringt die Kreuzotter 6 bis 20 Junge zur Welt. Sie werden in durchsichtigen Säckchen geboren, die während der Geburt oder kurz danach aufplatzen. Die Jungen sind verkleinerte Ausgaben ihrer Eltern und schon vollständig entwickelt, mit Zickzackband und Giftzähnen. Erstaunlich ist, daß sie augenscheinlich nicht vor dem nächsten Frühjahr Nahrung aufnehmen und die gesamte Überwinterung mit Hilfe der Nahrungsreserven überstehen, die sie im Ei angelegt haben.

Eine andere, nicht auszurottende Volkssage behauptet, daß die Kreuzottern ihre Jungen bei drohender Gefahr zum Schutz verschlucken. In Wirklichkeit gibt es bei der Kreuzotter keinerlei Fürsorge. Die Legende gründet sich wahrscheinlich auf Schlangen, die kurz vor der Geburt ihrer Jungen getötet wurden. Als man sie aufschnitt, fand man im Leib – angeblich im Magen – die ungeborenen und noch lebenden Jungen.

Die Tatsache, daß sich Schlangen ohne Arme und Beine überaus gewandt fortbewegen können, hat wohl mit zu dem Mißtrauen ihnen gegenüber beigetragen. Die Geschichte im Buch der Genesis berichtet, daß die Schlangen durch Gottes Fluch auf dem Bauch kriechen müßten; in Wirklichkeit aber ist das Fehlen für die Schlange ein wesentlicher Vorteil: Sie kann sich sehr gut durch dichten Pflanzenwuchs bewegen und leicht in den Boden eindringen. Die Schlange hat sich in ihrer Stammesgeschichte aus vierfüßigen Vorfahren entwickelt, und man meint, daß der Verlust der Beine eine Anpassung an eine wühlende Lebensweise darstellt. Viele Schlangen sind heute jedoch zu einer Existenz über der Erdoberfläche zurückgekehrt; aber sie nutzen immer noch den Vorteil ihrer stromlinienförmigen Gestalt. Wenn auch das Fehlen der Beine bedeutet, daß keine Schlange höhere Geschwindigkeiten als 5 Kilometer in der Stunde erreichen kann, so ist sie doch in der Lage, sich in jeder für sie notwendigen Weise fortzubewegen. Die Kreuzotter bewegt sich in der typischen Schlängelbewegung vorwärts, wobei sie die Windungen des Körpers gegen aufragende feststehende Teile auf dem Boden drückt. Der Schwanz folgt genau dem geradlinigen Weg des Kopfes. Dabei wird immer wieder die Zunge rasch vor und zurückbewegt. Die gespaltene Zunge, die als Symbol der Täuschung betrachtet wird, ist das zuverlässigste Sinnesorgan der Schlangen. Sie dient dazu, die Luft zu überprüfen, zum Auffinden der Beute und zum Entdecken der Feinde. Mit der Zunge werden Riechstoffe in das Maul eingeführt, wo sie von einem speziellen Organ wahrgenommen werden können.

OBEN: *Der Blick der Schlange erscheint so starr, weil keine Augenlider vorhanden sind.*

UNTEN: *Mit der Zunge werden Riechstoffe in den Mund gebracht.*

Früher glaubte man, die Schlange könne mit ihrem Blick die Beute hypnotisieren. Mit ihren starren Augen kann die Schlange jedoch keine scharfen Bilder erkennen. Bewegungen hingegen kann sie recht gut wahrnehmen. Der Blick erscheint deshalb so starr, weil Schlangen keine Augenlider haben. Das Auge wird statt dessen von einer durchsichtigen Hautschicht geschützt, die beim Häutungsvorgang ebenfalls erneuert wird. Ohren besitzt die Schlange nicht; die Flöte des Schlangenbeschwörers kann von ihr also gar nicht gehört werden. Die Schlange folgt vielmehr seinen monotonen Körperbewegungen. Bei der Jagd ist sie ganz auf den Riech- und Sehsinn angewiesen.

Schlangen verschlingen ihre Beute unzerteilt. Die Behauptung, daß sie Nahrung verschlingen könne, die einen größeren Durchmesser als sie selbst hat, ist kein Mythos. Sie erreicht das durch eine der phantastischsten Einrichtungen im Tierreich: Die beiden Kiefer können sich unabhängig voneinander bewegen, und die umgebende Haut kann sich so weit dehnen, daß sie sich auch großer Beute anpaßt. Nach einer umfangreichen Mahlzeit kann die Schlange vier Wochen ohne Nahrungsaufnahme überleben; und in Gefangenschaft sind Fastenzeiten von über einem Jahr nicht selten. Eine aktive Kreuzotter nimmt jedoch etwa alle ein oder zwei Wochen Nahrung zu sich. Da diese im Ganzen verschlungen werden muß, hängt die Art der Beute bis zu einem gewissen Grade davon ab, ob sie unzerteilt bewältigt werden kann. So frißt z. B. die Ringelnatter, die kein Gift besitzt, gewöhnlich harmlose Amphibien. Die Kreuzotter jedoch überwältigt ihre Beute mit Gift. Deshalb kann sie kleine Säugetiere töten, aus denen ihr Speiseplan auch vorwiegend besteht.

Daß sich auch um den Schlangenbiß viele Legenden gebildet haben, wird niemanden überraschen. Man glaubte lange, daß die auffällig gespaltene Zunge am Todesbiß beteiligt sei; manchmal meinte man auch, daß die Schlange mit dem Schwanz zusteche. In Wirklichkeit wird das Gift mit Hilfe von zwei abgewandelten Zähnen in die Beute injiziert: den Fangzähnen. In deren Mitte befindet sich ein Kanal, der mit Giftdrüsen verbunden ist. Die Zähne wirken also wie Kanülen. In Ruhestellung befinden sie sich waagerecht im Oberkiefer; sie richten sich aber rasch auf, wenn das Tier mit geöffnetem Maul die Beute packt. Sollte die Kreuzotter sich versehentlich einmal selbst beißen, so würde ihr das nicht schaden; denn die Schlange ist immun gegen ihr eigenes Gift. Die alte Geschichte, daß eine gefangene Schlange sich selbst zu Tode beißen könne, um sich vor Schande zu bewahren, ist also ein Märchen. Auf der Jagd versetzt die Schlange ihrem Opfer durch rasches Vorschnellen des Kopfes den Todesstoß. Das gebissene Tier wird sofort wieder losgelassen, so daß das Gift zunächst seine Wirkung entfalten kann. Bei einer kleinen Maus dauert es ein bis zwei Minuten, bis sie stirbt – lange genug, daß sie sich ein ganzes Stück von der Schlange entfernt haben kann. Erst nachdem der Tod eingetreten ist, sucht die Schlange nach dem Opfer und spürt es durch Züngeln mit dem Geruchssinn auf. Die Wirkung des Giftes ist umfassend. Es greift sowohl den Kreislauf als auch das Nervensystem an, und es gibt Belege dafür, daß es bereits einen Verdauungsprozeß einleitet, nachdem es von dem rasch versagenden Kreislauf noch im ganzen Körper des Opfers verteilt worden ist.

Zum Glück ist die Wirkung des Kreuzotter-Giftes auf den Menschen selten tödlich. Die Chance, durch einen Blitz oder eine allergische Reaktion auf einen Bienenstich zu sterben, ist größer als durch einen Schlangenbiß. Doch die Angst der Menschen vor Schlangen ist so stark, daß selbst ein geringfügiger Biß zu einem ernstlichen Schock führen kann. Aus anderen Teilen der Welt kennt man sogar Fälle von Leuten, die am Biß einer völlig harmlosen Schlange schließlich durch den Schock gestorben sind. Von einer Kreuzotter gebissen zu werden, ist auch deshalb wenig wahrscheinlich, weil das Tier überhaupt nicht angriffslustig ist. Statt anzugreifen, flieht es eher. Nur wenn es in die Enge getrieben wird, wächst die Wahrscheinlichkeit, daß es zustößt.

Aber ist es nur der tödliche Biß oder die geheimnisvolle Art, sich zu bewegen, daß unsere Reaktionen auf Schlangen so stark sind? Oder hängt es mit der Sexualsymbolik zusammen; oder muß alles auf die Geschichte von Adam und Eva zurückgeführt werden?

Was immer auch der Grund sein mag – unsere Ansicht über Schlangen hat sich wenig gewandelt seit den irrationalen Ängsten in frühgeschichtlicher Zeit. Viele Leute würden auch heute noch sofort eine Schlange töten, wenn sie sie entdecken. Es ist zu hoffen, daß die Menschen ihren Abscheu allmählich in ein vernunftbestimmtes Gefühl des Respekts verwandeln, indem sie mehr über die Verhaltensweisen dieser verborgen lebenden und doch meist gutartigen Tiere lernen.

BILDNACHWEISE

Heather Angel, Farnham, Surrey: 34-35, 51, 55, 154 *(oben, unten rechts),* 155 *(oben),* 157 *(unten rechts),* 180 *(unten),* 190 *(Mitte links),* 215 *(oben),* 222 *(unten)*

Ardea London Limited: 32 *(beide)* John Mason, 33 *(oben)* John Mason, 33 *(unten)* Tony & Liz Bomford, 34 *(links)* Ken Roy, 35 *(beide)* John Clegg, 37 Tony & Liz Bomford, 38-39 John Mason, 40 John Mason, 43 *(links)* Su Gooders, 51 Peter Steyn, 52 *(unten)* Wardene Weisser, 70 *(links)* John Daniels, 70 *(rechts)* Ken Hoy, 76 Adrian Warren, 80 *(oben)* Adrian Warren, 80 *(unten)* M.D. England, 89 *(oben rechts)* Clem Haagner, 89 *(Mitte links)* Su Gooders, 90 *(unten)* L.H. Brown, 91 *(oben)* A. Weaving, 92 K.W. Fink, 94 K.W. Fink, 95 C. Weaver, 96 *(links)* C. Weaver, 96 *(rechts)* Ian Beames, 97 *(oben)* Ian Beames, 97 *(unten)* P. Morris, 99 *(unten)* Liz & Tony Bomford, 100 *(oben)* A. Weaving, 100 *(unten)* Richard Waller, 101 *(oben)* Ian Beames, 101 *(unten)* M.D. England, 103 *(oben)* John Mason, 103 *(unten)* Ian Beames, 106 Julie Bartlett, 107 *(unten)* P. Morris, 132 Liz & Tony Bomford, 134 *(links)* David & Katie Urry, 134 *(rechts)* Peter Steyn, 135 *(oben)* David & Katie Urry, 135 *(Mitte links)* Richard Vaughan, 135 *(Mitte rechts)* Richard Vaughan, 136-37 John Gooders, 154 *(unten links)* John Daniels, 177 *(rechts)* Clem Haagner, 179 *(oben)* Clem Haagner, 189 Clem Haagner, 191 Clem Haagner, 192 Ian Beames, 193 J.L. Mason, 195 Ian Beames, 200 *(unten)* Ian Beames, 202 Adrian Warren, 204 *(oben)* Adrian Warren, 205 *(beide)* Adrian Warren, 207 Adrian Warren, 209 *(oben)* Adrian Warren, 211 Adrian Warren, 212 Adrian Warren, 214 *(unten)* Adrian Warren, 215 *(unten rechts)* Adrian Warren, 217 R.J.C. Blewitt, 222 *(oben)* John Mason

Eric Ashby: 16 *(unten),* 17, 18 *(drei),* 19 *(beide)*

BBC: 9, 11, 12, 13, 14 *(beide),* 15, 23 *(beide),* 45 *(links),* 46 *(beide),* 47 *(drei),* 48 *(beide),* 49 *(oben),* 197 *(beide),* 200 *(oben),*201

Mike Beynon: 20, 21 *(beide),* 22, 24, 25, 27 *(unten),* 28 *(beide),* 29 *(beide)*

Stephen Bolwell: 49 *(unten),* 168 *(unten links),* 168-169, 169 *(oben),* 169 *(unten)*

Rodney Borland: 50, 54, 56-57

The British Libary, London: 159

The Daily Mirror: 123 *(beide)*

Neil Cleminson: 108, 109

Bruce Colman Limited: 146 Owen Newman, 148 Jane Burton, 149 John Markham, 150 Hans Reinhard, 151 *(oben)* Kim Taylor, 153 *(beide)* Jane Burton, 158 Hans Reinhard, 161 Hans Reinhard, 163 Hans Reinhard, 164 *(unten)* Jane Burton, 165 Jane Burton

Susan Griggs Agency Limited: 78 Jonathan Blair 1981, 79 Jonathan Blair 1978, 84 Jonathan Blair 1978, 85 Jonathan Blair 1978

T.R. Halliday: 41 *(unten)*

Mike Heywood: 26

David Hosking: 10, 41 *(oben),* 68, 151 *(unten rechts),*152 *(oben),* 156 *(unten links)*

Eric Hosking: 73, 145 *(oben),* 151 *(unten links),* 178, 221

Martin Dohrn: 30, 36, 43 *(rechts),* 71 *(oben),* 167 *(unten links),* 167 *(unten rechts),* 168 *(oben)*

John Downer: 218 *(rechts)*

Mary Evans Picture Library, London: 216

The Kirkham Studios, Midhurst, West Sussex: 27 *(oben),* 87 *(beide),* 124 *(unten),* 133, 174 *(beide)*

London Scientific Fotos: 2, 44, 45 *(rechts),* 166 *(oben),* 167 *(oben),* 170 *(oben links),* 170 *(oben rechts),* 171 *(drei),* 196, 199

Mantis Wildlife Films, Australia: 59, 60 *(beide),* 61 *(beide),* 62, 63, 64 *(beide),* 66 *(beide)*

R.L. Matthews: 145 *(unten)*

Nature Photographers Limited, Aldershot, Hampshire: 75, 160 Don Smith, 162 S.C. Bisserot, 164 *(oben)* S.C. Bisserot, 218 *(links)* Owen Newman, 219 Owen Newman, 220 Owen Newman

Naturfoto, Dänemark: 143

Owen Newman: 155 *(unten),* 156 *(oben),* 156 *(unten rechts)*

Robin Prytherch: 65

RAF Kinloss: 144

Professor H.B. Rycroft, National Botanic Gardens of South Africa 53 *(beide)*

Michael Salisbury: 1, 110, 115 *(oben),* 173, 179 *(unten),* 181, 182, 183 *(unten)*

Seaphot Limited: Planet Earth Pictures: 105 James Hudnall, 107 *(oben)* James Hudnall, 111 Peter Scoones, 113 Jim Greenfield, 114 *(oben)* G. Barker, 115 *(unten)* Jim Greenfield, 116 *(drei)* Jim Greenfield, 117 *(beide)* Jim Greenfield, 118 Peter Scoones, 119 *(unten rechts)* Jim Greenfield, 120 *(oben* und *unten links)* Jim Greenfield, 120 *(unten rechts)* David Maitland, 121 *(beide)* Jim Greenfield, 185 Keith Scholey, 187 Keith Scholey

Science Photo Library: 166 *(unten)* Martin Dohrn, 170 *(unten links)* Martin Dohrn, 170 *(unten rechts)* Martin Dohrn

Jonathan Scott, Curtis Brown Ltd: 177 *(links),* 186

Keenan Smart: 176 *(beide),* 180 *(oben),* 184

Willy Suetens, Hever, Belgien: 138, 139, 140 *(drei),* 141, 142

Maurice Tibbles: 71 *(unten),* 124 *(oben),* 125, 126, 127 *(beide),* 128 *(beide),* 129, 131

Scott Tibbles: 122

Adrian Warren: 77 *(unten),* 81, 83 *(unten),* 86, 88, 89 *(oben links),* 90 *(oben),* 91 *(unten),* 93, 204, *(unten),* 206, 209 *(unten),* 210, 214 *(oben),* 215 *(unten links)*

Wildlife Picture Agency, Newton Abbot, S. Devon: 16 *(oben)* Chris Peirce, 42 *(beide)* Rodger Jackman, 74 Maurice Tibbles, 77 *(oben)* Maurice Tibbles, 114 *(unten)* Rodger Jackman, 119 *(links)* John Beach, 119 *(oben rechts)* John Beach, 130 *(beide)* Maurice Tibbles, 152 *(unten rechts)* Rodger Jackman, 157 *(oben)* Peter Smith, 183 *(oben)* Ed Sadd, 188 Hugh Miles, 190 *(oben)* Adrian Warren, 194 *(beide)* Hugh Miles, 208 Adrian Warren

Rosemary Wise, Carterton, Oxford: 52 *(oben)*

David Wrechts, Grimsby, S. Humberside: 8, 104